U0534663

国家社科基金项目"唐代北方边地军人日常生活研究"(项目编号:20CZS020)阶段性成果

四川文理学院博士专项科研基金项目资助(项目编号:2020BS003R)

# 唐代神策军与神策中尉研究

何先成 著

中国社会科学出版社

## 图书在版编目（CIP）数据

唐代神策军与神策中尉研究／何先成著．—北京：中国社会科学出版社，2021.7（2022.10 重印）

ISBN 978-7-5203-8751-4

Ⅰ.①唐…　Ⅱ.①何…　Ⅲ.①禁军—军事制度—研究—中国—唐代　Ⅳ.①E294.2

中国版本图书馆 CIP 数据核字（2021）第 138203 号

| 出 版 人 | 赵剑英 |
|---|---|
| 责任编辑 | 吴丽平 |
| 责任校对 | 刘　娟 |
| 责任印制 | 李寡寡 |

| 出　版 | 中国社会科学出版社 |
|---|---|
| 社　址 | 北京鼓楼西大街甲 158 号 |
| 邮　编 | 100720 |
| 网　址 | http://www.csspw.cn |
| 发 行 部 | 010-84083685 |
| 门 市 部 | 010-84029450 |
| 经　销 | 新华书店及其他书店 |
| 印　刷 | 北京明恒达印务有限公司 |
| 装　订 | 廊坊市广阳区广增装订厂 |
| 版　次 | 2021 年 7 月第 1 版 |
| 印　次 | 2022 年 10 月第 2 次印刷 |
| 开　本 | 710×1000　1/16 |
| 印　张 | 19.25 |
| 插　页 | 2 |
| 字　数 | 283 千字 |
| 定　价 | 98.00 元 |

凡购买中国社会科学出版社图书，如有质量问题请与本社营销中心联系调换

电话：010-84083683

**版权所有　侵权必究**

# 目 录

绪 论 …………………………………………………………（1）
  一 选题缘起及意义 …………………………………………（1）
  二 20世纪以来神策军与神策中尉问题研究的回顾 ………（4）
  三 研究方法及相关资料 ……………………………………（13）
  四 学术创新之处 ……………………………………………（14）

**第一章 神策军的形成与演变** ………………………………（17）
  第一节 神策军建立的背景 …………………………………（17）
  第二节 鱼朝恩事件新解 ……………………………………（23）
  第三节 神策中尉制度的确立 ………………………………（35）
    一 德宗建中、兴元年间神策裨将的对外征讨 …………（35）
    二 神策中尉统领神策军制度的形成 ……………………（40）
  第四节 神策五十四都的建立与溃散 ………………………（45）
    一 黄巢之变与贞元以来的神策军体系的崩溃 …………（45）
    二 神策五十四都的建立 …………………………………（52）
    三 神策五十四都的溃散 …………………………………（54）
  第五节 神策军的废除 ………………………………………（61）
    一 光化元年重建神策军 …………………………………（61）
    二 韩全诲劫迁与神策军被废 ……………………………（62）
    三 禁军余绪与朱温篡唐 …………………………………（67）

## 第二章 神策军的兵源及组织体系 (70)
### 第一节 神策军的兵源 (70)
一 吸纳方镇节帅、刺史、军将及地方军 (70)
二 四夷质子、蕃人、没蕃人 (73)
三 白身、京畿恶少、市井富商 (74)
四 神策军的世袭化 (75)
五 兼并其他北军 (76)
### 第二节 神策中尉制度 (77)
一 神策中尉的性质 (77)
二 神策中尉的命运 (82)
三 神策中尉的迁转途径及特点 (93)
### 第三节 神策军的组织体系 (101)
一 黄巢之变前神策军的组织体系 (101)
二 神策五十四都的组织体系 (119)
### 第四节 神策军将卒的迁转 (125)
一 迁转原则 (125)
二 迁转类型 (127)
三 迁转原因 (130)

## 第三章 神策城镇问题 (134)
### 第一节 贞元年间唐蕃之战与神策军第二次外镇 (134)
### 第二节 神策城镇的建置演变考述 (138)
### 第三节 神策城镇的特点与作用 (163)

## 第四章 神策军的收入问题 (169)
### 第一节 朝廷正常的军费拨支 (171)
### 第二节 屯田、和籴供军及其限度 (173)
### 第三节 军赏、救恤及其他供应军费的方式 (180)
一 军赏 (180)
二 对神策军将士的救恤 (183)

三　其他供应军费的方式 …………………………………………（184）
　第四节　神策军拓宽收入的渠道 ………………………………………（185）
　　一　回易 ……………………………………………………………（185）
　　二　中纳 ……………………………………………………………（186）
　　三　擅自征税 ………………………………………………………（187）
　　四　专卖酒曲与设官店估酒 ………………………………………（187）
　　五　厚估衣粮赐 ……………………………………………………（188）
　　六　剽掠百官家财 …………………………………………………（189）
　第五节　神策军的收入情况在中晚唐政争中的
　　　　　作用和影响 …………………………………………………（189）

第五章　神策军的职能与任务 ………………………………………………（194）
　第一节　神策军对内担负的职能与任务 ………………………………（194）
　　一　扈从迎卫 ………………………………………………………（195）
　　二　献符瑞 …………………………………………………………（196）
　　三　迎献、防押俘馘及斩囚徒 ……………………………………（196）
　　四　神策中尉与神策军使的宗教职任 ……………………………（197）
　　五　告变、防止"盗贼"窃发、平定内乱 ………………………（199）
　　六　其他任务与工作 ………………………………………………（200）
　第二节　神策军的对外征讨 ……………………………………………（201）
　　一　代、德时期神策军参与军事行动 ……………………………（202）
　　二　宪宗时期神策军两次作为征伐叛镇的主力军 ………………（203）
　　三　元和中叶以来神策军征伐方式的转变 ………………………（210）
　　四　神策军战斗力下降原因管窥 …………………………………（214）

第六章　神策中尉掌军制度与中晚唐政局演变
　　　　　——兼论神策军的"特权" ………………………………（217）
　第一节　弑君、立君、废君
　　　　　——中晚唐帝位更迭 ………………………………………（217）
　　一　弑君、立君、废君的概况及原因 ……………………………（217）

二　中晚唐皇位更迭的特点 …………………………………（231）
第二节　文、武、宣、懿、昭五朝皇权与宦官权势的
　　　　博弈 ……………………………………………………（232）
　　一　文宗与宦官集团的矛盾——甘露事变再探索 ………（233）
　　二　武宗重振皇权的努力 …………………………………（247）
　　三　宣宗抑制以神策中尉为首的宦官集团的尝试 ………（252）
　　四　懿宗朝宦官权势的特点 ………………………………（257）
　　五　昭宗与宰相削夺杨复恭兵权 …………………………（258）
第三节　神策军的"特权"及朝廷与地方政府的
　　　　应对举措 ………………………………………………（263）
　　一　暴横扰民 ………………………………………………（263）
　　二　"军赖现象" ……………………………………………（265）
　　三　侵夺京兆府县、执法诸司的民政权、司法权 ………（266）
　　四　章服逾制 ………………………………………………（272）
　　五　影占编户 ………………………………………………（273）
第四节　神策中尉制度下宦官专权的原因 ……………………（276）

# 结　语 ……………………………………………………………（282）

# 参考文献 …………………………………………………………（290）

# 后　记 ……………………………………………………………（299）

# 绪　　论

## 一　选题缘起及意义

笔者对这一课题的最初兴趣是在两《唐书》和《资治通鉴》等史料的阅读中产生的。《旧唐书·宦官传》与《新唐书·宦者传下》中出现的有关神策军与神策中尉的记载引起了笔者的注意与思考。《旧唐书》卷一八四《宦官传》略云：

> （天复）三年正月……（崔）胤奏曰："贞元、元和，分羽林卫为左、右神策军，以使卫从，令宦官主之，唯以二千人为定制。……由是内务百司，皆归宦者……大则倾覆朝政，小则构扇藩方。车驾频致播迁，朝廷渐加微弱，原其祸作，始自中人。"……诏曰："……（左神策中尉）第五可范已下，并宜赐死。……其左右神策军，并令停废。"是日，诸司宦官百余人，及随驾凤翔群小又二百余人，一时斩首于内侍省。……自是京城并无宦官……崔胤虽复仇快志，国祚旋亦覆亡，悲夫。①

《新唐书》卷二〇八《宦者传下》略云：

> （天复）三年正月……胤、全忠议，尽诛（左神策中尉）第五可范等八百余人于内侍省……诏以……两军内外八镇兵悉属六军。

---

① 《旧唐书》卷184《宦官传》，中华书局1975年标点本，第4777—4779页。

#### ●▶ 唐代神策军与神策中尉研究

> 赞曰：崔丞相血军容甘心焉，而朱温篡唐。①

据上面的引文可知，天复三年（903）正月，唐昭宗在朱温与崔胤的胁迫之下尽诛以神策中尉为首的宦官集团，停废神策军，不久之后，朱温迁昭宗于洛阳成篡夺之志，唐祚遂告终结。这些内容激发了笔者思考，产生了一系列问题：神策军到底是一支什么样的军队？它是如何成为皇帝亲军的？它是通过什么方式作用于唐代政权？它何以能在中晚唐政局中发挥如此大的作用？为什么朱温要等到天子的禁卫神策军停废后，才敢篡唐建梁呢？经过初步探索，得出以下结论。第一，天宝十三载（754）哥舒翰在磨环川建立神策军，神策军就以边军的形式登上了历史舞台。代宗广德元年（763），鱼朝恩率领在陕州的神策军入主禁中，神策军的性质由边军转变为天子禁军，永泰元年（765），仆固怀恩引吐蕃、回纥和党项入寇京畿，鱼朝恩以神策军驻屯苑中，从此，神策禁军"势居北军右"。第二，贞元十二年（796），德宗创立神策中尉制度，神策军与宦官集团形成密切联系，宦官典军成为一种制度。直到天复三年（903），崔胤、朱全忠尽诛宦官，停废神策军为止，神策军在唐代一共经历了149年，神策中尉掌军制度则相沿存在了107年，这种制度在中国历史上是绝无仅有的。第三，神策军就是通过神策中尉这一纽带与唐祚紧密联系起来的。神策中尉掌握了神策军，上可以废立君主，下可以挟制群臣，并在一定程度上威慑藩镇。正如刘蕡在分析权阉掌军的影响时说："张武夫之威，上以制君父；假天子之命，下以御英豪。"② 对此，《剑桥中国隋唐史》也有相关论述："在八世纪后期和九世纪，宦官的权力大大加强，当他们取得对神策军——为皇帝提供主要力量以与地方军抗衡的精兵——的控制时，其权力取得了一种新的表现形式。"③

但是，随着文献阅读的深入，这样的解释反而产生了更大的困

---

① 《新唐书》卷208《宦者传下》，中华书局1975年标点本，第5901—5902页。
② 《新唐书》卷178《刘蕡传》，中华书局1975年标点本，第5303页。
③ ［英］崔瑞德编：《剑桥中国隋唐史》，中国社会科学院历史研究所译，中国社会科学出版社1990年版，第20页。

惑：怎样的因缘际会使神策军和神策中尉发生了联系？神策中尉通过何种方式来维系和神策军的关系？神策中尉制度又是什么制度？神策中尉是职事官还是使职？监军制度与神策中尉制度是否有关联？神策中尉利用所掌握的神策军在中晚唐政治、经济、军事、法律司法、社会、文化等方面发挥了怎样的作用，又是如何影响了中晚唐政局？神策军的兴起、发展、衰落和灭亡的过程与宦官集团的关系何在？神策中尉在当时政治结构中的活动趋向与地位产生了怎样的变化？神策军的组织体系、战斗力、待遇、粮饷、赏赐、屯防、职能与任务、日常活动是怎样的？神策军与京畿、地方政府及普通民众的关系如何？神策军是如何完成从边军到中央禁军的转变的？京西北和畿内为何遍布着神策城镇？等等。因此，探讨神策军与神策中尉这一论题是很有必要且有意义的。

不仅如此，在阅读史料的过程中，笔者注意到：这样一支事关唐王朝中后期国运的禁军，其起源和兵额数等问题已不为唐宋诸多多识之人所详悉。《册府元龟》卷三二四《宰辅部·荐贤》云："高郢、郑珣瑜为相时，蒋义为起居舍人，转司勋员外郎，并修史。（贞元十八年）时集贤阙学士，求者甚众，会诏问神策军建置之由，相府讨求不知所出，乃访于义。义征引根源，对甚详悉。郢与珣瑜相顾曰：'集贤有人矣。'翌日，诏兼判集贤院事。"① 此时上距神策军成立仅四十余年，其建置因由已不为德宗、宰臣及诸多集贤学士所熟知，唯有一博学多通的蒋义能言其本末。唐末宰相崔胤对神策军的起源与军额数存在误读。《旧唐书》卷一八四《宦官传·杨复恭传》云："高祖、太宗承平时，无内官典军旅。自天宝以后，宦官浸盛。贞元、元和，分羽林卫为左、右神策军，以使卫从，令宦官主之，唯以二千人为定制。"② 在他看来，神策军是德宗贞元年间分羽林军而建，其人数定额为两千人。宋儒对神策禁军的起源及人数亦有误读。北宋张洎

---

① 《册府元龟》卷324《宰辅部·荐贤》，凤凰出版社2006年标点本，第3664页。
② 《旧唐书》卷184《宦官传·杨复恭传》，中华书局1975年标点本，第4777页。

曰："唐罢府兵，始置神武神策为禁兵，不过三数万。"① 秦观曰："唐府兵废，始置神策为禁军，亦不过数万人。"② 这里秦观所言神策军之具体人数及神策禁军出现的原因均有误。洪迈认为神策军源于诸卫③，这是对神策禁军来源的错误认识。可见，透过分析梳理神策军史料，还原出神策军的真实历史面貌十分有价值。

探讨神策军与神策中尉的问题，对于理解或解释下面几个学术问题大有裨益。

第一，有助于认清神策军与神策中尉的历史真相及在唐中后期政治史、制度史中的意义乃至在整个传统中国社会变革中的意义。

第二，有助于深入认识中晚唐皇帝受制于宦官集团的原因，神策军和宦官集团结合对于中晚唐政局的影响，揭示中晚唐宦官政治的特质。

第三，通过梳理神策军的发展脉络，特别是神策军在晚唐的重建，有助于更加形象地认识神策军的内部结构及唐代军制的具体内容。通过对神策军外镇问题的分析，有助于更加深入理解唐代中后期禁军的特色与性质以及唐王朝的内外政策。通过对神策军军费问题的讨论，有助于理解神策中尉与神策军之间的密切关系形成的动因。

## 二 20 世纪以来神策军与神策中尉问题研究的回顾

（一）关于神策军与神策中尉问题的专题研究

最早较为系统地探讨神策军问题的是日本学者。小畑龙雄的《神策军的成立》④ 与《神策军的发展》⑤ 是日本学界研究神策军的代表论文。作者叙述了神策军由边军入为禁军的过程，考察了神策军的发

---

① 《文献通考》卷 152《兵四·兵志》，中华书局 1986 年标点本，第 1327 页。
② （宋）秦观：《淮海集笺注》卷 13《进策·安都》，徐培均笺注，上海古籍出版社 2000 年标点本，第 523 页。
③ （宋）洪迈：《容斋随笔》卷 7《佐命元臣》，中华书局 2005 年标点本，第 96 页。
④ ［日］小畑龍雄：《神策軍の成立》，《東洋史研究》1959 年 10 月第 18 卷第 2 号。
⑤ ［日］小畑龍雄：《神策軍の發展》，《田村博士頌壽東洋史論叢》，田村博士退官记念事业会，1968 年 5 月。

展。此后,日野开三郎发表了《神策禁军的发展》①一文,该文叙述了神策禁军的发展历程,指出了神策禁军强化的政治影响。但是,三篇文章叙多论少,对神策军内部结构缺乏深度挖掘。

大陆地区最早对神策军进行专门研究的是1983年齐勇锋发表的《说神策军》一文②。在文中,作者就某些传统的看法提出商榷。如关于神策军的主要成分问题,史学界流行的说法是,神策军是"不堪一击"的"市井无赖、豪强、奸滑之徒"。但作者通过对神策军起源、发展等问题的探讨,认为"神策军是有较强作战能力的边军和方镇军。这样说,并不是绝对否认神策军中包含有挂名军籍,不能作战的富家子弟,而是说这些人在神策军中只占少数,不居于主导地位"。作者从神策军的布防、职能和兵力三个方面来说明神策军具有中央禁军和直属作战部队的双重性质。在文中,作者概括了神策军的四个特征:"第一,神策军以宦官为最高统帅,受其绝对控制。第二,神策军的编制兼有禁军和方镇军二者的特征,并在此基础上,形成自己一套独立的、比较完整的组织和指挥体系。第三,神策军的兵源采取招募和收编两种方式,而以后者为主。神策军在生活、法律和将吏的升迁三个方面享有特权。第四,神策军对于唐王朝在安史之乱后继续维持一百多年的全国性政权有十分重要的意义。"是文对于我们进一步探究神策军和中晚唐政治史,大有裨益。

孙亚平的《论神策军》③对神策军的起源、作用等进行了考察,肯定了神策军在威慑藩镇、维护唐政府的统治上有着重要的作用。他认为:"唐代的神策军实为唐王朝的重要支柱,对唐朝在安史之乱后的延续起着决定性的作用。"

黄修明在《唐代后期的宦官典军制度》④中对宦官典军制度作了

---

① 日野開三郎:《神策禁軍の發展》,《日野開三郎東洋史學論集》第1卷《唐代藩鎮の支配體制》第4章《中央政權の再強化と藩鎮統禦》,东京三一书房1980年版。
② 齐勇锋:《说神策军》,《陕西师范大学学报》(哲学社会科学版)1983年第2期。
③ 孙亚平:《论神策军》,《兰州教育学院学报》1985年创刊号。
④ 黄修明:《唐代后期的宦官典军制度》,《南充师院学报》(哲学社会科学版)1988年第1期。

研究，指出神策中尉是神策军的最高统帅，也是整个宦官军事系统的最高首脑，并认为宦官典军制的出现"是安史之乱后唐廷分裂、皇权衰落的历史结果"。

樊文礼在《唐代宦官掌典禁军原因试探》①一文中认为，宦官中尉与神策将士结成密切关系的原因有三："首先，宦官利用自己禁军最高统帅的权力，尽量在神策军中安插、培植亲信；其次，禁军将校为了自己的升迁，也不得不对中尉表示亲近、忠顺；第三，对于神策军军士，宦官也是多方拉拢，百般优待。"

贾宪保的《神策中尉与神策军》②讨论了神策军由宦官来长期担任统帅的原因，他认为："中尉制的建立是对玄宗以来抑制武将政策的总结，其实质是不许武将担任中央军队统帅，以保证皇帝有一个可靠的、既强大又稳定的亲军。"他还对神策军的性质进行了探讨，他指出，神策军既是京城宿卫军，又是地方屯驻军，也是野战军。他在文中对神策中尉制进行了客观评价："在唐后期特殊的历史条件下，中尉制则有其存在的合理性，它在护卫中央政权、镇压叛乱藩镇和抵御牧民族入侵等方面起了一定的积极作用。然而，由于宦官低劣的政治素质和过大的权力，造成中尉及其他宦官的擅权乱政。"

1990年由台湾商务印书馆出版的何永成的《唐代神策军研究——兼论神策军与中晚唐政局》③一书，是第一部也是迄今为止唯一一部关于神策军研究的专书。在书中，作者考察了神策军出现于唐代历史舞台的背景，及其渐次在乱事中成长，逐步进入中央政治核心的过程；分析了神策军的组织结构；探究了神策军的兵源及平素所担负的职任等问题；以"永贞内禅"为个案研究对象，初步探索了神策军与中晚唐政局演变的关系。

然而，何著对神策军的研究多属提纲挈领，"粗线条式"的勾勒。

---

① 樊文礼：《唐代宦官掌典禁军原因试探》，《烟台师范学院学报》（哲学社会科学版）1990年第2期。
② 贾宪保：《神策中尉与神策军》，《唐史论丛》（第5辑），三秦出版社1990年版。
③ 何永成：《唐代神策军研究——兼论神策军与中晚唐政局》，台湾商务印书馆1990年版。

是书将神策军的组织结构置于一个封闭静态的模式下来考察,没有深入讨论神策军组织系统在唐后期的变化。对于左右神策中尉制度确立之后的神策军的发展情况,神策军的兵源、军费、神策城镇等问题,何著极少涉及。另外,由于当时有关神策军的碑志材料出土较少,何著对墓志资料的利用有限。但不可否认,该书在神策军问题的研究方面具有重要的开拓性意义,为我们进一步全面、集中、深入、系统地探索神策军及神策中尉问题奠定了重要基础。

张国刚的《唐代的神策军》[1]一文,是一篇研究神策军问题的力作,为笔者详尽、系统地讨论神策军这一问题提供了重要参考。该文从神策军的组织系统、神策军的外镇兵和行营、神策军的扩充和待遇、神策军的任务和作用四个方面对唐代的神策军进行了深入探讨。文章在探讨神策军的中央组织系统时,辨明了神策军分厢、分军的时间和含义;在讨论京西北诸城镇时,辨明了胡注中八镇和十三镇的含义;在归纳了神策军的几种扩张形式后,探讨了神策军"给赐厚于诸军"以及在唐代中后期政治军事形势下神策军的任务和作用,并提出了"神策军诚然加强了宦官的权势,但是,却适应了安史之乱后在关中地区建立一支禁军的需要,它不但是制约诸侯的唯一的中央势力,也是防卫西北边境的有生力量"的重要观点。

黄修明的《唐代神策中尉考论》[2]一文认为,神策军完全不同于其他北衙禁军的最明显特征是,神策军具有禁军和野战军的双重性质。在文中,他对中尉典军制度进行了评价。他认为,唐代宦官通过出任神策中尉一职控制唐中央的禁军系统,从而形成了势力强大的宦官军事集团,这个集团"在捍卫皇权,遏制地方藩帅势力的恶性扩张以缓和安史之乱引起的政治、军事危机方面,发挥过重要作用"。"从唐后期政治局面的发展演变情况看,宦官典军并不具有积极的历史因素,但这一现象的出现并不是个别宦官主观愿望的产物,而是安

---

[1] 张国刚:《唐代的神策军》,载《唐代政治制度研究论集》,台北文津出版社1994年版。
[2] 黄修明:《唐代神策中尉考论》,《天津师范大学学报》(社会科学版)2002年第6期。

史乱后叛藩猖獗,皇权衰落这一特殊历史时期所造成的一种特殊历史后果,是中唐时期政治、军事形势变化在李唐兵制发展史上的反映。"王守栋的《唐代神策军中尉考》① 对神策军中尉制度的确立、性质、职能及重要性进行了简要探讨。

黄楼在《唐"制将"考》② 中,对建中年间在没有宦官典兵的情况下,德宗如何用神策"制将"进行征伐的问题进了探讨。他认为,制将问题实质上就是神策军问题。肃、代时期,禁军体系尚未完成其乱后重建,于是,在德宗建中年间出现了"制将"出征的情况,但制将的主要任务是助讨和救援。他的博士学位论文《中晚唐宦官政治研究》③ 则从政治史的角度将神策军的发展、衰落、消亡纳入中晚唐宦官政治研究的体系之中,对德宗年间的神策"制将",贞元年间神策军的"六军化",京西北的神策城镇,神策军在中晚唐宫廷政变中的作用等问题均有独到的见解。然而,受史料的限制,黄文对懿、僖、昭时期的神策军与神策中尉问题研究相对薄弱。另外,对于神策中尉制度、神策军的军费、职能与任务、日常活动等问题,黄文也很少涉及。

李玮的硕士学位论文《唐代神策军的兴衰——以宦官势力消长为中心》④ 以宦官势力消长为主线,概述了唐代神策军的兴衰。

(二)其他涉及神策军与神策中尉问题讨论的著作和论文

20世纪40年代初,陈寅恪的《政治革命及党派分野》⑤ 一文,从阉寺拥戴或废黜储君的角度深入探讨了唐朝自肃、代以后皇位继承的不稳定性。虽然关注的重点并非神策军和神策中尉,但看问题的视角对我们思考神策中尉制度视阈下神策禁军的发展与唐中后期宫廷政

---

① 王守栋:《唐代神策军中尉考》,《德州学院学报》2003年第1期。
② 黄楼:《唐"制将"考》,《魏晋南北朝隋唐史资料》(第25辑),武汉大学出版社2009年版。
③ 黄楼:《中晚唐宦官政治研究》,博士学位论文,武汉大学,2009年。
④ 李玮:《唐代神策军的兴衰——以宦官势力消长为中心》,硕士学位论文,陕西师范大学,2011年。
⑤ 陈寅恪:《唐代政治史述论稿》中篇《政治革命及党派分野》,载《隋唐制度渊源略论稿·唐代政治史述论稿》,商务印书馆2011年版。

## 绪　论

治之间的互动关系具有重要的参考价值。

唐长孺的《唐书兵志笺正》①对《新唐书·兵志》做了许多精细的考订，是书第三卷重点考察了不同时期北衙禁军的来源问题，但笺正囿于体例，仅仅是对《新唐书·兵志》进行诠释与纠讹，未能涉及有关神策军产生的原因及走向的思考。其后，在《唐代内诸司使及其演变》②一文中，对神策中尉的设置、职掌进行了简单叙说。到了20世纪90年代初，在《魏晋南北朝隋唐史三论》③第三编《论唐代的变化》第三章"军事制度的变化"中关注了神策军。他认为，神策军既是在长安宿卫的左右神策，又是在京西北驻防的隶属神策的镇防军。在京城的神策禁军用于作战不堪一击，宦官用以挟制宫廷则有余；外镇神策军主要职责是防御吐蕃，因而具有一定的战斗力。神策军成为宦官操纵政局、左右皇室的工具，唐王朝最后也与宦官共存亡。

在探讨宦官权势的论著中涉及神策军与神策中尉的内容。王寿南在其专著《唐代宦官权势之研究》④对唐世历任神策中尉加以钩索，制成《左右神策军护军中尉表》，表中详细列出左、右军中尉的人员，对宦官在唐代拥有的三大权力之一的军权进行了分析，但缺乏深入论述。牛致功发表的《唐代宦官表》⑤也对唐代神策中尉进行了统计。然而，由于材料的限制，他们的统计并不完整，有些神策中尉的任职时间也值得商榷。齐陈骏、陆庆夫在《唐代宦官述论》⑥一文中认为，宦官掌控禁军是宦官干政成为常态的重要原因之一。日本学者曾我部静雄在《唐南衙和北衙的南司和北司的演变》⑦一文第四部分"神策军的创立与宦官的抬头"中，通过论述

---

① 唐长孺：《唐书兵志笺正》（文集本），中华书局2011年版。
② 唐长孺：《山居存稿》（文集本），中华书局2011年版。
③ 唐长孺：《魏晋南北朝隋唐史三论》（文集本），中华书局2011年版。
④ 王寿南：《唐代宦官权势之研究》，台北正中书局1971年版。
⑤ 牛致功：《唐代宦官表》，《唐史论丛》（第2辑），陕西人民出版社1987年版。
⑥ 齐陈骏、陆庆夫：《唐代宦官述论》，《中国史研究》1980年第1期。
⑦ [日]曾我部静雄：《唐の南衙と北衙の南司と北司のへ推移》，《史林》第64卷第1号，1981年1月1日发行。

神策军与宦官权势结合，来说明唐代南衙、北衙向南司、北司推移。牛志平的《略论唐代宦官——兼与齐陈骏、陆庆夫同志商榷》①中肯定了宦官掌控的神策军讨伐叛藩，抵御外侮，维持唐政权的功绩不可抹杀。冯辉的《论唐代的宦官政治》②对唐末宦官与唐王朝军事之间的关系做了一定概述性质的总结。黄永年在《唐史十二讲》中的"唐代的宦官"③中认为，神策军"不仅负责京师的拱卫，而且成为皇帝的直属野战部队，以京城为中心设置了一个直属皇帝的节度使级管区"。在黄先生看来，神策中尉的命运在一定程度上还得由皇帝来掌握。皇帝设置不相统属的左右两军中尉来管理神策军，让他们在自己面前互相争宠，互有牵制，体现了皇帝对神策中尉并非完全信任。《剑桥中国隋唐史》④第八章"中唐和晚唐的宫廷和地方"和第九章"晚唐的宫廷政治"中对神策军及宦官典军制度做了一些论述。刘玉峰在《试论唐德宗重用宦官的原因及其他》⑤中认为，德宗创立神策中尉制度的目的在于"通过任用亲信宦官，掌握一支由自己控制的军队，以便对付朝臣弄权及藩镇割据，从而巩固皇权"。赵雨乐的《唐末北衙禁军的权力基础》⑥一文中对唐末北衙禁军的权力基础进行了分析，并对唐末神策五十四都的活动进行了简单探讨。陈仲安的《唐代后期的宦官世家》⑦以非常翔实的碑刻资料和正史记载将唐末刘遵礼、吐突承璀、马公儒等几个宦官世家的家世、官职等资料梳理清楚。其后，杜文玉的

---

① 牛志平：《略论唐代宦官——兼与齐陈骏、陆庆夫同志商榷》，《陕西师范大学学报》（哲学社会科学版）1985年第1期。
② 冯辉：《论唐代的宦官政治》，《求是学刊》1987年第4期。
③ 黄永年：《唐史十二讲》，中华书局2007年版。
④ ［英］崔瑞德编：《剑桥中国隋唐史》，中国社会科学院历史研究所译，中国社会科学出版社1990年版。
⑤ 刘玉峰：《试论唐德宗重用宦官的原因及其他》，《晋阳学刊》1997年第5期。
⑥ 赵雨乐：《唐末北衙禁军的权力基础》，《中国第三届唐代文化学术研讨会论文集》，中国唐史学会，1997年。
⑦ 陈仲安：《唐代后期的宦官世家》，《唐史学会论文集》，陕西人民出版社1986年版。

《唐代宦官世家考述》①，用当时新出土的碑刻资料和当时人们不太注意的正史资料补齐了陈仲安先生所未收录的一些宦官家族的情况，对仇、孙、梁、王、彭、吴等宦官世家进行了考述。黄洁琼在《唐代枢密使与神策中尉之比较研究》②中阐述了枢密使与神策中尉的关系及其对唐后期政局所产生的重大影响。她认为，枢密使与神策中尉的利益是一致的，但中尉与枢密使之间的矛盾斗争几乎没有停止过。由于文章篇幅的限制，该文的观点大多点到为止，没有深入论述两者的关系及其对晚唐政治的影响。戴显群的《唐五代社会政治史研究》③对枢密使与神策中尉的关系做了简要阐述。王守栋在《唐代"权阉四贵"考析》④中认为，懿、僖、昭时期神策中尉完全控制了权力中枢，恃权轻主，权力至极。其后，他在《唐代宦官政治》第五章"宦官政治'成于德宗'"第一节"神策军中尉制的确立"⑤中认为，神策中尉制度的确定，保障了北司在与南衙抗衡中的优势地位，维护了宦官权势的稳固。

还有一些学者的研究涉及神策军与神策中尉的一些具体问题。中国台湾学者章群在其专著《唐史》⑥第十九章"兵制"中简单提到了神策军为患于民的情况，但并没有进行深入分析。谷霁光在其名著《府兵制度考释》⑦中简要叙说了神策军的战斗力及作用。他认为："宦官掌握了禁兵，也控制了唐皇朝的统治权力。唐皇朝就在这种局面之下苟延了一百五十年的统治。唐后期禁兵的腐败程度是惊人的。神策兵虚籍多，实兵少，隶名禁军的多市井无赖、豪强、奸猾之徒，一般均不堪一战。其作用在于护卫京城、护卫皇帝，控制腹地。是封

---

① 杜文玉：《唐代宦官世家考述》，《陕西师范大学学报》（哲学社会科学版）1998年第2期。
② 黄洁琼：《唐代枢密使与神策中尉之比较研究》，《福建论坛》（人文社会科学版）2005年第12期。
③ 戴显群：《唐五代社会政治史研究》，黑龙江人民出版社2008年版。
④ 王守栋：《唐代"权阉四贵"考析》，《求索》2007年第9期。
⑤ 王守栋：《唐代宦官政治》，中国社会科学出版社2009年版。
⑥ 章群：《唐史》，台北华冈出版有限公司1958年版。
⑦ 谷霁光：《府兵制度考释》，中华书局2011年版。

建唐廷重要工具之一。"李鸿宾在《唐后期的朔方军与西北边防格局的转变——以德、顺、宪三朝为例》[①]中探讨了神策军与朔方军的关系。他指出，朔方军从控制一方的强大节镇，蜕变为一个管辖若干州县的普通节镇，由一个地区性节镇缩小为区域性节镇集团的一分子，反映出十节度御边格局解体和京西北八镇及神策军、防秋兵体制新格局的形成。杜文玉在《唐代宦官俸禄与食邑》[②]一文中涉及了有关神策中尉的俸禄问题。

此外，还有一些硕士、博士学位论文涉及神策军与神策中尉的内容。如陈爽的《唐代内使诸司考》[③]，王静的《大明宫的内廷空间布局与唐代后期宦官专权的关系》[④]，牟永良的《试论唐昭宗朝的南衙北司之争》[⑤]，仲亚东的《论唐代的内诸司使》[⑥]，曾鹏瑞的《唐代北衙神策禁军考论》[⑦]，赵晨昕的《唐代宦官权力的制度解析——以宦官墓志及敦煌本〈记室备要〉为中心》[⑧]，史兵的《唐代长安城军事防御体系研究》[⑨]，王效锋的《唐代中期战争问题研究》[⑩]，徐成的《北朝隋唐内侍制度研究——以观念与职能为中心》[⑪]，等等。

以上这些论著中，都不同程度地对神策军与神策中尉问题进行了叙述、介绍和探讨。虽多为概括性论述，但足以启发思考。

总的来说，迄今为止，学界对神策军与神策中尉问题的研究取得

---

① 李鸿宾：《唐后期的朔方军与西北边防格局的转变——以德、顺、宪三朝为例》，载荣新江主编《唐研究》（第5卷），北京大学出版社1999年版。
② 杜文玉：《唐代宦官俸禄与食邑》，《唐都学刊》1998年第2期。
③ 陈爽：《唐代内使诸司考》，硕士学位论文，北京大学，1990年。
④ 王静：《大明宫的内廷空间布局与唐代后期宦官专权的关系》，硕士学位论文，北京大学，2001年。
⑤ 牟永良：《试论唐昭宗朝的南衙北司之争》，硕士学位论文，陕西师范大学，2001年。
⑥ 仲亚东：《论唐代的内诸司使》，硕士学位论文，福建师范大学，2003年。
⑦ 曾鹏瑞：《唐代北衙神策禁军考论》，硕士学位论文，四川师范大学，2010年。
⑧ 赵晨昕：《唐代宦官权力的制度解析——以宦官墓志及敦煌本〈记室备要〉为中心》，博士学位论文，首都师范大学，2012年。
⑨ 史兵：《唐代长安城军事防御体系研究》，博士学位论文，陕西师范大学，2012年。
⑩ 王效锋：《唐代中期战争问题研究》，博士学位论文，陕西师范大学，2012年。
⑪ 徐成：《北朝隋唐内侍制度研究——以观念与职能为中心》，博士学位论文，上海师范大学，2012年。

了一定成绩,这些研究成果中不乏一些富有真知灼见的力作。但是,仍然存在以下几点不足。

其一,大部分论著多是局限于对神策军与神策中尉在制度上的静态叙述。由于研究主题的限制,有的成果对于神策军与神策中尉的论述,仅是泛泛而谈,没有深入剖析。

其二,上述研究成果,多数论著缺乏对神策军与神策中尉的全面、集中、深入、系统的探索。虽有何永成的《唐代神策军研究——兼论神策军与中晚唐政局》一书对神策军作了较为全面的检讨,但何著篇幅短小,多属于粗线条式的勾勒,缺乏对神策军结构及神策中尉制度的详密考证,而且没有涉及神策军的军费问题及唐后期神策军的发展状况等问题。因此,该书不足以概括和探究整个神策军与神策中尉的问题。

其三,由于资料零散,对于传世文献中一些有关神策中尉与神策军这一论题的关键材料,在上述相关论著之中并没有得到体现。而且,上述一些成果对新出土的相关墓志材料应用也不够充分。有的成果则是囿于体例,没有系统利用传世文献与出土材料对神策军与神策中尉进行系统梳理与研究。

其四,现有的多数成果叙多论少,这为本书立论提供了较大的发挥空间,同时也加大了论述的难度。笔者希望在写作过程中,尽力地做到史论结合。

但是,不可否认,以往研究为继续深入系统地探索神策军与神策中尉这一论题打下了坚实的基础,但同时留下了很大的探讨空间。例如,神策军在不同阶段的形态、神策中尉的性质、神策军兵源及迁转、神策城镇、神策军的收入、神策军在平素与战时的职能与任务、神策中尉制下的中晚唐政局发展轨迹等诸多问题,仍然值得挖掘。

### 三 研究方法及相关资料

(一) 研究方法

第一,实证与考辨。中晚唐时期政局复杂,党争不断,史家往往

"忌讳隐语阑入"①。持有门户之见和党派倾向的官方史书及个人著述也常"阴挟翰墨，以裁前人之善恶"②。中晚唐史料的特点决定了我们要在实证与考辨的基础上将神策军与神策中尉问题的探索置于当时具体的社会政治环境中去考察，不为迎合某种理论而削足适履。

第二，从多学科的视角进行研究。本书涉及军事方面的问题，因笔者对战略学、军事历史学、军事地理学等内容有所了解，因此，书中的相关部分运用了这些知识。

第三，"诗史互证"的方法。陈寅恪先生在其所著的《元白诗笺证稿》中提倡"诗史互证"的研究方法。他认为，诗文中的时间、地域、人物等内容，极富史料价值，若与史籍所载的内容相互参证，就可以更加全面地把握历史真相，对古人的思想、情感及当时的社会达到真正同情与理解。其法新颖，愚虽不敏，甚钦羡此法。本书的部分内容欲尝试用诗文集的内容来印证史籍的内容。

第四，个案研究法。笔者花了大量笔墨深入剖析中晚唐的皇位更迭、皇权与神策中尉权势博弈等内容中的典型案例。通过对历史个案的透视，以期对于认识神策军与神策中尉在中晚唐政局演变过程中的作用及地位，能够起到"一叶知秋"的效果。

（二）相关资料

本书在撰写过程中，以《旧唐书》《新唐书》《资治通鉴》《唐六典》《唐会要》《唐大诏令集》《册府元龟》《文苑英华》《全唐文》等传统历史典籍为主，详细阅读参校，搜寻论据。在此基础上，又尽可能多地发掘和利用碑刻、墓志、诗文、笔记小说、兵书类、奏疏等相关资料。

## 四　学术创新之处

对神策军与神策中尉问题进行探讨，不是本书的首创。笔者在前辈学者研究成果的基础上对该论题有所突破和提出新解之处，主要有

---

① （清）黄宗羲：《黄梨州文集》，中华书局1959年标点本，第468页。
② （宋）王安石：《临川先生文集》，中华书局1959年标点本，第772页。

以下几个方面。

（一）研究理念的突破

任何一种制度都体现了设计、运行与维持这项制度的人的思想与活动。因此，我们应该运用生动活泼的写作方式，将其与史实密切结合起来，方能更为准确地把握造成其演进的复杂动力与机制。在写作过程中，笔者力图更全面、具体、细致、生动形象地考察神策军与神策中尉这一论题，从而构建出一幅神策军与神策中尉的鲜活的历史图景。

（二）内容与观点创新

关于内容与观点创新之处，大致有如下几点。

第一，本书对代宗大历年间神策军第一次外镇提出了新的解释。笔者认为，当时神策军外镇除了防御吐蕃之外，更重要的目的是，代宗力图除掉鱼朝恩，"自将"神策军。

第二，本书系统地探讨了唐代神策军收入方式。主要是屯田、和籴、漕运、军赏及救恤，另外，神策军又通过回易、中纳、擅自征税、专卖酒曲与设官店沽酒、厚估衣粮赐、剽掠百官家财等方式来拓宽收入渠道。通过对神策军的收入问题进行详细考察，进一步阐明了神策军的收入问题对于维系神策中尉与神策军关系的重要作用。

第三，本书全面、系统地对神策中尉制度作了探索，指出并论证神策中尉是一个特殊称号，源于监军使或者监勾当，属于使职，但又具有职事官的特点；全面、集中、系统地考证了黄巢之变前神策军中的职事官与使职两套系统；提出并阐释了神策中尉的历官过程是唐代官僚系统迁转序列中的有机组成部分。

第四，提出唐宣宗通过优赏笼络京西北方镇军来威慑宦官集团所控制的神策军；提出神策城镇兵在防御吐蕃和回鹘的入侵时并没有展现出较强的战斗力。

（三）在许多具体的问题上有自己的考证、辨析和见解

第一，笔者通过对繁杂琐碎的传世文献爬梳，以大量墓志为参照，在前贤的基础上，进一步系统考察了神策军前后沿革的原因、过程等问题，特别是晚唐神策军的组织结构及发展情况；更为全面详密

地考释了规模庞大、形态复杂的京西北神策诸城镇,并分析了这些城镇演变的过程及原因;对于神策中尉、神策军将与军卒的迁转等问题进行了全面而详尽的梳理与分析;对神策中尉是职事官还是使职的问题进行了详细讨论;利用了更多具体生动的著例对神策军暴掠残民、影占编户、侵夺京畿及地方政府权力等问题进行了探讨。

第二,详细分析了神策中尉取得神策军控制权后,皇帝与宰相谋夺神策军权及重建禁军的情况。以翔实的史料和周密的考证,对与中晚唐历史发展轨迹有着密切关系的皇位更迭、皇权与宦官权势的博弈等内容作了进一步阐释和再探索,进而揭示了神策中尉统领神策军制度在中晚唐政局演变中的地位与作用,同时进一步指出了在神策中尉掌军的前提下,中晚唐宦官权势可以说是皇权的一种变态形式。

(四) 资料运用方面

笔者在书中利用了一些前贤未使用的诗文、笔记小说、兵书类以及新出土的墓志石刻等资料。此外,对于神策军与神策中尉的某些事件,不同史籍有不同记载,笔者均对相关史料的细节进行了详细解读与考辨。

# 第一章　神策军的形成与演变

关于神策军的形成与演变问题的研究，何永成曾在《唐代神策军研究——兼论神策军与中晚唐政局》一书中进行过初步研究[①]，然而，何著没有探讨左右神策中尉制度确立之后的神策军的发展情况。另外，由于是书论述简略，神策禁军的形成与演变这一问题仍然值得进一步探讨。鉴于此，本章拟在前人研究基础上，主要围绕五个方面的内容展开讨论：第一，神策军以边军形式登上历史舞台的背景；第二，神策军成为禁军后，代宗与元载如何利用神策外镇的机会诛除了日益跋扈的神策军控制者鱼朝恩；第三，泾原兵变之后，德宗根据北门六军的建置模式重建了一支组织体系更加严密的神策军，并最终确立神策中尉统领神策军这一事关中晚唐李唐王朝国运的制度；第四，黄巢之变使贞元以来重建的神策军体系崩溃之后，神策中尉田令孜重新募集神策五十四都的情况及其发展历程；第五，神策五十四都溃散后，朝廷再次重建神策军以及崔胤废除神策中尉制度及神策军。

## 第一节　神策军建立的背景

神策军最初是以边防军的形式存在于唐的西北边境，属于陇右节度使下十八军之一。它的建立与安史之乱前吐蕃的崛起强大，唐王朝

---

[①] 何永成：《唐代神策军研究——兼论神策军与中晚唐政局》，台湾商务印书馆1990年版，第12—18页。

与吐蕃以青海、赤岭一带为中心的战争，石堡城之战及九曲之战有莫大关系。

唐太宗贞观八年（634），吐蕃赞普弃宗弄赞钦慕中土文化，遣使来朝。后来，弄赞相继降服羊同国及诸羌，国力逐渐强大，开始谋求更多的对外发展空间。他注意到，控制海拔多在3000米以上的青海地区，向西可以攻西域，向东可以窥视李唐的关中屏障，即具有重要战略枢纽地位的河陇地区。因此，吞并青海地区遂成为吐蕃的国策及首要目标。

此时盘踞青海地区的是吐谷浑。贞观九年（635），李靖统率军队大败吐谷浑。此战之后，唐朝本有机会将青海地区纳入大唐版图，但唐太宗仅对该地区实行羁縻政策，而没有设立直属机构来管理。贞观十五年（641），由于吐谷浑王的离间，吐蕃弄赞求婚大唐公主不成。弄赞以此为借口实施了吞并青海地区的计划，发动了对吐谷浑的战争。吐蕃以二十万大军大败吐谷浑于青海。唐太宗遣侯君集统领步骑五万抗击吐蕃，弄赞遣使谢罪。唐蕃达成停战协议。直到唐高宗初年，吐蕃与唐王朝一直保持着友好关系。

由于攻灭吐谷浑，占据青海地区，以此为基地窥视大唐乃吐蕃既定国策。因此，当吐蕃恢复元气，国力强大到一定程度后，再次成为大唐名副其实的劲敌，严重威胁着唐西北边境的安全，而青海地区也再次成为唐蕃战争的火药桶。高宗龙朔三年（663），吐蕃发兵攻灭吐谷浑之后，欲趁势取得对西域诸国的控制权。为应付吐蕃的威胁，大唐在东边高丽战事略定之后，对东北方采取消极的退防政策。咸亨元年（670），吐蕃大军侵扰唐在西域的羁縻十八州，攻取龟兹的拨换城，控制了大唐在西域设立的安西四镇。其年四月，高宗下诏以右威卫大将军薛仁贵为逻娑道行军大总管率众十余万对吐蕃进行反击，结果在大非川一带遭遇惨败，吐谷浑全国尽没。此役后，吐蕃年年寇边，唐王朝西北边境形势越发紧张起来。仪凤三年（678），高宗又命中书令李敬玄兼鄯州都督，统辖率领所募新兵前往青海抵御吐蕃。其年秋，敬玄与工部尚书刘审礼大败于青海。唐蕃青海之战后，吐蕃愈加强大，而唐朝在经过大非川之战与青海之战的失败之后，在青藏

· 18 ·

第一章　神策军的形成与演变

高原处于战略守势，再也未能涉足乌海以西地区。其后，唐朝在西北方开始采取战略收缩政策，高宗下令放弃龟兹、于阗、疏勒、碎叶"四镇"，将安西都护府移于西州（高昌），即是明证。这一退守的边防政策，使吐蕃攻占了焉耆以西的城镇堡垒。

武则天统治时期，采取了积极的边防政策。长寿元年（692），武威军总管王孝杰大破吐蕃之众，克复龟兹、于阗、疏勒、碎叶四镇①。然而，在对待四镇的问题上，朝廷内部产生了分歧。宰相狄仁杰等主张放弃四镇②；而右史崔融认为，四镇战略地位十分重要，若放弃四镇，可能使伊西、北庭、安西全被吐蕃吞并，从而危及唐朝在河西地区的统治。最终，武后接受了崔融的建议，将安西都护府迁回至龟兹，并发内地精兵三万人镇守。

圣历二年（699）至中宗统治时期，吐蕃发生内乱，国势暂衰，其国力不足以对抗唐王朝，屡遣使者和亲求和。景龙三年（709）十一月，中宗将金城公主嫁于吐蕃赞普弃隶蹜赞。此后，吐蕃每年遣使者贡献方物。睿宗时，安西都护张玄表屡出兵袭扰吐蕃边境，吐蕃虽内怨，仍敦睦和好。

吐蕃直到取得河西九曲之地后，其"示弱"策略开始改变。九曲之地，位于赤岭以西，即乌兰布拉克河谷③，地力肥沃，适合屯兵畜牧，且与唐境相接。其名称由来，据何永成先生的观点，"盖黄河自巴颜喀喇山发源后，流经大积石山之南，折而西北流，方向屡变，至共和县始趋正东流向；共和以西，河流曲折，故有河曲、九曲之称"④。睿宗时，吐蕃厚赂鄯州都督杨矩，请以九曲之地为金城公主的汤沐所，唐王朝没有经过认真分析估计，遂将该地划与吐蕃。此后，吐蕃重新与唐王朝对立，年年率兵入寇。

---

① 《旧唐书》卷196上《吐蕃上》，中华书局1975年标点本，第5225页。
② 《旧唐书》卷89《狄仁杰传》，中华书局1975年标点本，第2889—2891页。
③ [日]佐藤长：《再论"河西九曲之地"》，《国外藏学研究译文集》（第13辑），张铁钢译，西藏人民出版社1997年版，第47—60页。
④ 何永成：《唐代神策军研究——兼论神策军与中晚唐政局》，台湾商务印书馆1990年版，第9页。

从宏观上看，这一时期至安史之乱前，唐蕃双方战争基本上是在青海湖与赤岭一带进行。唐在赤岭以东，以河湟谷地为中心设立大量军镇，吐蕃则在青海湖以西、以北设立军镇驻军以针锋相对。开元二年（714）秋，吐蕃大将坌达焉、乞力徐率众十万入侵临洮军、兰、渭等州，掠夺大量监牧马。玄宗令左羽林将军薛纳及太仆卿王晙率兵击之。王晙破吐蕃之众于渭源武阶驿，吐蕃大败。吐蕃遂遣使请和，玄宗以戎狄无信，没有答应。因此，吐蕃连年犯边，唐玄宗相继任命郭知运、王君㚟等人为河西节度使御边。开元十五年（727）九月，吐蕃攻陷瓜州城，王君㚟为回纥所杀，唐西北边境告急。玄宗又任命兵部尚书萧嵩为河西节度使，张守珪为瓜州刺史，经略河西。翌年，萧嵩大败吐蕃于祁连城下。

如上所述，吐蕃正是由于取得了九曲之地，才连年寇边。唐王朝在取得对吐蕃的一系列军事胜利后，开始谋取唐蕃边境的军事重地——九曲。若要收复对唐王朝边防有重要作用的九曲，则必先夺得对石堡城的控制权。按严耕望先生的考证，石堡城约在今天哈喇库图城附近的石城山①，在赤岭之东。其战略地位十分重要，易守难攻。"本吐蕃铁仞城。亦曰石堡城。唐咸亨中取其地，至德初复没于吐蕃。……崖壁峭立，道回屈。《续通典》：'石堡城，四面悬崖数十仞，石路盘曲长三四里。'"②"其城三面险绝，惟一径可上。"③因此，吐蕃时常以该军事重镇为基地，侵扰河右。唐王朝为夺取石堡城，从开元十七年（729）开始，与吐蕃进行了长期的战争。

开元十七年，朔方大总管信安王祎率兵赴陇右，拔石堡城，并在此地置振武军分兵据守，以遏吐蕃入侵之路。吐蕃失石堡城之后，举国震恐，赞普屡遣使求和。开元二十二年（734），玄宗遣将军李佺

---

① 严耕望：《唐代交通图考》，台北"中央"研究院历史语言研究所1985年版，第529页。

② （清）顾祖禹：《读史方舆纪要》卷64《陕西十三·石堡城》，中华书局2005年标点本，第3015页。

③ 《资治通鉴》卷216，唐玄宗天宝八载六月条，中华书局2011年标点本，第7015页。

第一章　神策军的形成与演变

与吐蕃在赤岭分界立碑，并约定互不相侵。① 开元二十四年（736），内给事赵惠琮至凉州，见吐蕃无备，遂矫诏令崔希逸突袭吐蕃，大破之于青海之上。吐蕃自是复绝朝贡，唐蕃战事又起。开元二十九年（741），吐蕃复攻石堡城，陇右节度使盖嘉运不能守御。石堡城复为吐蕃控制。天宝四载（745），陇右节度使皇甫惟明又被吐蕃败于石堡城。天宝五载（746），玄宗任命王忠嗣为河西陇右节度使并兼任朔方、河东节度使，经略石堡城。为了加强河西陇右的军事实力，王忠嗣迁移朔方、河东的马9000匹至河西陇右，使该地区的马匹达到26550匹②，军旅益壮。其年四月，他率兵在青海、积石等地大败吐蕃，在墨离军败吐谷浑。王忠嗣在河西陇右的业绩，使玄宗对收复石堡城充满信心，但王忠嗣非常清醒，知道该城地势险要，易守难攻，吐蕃以数百人守城可抗数万之攻战之兵，强攻则徒伤战士而无益于成功。于是上奏玄宗，"若顿兵坚城下，费士数万，然后可图，恐所得不雠所失，请厉兵马，待衅取之"③。玄宗看到王忠嗣的奏章很不高兴，下诏命将军董延光为攻袭石堡城的主将，王忠嗣分兵为之声援。结果延光大败，忠嗣亦被贬黜。天宝七载（748），玄宗又以哥舒翰为陇右节度使，安思顺为河西节度使防御吐蕃。天宝八载（749）六月，哥舒翰率陇右、河西、朔方、河东及突厥阿布思之兵，共六万三千人，攻吐蕃石堡城。此役果如王忠嗣之言，唐兵以死伤数万的代价才取得石堡城这一战略要地。哥舒翰改石堡城为神武军，以赤岭为西塞，在此开地屯田以备军实。

唐廷据有石堡城之后，玄宗即命哥舒翰着手准备收复九曲之地。经过几年精心准备，天宝十二载（753），哥舒翰攻破吐蕃洪济、大莫门等城，收复黄河九曲。鉴于该地的重要性，翌年七月，哥舒翰上

---

① 唐蕃为何以赤岭为分界线，于赓哲从赤岭以东的河湟谷地的战略地位、生态环境、气候条件、是否适宜唐蕃民众生存等方面予以了解答。请参看于赓哲《唐代疾病、医疗史初探》，中国社会科学出版社2011年版，第140—142页。
② 《资治通鉴》卷215，唐玄宗天宝元年正月条引胡注，中华书局2011年标点本，第6970页。
③ 《新唐书》卷133《王忠嗣传》，中华书局1975年标点本，第4553页。

奏，"于所开九曲之地置洮阳、浇河二郡及神策军，以临洮太守成如璆兼洮阳太守，充神策军使"①。从此，神策军以边军的形式登上了历史舞台，成为陇右道下十八军之一。它位于洮州西八十里的磨环川，距离临洮军二百里，其人数不超过三千人。

安史之乱的爆发，为神策军地位的进一步提升及性质的转变提供了重要契机。天宝十四载（755）十一月，上距神策军建立的时间仅一年多，范阳节度使安禄山反于范阳。时天下承平日久，禄山所过河北州县，望风瓦解，而朝廷禁卫军卒多市井乌合之众，不堪战斗。于是，玄宗下诏出内库钱募兵近二十万保卫京畿。临时召募的将士虽多，但这些新兵多为白徒或市井子弟，缺乏正规的军事训练，其战斗力远不能和范阳铁骑相提并论。其年十二月，高仙芝率领飞骑、彍骑及新募兵、边兵在京师者共五万人守潼关。监军边令诚数挠军权，诬杀高仙芝和封常清。玄宗又起用在京养疾的哥舒翰为兵马副元帅，领兵八万屯潼关。哥舒翰御众无术，潼关失守。玄宗不得不下诏，"征河陇、朔方之兵入靖国难，谓之行营"②。作为陇右节度治下的神策军也在征召之列，军使成如璆派遣员外将军卫伯玉率神策军千余人赴难。

玄宗西幸，肃宗即位后，卫伯玉与观军容使鱼朝恩皆屯于陕州。伯玉的神策军在僵子坂、永宁、渑池、福昌、长水等战役中屡败安史骁将，展现了较强的战斗力。鱼朝恩担心战事结束后，宠幸衰微，为了巩固权势，萌生了将神策军培育成亲己武装势力的念头，而卫伯玉又十分看重名位。于是，二人在陕州结成了密切的利益共同体。鱼朝恩在捷书之中大赞卫伯玉之才，伯玉因功迁羽林大将军，转四镇、北庭行营节度使。此时，西北边军东赴国难，边地空虚，神策军驻地陷于吐蕃。由于鱼朝恩的精心运作以及神策军抗击安史之乱时屡立战功，卫伯玉升任神策节度使。这样，神策军就由陇右节度下的一支军

---

① 《资治通鉴》卷217，唐玄宗天宝十三载七月条，中华书局2011年标点本，第7046页。

② 《旧唐书》卷196上《吐蕃上》，中华书局1975年标点本，第5236页。

队，超升为独立的节镇，成为方镇军。伯玉因兼任四镇北庭行营节度使，在陕州的神策军中当包括部分赴国难的四镇北庭军士。其时，神策军与郭英乂统领的陕州兵同屯于陕州，鱼朝恩为两军监军。后来，伯玉调任荆南节度使，郭英乂兼领陕州兵与神策两军，不久，郭英乂又入朝为仆射，但朝廷并没有派出将领来统领两军，鱼朝恩遂成为神策军与陕州兵的真正统帅。

## 第二节 鱼朝恩事件新解

安史之乱爆发后，朝廷将镇守西北边疆的精锐部队悉数抽调至中原，吐蕃趁势不断蚕食唐之西北边境领土，秦、成、渭、兰、廓、河、鄯、洮、岷等州相继沦陷，至广德元年（763），河陇诸州尽陷于吐蕃。

广德元年九月，吐蕃寇奉天、武功等地。渭北行营兵马使吕日将与吐蕃战于盩厔，败绩，京师震恐，朝廷急命郭子仪率军镇守咸阳。时吐蕃已进军至便桥，而射生使、兵马副元帅程元振瞒报军情，其年十月，代宗不得不仓皇逃至陕州，同时命诸道会兵抗击吐蕃、保卫京师。由于程元振曾谮杀来瑱，贬黜裴冕，诸道节度使惧入朝勤王，故征兵四十余日，藩将无匹马响应。

代宗车驾东幸过程之中，射生将王献忠率四百骑叛乱，迫胁丰王以下十王归京师。部分六军将士逃溃于商州，相聚为盗，持兵剽掠，地方人人自危。及至华州，百官无供拟之费，恰逢观军容使鱼朝恩率陕州军及神策军前来迎驾，代宗与百官得以入陕州。

此时，郭子仪派王延昌前往商州收六军，征发武关防兵，共得四千余人，军势稍振。为了防止吐蕃东出潼关逼圣驾，郭子仪令左羽林大将军长孙全绪率二百骑，宝应军使张知节出蓝田。长孙全绪命射生将王甫入城阴结少年数百，夜击鼓大呼于朱雀街，吐蕃惶骇，居城十五日而退。可见，射生军有收复之功。然而，吐蕃退出长安之后，王甫领五百骑、二千步卒在京城自称京兆尹，自署官吏，横暴长安，其反叛之心昭然可见。郭子仪得知吐蕃退出长安的消息后，率大军从商州出发，行军至浐水西，引骑兵三十人至长安并将王甫斩首。广德元年十二月，代宗还京，鱼朝恩与陕州军及神策军悉入长安。

广德二年（764）二月，代宗颁布《广德二年南郊赦》："其六军、神策、宝应射生、衙前射生及左右步军、英武、威远、威武等诸军、左右金吾将士，缘大礼扈从，及在城留后者，其赐钱五万贯。"①在赦文的功劳簿中，代宗没有将原本十分信任的亲军射生军排在六军与神策军之前。众所周知，肃宗灵武即位之后，对禁卫军进行了调整。至德二载（757），选善骑射者千人，置衙前射生手，分为左右厢，总名之"左右英武军"。在肃宗时期，射生英武军是禁军中的亲军，是负责皇帝安全最主要的禁军之一，和皇帝的关系十分密切，其地位要高于北门六军。肃、代之际的皇位继承斗争与深处禁中的射生军密切相关。宝应元年（762）四月，肃宗病危，握有禁兵的权阉李辅国与内射生使程元振援立太子即位，是为代宗。其后，射生军地位进一步提高，成为代宗最为亲信的禁军，被赐名为宝应射生手。虽然射生军参与了收复京师的行动，但收复京师的前线指挥者是作为六军之一的羽林大将军长孙全绪，而且射生军在代宗刚出苑门时就发生叛乱。从赦文可见，代宗对曾经最为宠幸的射生军在危难关头的表现是非常气愤和不满的，同时也可以看出此时神策军的地位尚不能与"北军相比"；不过，率神策军与陕州兵迎驾的鱼朝恩则得到代宗宠幸，被任命为天下观军容宣慰处置使。

回到长安之后，代宗意识到重建一支值得信赖、有战斗力的禁军非常必要。鱼朝恩及神策军在迎驾、护驾过程中所表现出来的忠心及战斗力，使代宗产生了将神策纳入禁军体系的想法。射生使程元振专权自恣，造成代宗及朝臣播迁陕州的窘境，而神策军有迎驾大功，不少朝中大臣希望代宗弃用程元振，以鱼朝恩统领神策军保卫禁中。②彼时，皇帝禁军在待遇和地位上均优于方镇军，若神策军成为禁军，

---

① （宋）宋敏求：《唐大诏令集》卷69《广德二年南郊赦》，商务印书馆1959年标点本，第385页。
② 《新唐书》卷207《宦者上·程元振传》，中华书局1975年标点本，第5861—5862页。

## 第一章 神策军的形成与演变

鱼朝恩则可以固宠不衰。可见，将神策军纳入禁军系统，是代宗、朝臣及鱼朝恩三方共同的选择。

神策军凌驾于北门六军之上有一个过程。永泰元年（765）九月，仆固怀恩引吐蕃、党项、回纥数十万寇京畿。其时，河西、陇右已入吐蕃之手，京西北无屏障，吐蕃很快攻入奉天、醴泉等地，京师震恐。代宗急忙进行布防，其中，代宗与鱼朝恩亲率六军屯苑内。① 仆固怀恩死后，吐蕃、回纥争长，郭子仪说服回纥同袭吐蕃，吐蕃溃败，京师解严。经此一役，代宗更加看重这支既能宿卫又能征战的神策军，神策军的地位进一步超升，跃居于六军及其他军队之上。

鱼朝恩在统领神策军期间，为提升神策军战斗力，巩固自己的权势，注重吸纳新的力量。

其一，将代宗幸陕时表现不佳的部分射生军及六军将卒吸收到神策军系统中，并给予他们充分的信任，如射生将周皓即为鱼朝恩的随身护卫。如前所述，射生军是代宗最为亲信的禁军，吸纳射生军，更有利于刚入禁中的神策军接近皇上，在京城站稳脚跟。

其二，任用自己的亲信皇甫温为陕州节度使，周智光为同华节度使，使之为外援。

其三，吸纳部分久经沙场、有勇力、有智谋的安史降将及朔方军将。如尚可孤先后事安禄山、史思明。上元中，归顺朝廷，为神策大将。鱼朝恩收其为养子，令其率禁兵三千先后镇于扶风、武功。② 朔方军在平定安史之乱的过程中，涌现了一大批有勇有谋的将领。有些将领在统帅去世后，归附了神策军。广德二年（764），李光弼去世之后，其爱将骁勇善格斗的郝廷玉入为神策将军。③

鱼朝恩掌握的神策军在对外战争中屡有胜利，显示了较强战斗力，这也间接增加了他的政治资本。大历元年（766）二月，鱼朝恩加判国子监事，在其任命诏书中虽有"才兼文武，所谓勋贤，亦既任

---

① 《旧唐书》卷11《代宗纪》，中华书局1975年标点本，第280页。
② 《旧唐书》卷144《尚可孤传》，中华书局1975年标点本，第3911页。
③ 《旧唐书》卷152《郝廷玉传》，中华书局1975年标点本，第4068页。

能"之语①，但实际上，他仅是凡夫庸才、粗通笔墨而已。唐从高祖至代宗时尚未用中官领南衙之事，更何况是兼知唐廷教育文化事业的国子监，故中书舍人常衮上表以为，"成均之任，当用名儒，不宜以宦臣领职"②。鱼朝恩常于国子监中讲论，每视学，神策兵数百人护从，宰臣、百僚、六军将军充听讲学生，朱紫填然。他曾讲《易》之《鼎卦》，以"覆𫗧"之义讥切宰相元载，元载心不悦。不仅如此，鱼朝恩还恃功骄横，军国政事如有不预，必大言"天下事有不由我乎！"后来，鱼朝恩养子内给使鱼令徽因穿绿色礼服为同列辱笑，鱼朝恩为鱼令徽请金紫之服，代宗未答，有司已将紫色礼服奉于鱼令徽。鱼朝恩特别信任的刘希暹在北军设置监狱，召募坊市无赖为吏，罗织城中富人，非法强占其家财，导致坊市人心惶惶，人谓之"入地牢"。捕贼吏有贾明观更为凶蠹，屡兴大狱，家资巨万。

当鱼朝恩遭到群臣及君主的厌恶时，代宗遂借元载之手将其除掉，然后亲自掌控神策军。

大历初年，吐蕃频繁入寇，为元载谋诛鱼朝恩提供了机会。大历三年（768）八月，吐蕃十万寇灵武、邠州等地，邠宁节度使马璘所统四镇、北庭兵不能抵抗，而郭子仪的朔方精兵屯于河中，远离防蕃前线。其年十一月，宰相元载与诸大将商讨巩固边防的对策。《资治通鉴》卷二二四，代宗大历三年（768）十二月条下所附《考异》引《邠志》详细记载了商讨过程。

初，吐蕃既退，诸侯入觐。是时马镇西以四镇兼邠宁，李公军泽潞以防秋军螯屋。丞相元公载使人讽诸将使责己曰："今四郊多垒，中外未宁，公执国柄有年矣，安危大计，一无所闻，如之何？"载曰："非所及也。"他日又言，且曰："得非旷职乎？"载莞然曰："安危系于大臣，非独宰臣也。先王作兵，置之四境，所以御戎狄也。今内地无虞，朔方军在河中，泽潞军在螯屋，游

---

① 《全唐文》卷48《命鱼朝恩判国子监事敕》，中华书局1983年标点本，第530页。
② 《新唐书》卷150《常衮传》，中华书局1975年标点本，第4809页。

## 第一章 神策军的形成与演变

军伺寇，不远京室，王畿之内，岂假是邪！必令损益，须自此始。故曰：非所及也。"郭、李曰："宰臣但图之。"载曰："今若徙四镇于泾，朔方于邠，泽潞于岐，则内地无虞，三边有备，三贤之意何如？"三公曰："惟所指挥。"既而相谓曰："我曹既为所册，得无行乎？"十二月，诏马公兼领泾原，寻以郑颍资之；李公兼领山南，犹以泽潞资之；郭公兼领邠宁，亦以河中资之。三将皆如诏。朔方军自此大徙于邠。①

此段史料表明，河陇尽陷于吐蕃之后，泾原处于防御吐蕃的最前线。为了加强防蕃力量，元载的布防策略是：任用诸元勋镇守防蕃要地，其中，马璘率四镇北庭兵由邠宁移镇泾原，将郭子仪的朔方军由河中抽调至邠宁，凤翔节度使李抱玉兼领山南西道节度使，从而使泾原、邠宁、凤翔陇右、山南西道、剑南道构成防御吐蕃的扇形地带。

神策军本属西北边军，因机缘巧合成为皇帝禁军。此时，神策军中的多数将士仍然为西北边军，具有较强作战能力，对吐蕃情况颇为熟悉，能够承担防蕃任务。鱼朝恩见元载为代宗谋划防御吐蕃的对策，恐自己失宠，也想通过出镇神策军抵御吐蕃的方式固宠。因此，在元载部署西北边事一个多月后，即大历四年（769）二月，后知后觉的鱼朝恩请"以京兆之好畤、凤翔之麟游、普润隶神策军"②。从地理位置上看，神策军所屯三地位于京畿西北，与邠宁、泾原正好构成掎角之势。若吐蕃入侵，首当其冲之地为泾原，而非神策屯区。在鱼朝恩看来，此举既可使神策军在助援、策应邠宁、泾原，充当京畿屏障之时不处于战争最前线，保证其实力不被削弱，同时又能迎合当时的国策，使自己恩宠不衰，可谓"三赢"。

大历三年（768）元载的布防，本意是防御吐蕃入侵，但鱼朝恩为争功，亦请代宗命神策军镇守京畿三镇，作为防御吐蕃、拱卫京师

---

① 《资治通鉴》卷224，唐代宗大历三年十二月条下《考异》引《邠志》，中华书局2011年标点本，第7323页。

② 《资治通鉴》卷224，唐代宗大历四年二月条，中华书局2011年标点本，第7326页。

的屏障。为了帮助代宗除掉心腹之患鱼朝恩，元载将计就计，采取了迎合、麻痹鱼朝恩，不使其有戒心的策略。大历五年（770）正月辛卯，元载以防蕃的名义再一次对京西北边防进行部署，将神策军调出京师。他奏请将兴平、武功、天兴、扶风四地归隶神策军。神策军获得京畿西北要地，鱼朝恩派出了为数不少的在京神策军驻屯这四地，以表明对这些地方的所有权。

  从上面的论述中，我们可以看到，大历四年（769）神策军出镇是鱼朝恩自请，大历五年（770）神策军出镇，则是元载利用鱼朝恩的争功心理，为代宗谋诛鱼朝恩而有意安排的结果。《新唐书》卷五〇《兵志》所载："大历四年，请以京兆之好畤，凤翔之麟游、普润，皆隶神策军。明年，复以兴平、武功、扶风、天兴隶之，朝廷不能遏。"① 这是作者为了突出鱼朝恩骄横，记载与历史"真实"有出入。

  此外，元载又任命鱼朝恩的心腹皇甫温为凤翔节度使，而使凤翔节度使兼山南西道节度使的李抱玉专领山南西道。与此同时，将凤翔所属的郿、虢、宝鸡及京兆所属鄠、盩厔等地划归了山南西道节度使李抱玉。此时，凤翔所管辖的区域悉数被神策军和山南西道分割，仅剩下两县。值得注意的是，李抱玉并没有率军前往山南西道的治所兴元，而是派兵驻守在新划给山南西道的盩厔。史载："大历五年二月，李抱玉徙镇盩厔，军士愤怒，大掠凤翔坊市，数日乃定。"② 可见，凤翔实际上仍然被控制在忠于朝廷的李抱玉之手，而新任凤翔节度使皇甫温并无多少实权。

  元载任用皇甫温为凤翔节度使的同时，又极力削弱凤翔节度使的实际权力，原因是什么呢？在笔者看来，元载此举有更深层次的意图。其一，皇甫温虽被元载以重金收买，同意共谋诛除鱼朝恩，但他毕竟是鱼朝恩的旧部，又和神策军有较深的渊源。他虽没有赴

---

① 《新唐书》卷50《兵志》，中华书局1975年标点本，第1332页。
② 《资治通鉴》卷224，唐代宗大历五年二月条，中华书局2011年标点本，第7330页。

第一章 神策军的形成与演变

任凤翔，但名义上仍是凤翔节度使，可以遥制凤翔。因此，为了防制他临时变卦，元载一方面将其迁任级别和地位更高的凤翔节度使，另一方面极力削弱凤翔节度使的实际权力。这正是元载深谋远虑之处。从后来的政治形势发展来看，皇甫温一直同元载等人站在一起，并没有转变阵营。其二，任用皇甫温为凤翔节度使只是一个幌子。唐制，节度使迁转，需进京谢恩。元载是要趁皇甫温进京朝谢之时，将其召至京师，从而名正言顺地面见代宗，与之密谋除掉鱼朝恩的方略，这样方可打消志大才疏的鱼朝恩的疑虑。其三，陕州乃鱼朝恩的发迹之地，将皇甫温从陕州老巢调离，也是防止亲鱼朝恩的陕州兵发动兵变的一种方式。其四，皇甫温曾追随过鱼朝恩，与神策军当有密切的关系，以之为凤翔节度使，是利用其与神策军的关系，防止神策外镇军发生兵变。虽然皇甫温没有赴任凤翔，但仍然可以通过节度使的身份遥制凤翔。在诛除鱼朝恩之后，无疑可以稳定京西北所屯神策军之军心。

另外，我们从划给李抱玉的诸县与神策军几个城镇的地理位置亦可看出，山南西道李抱玉所辖凤翔与京兆诸县（鄜、虢、宝鸡、鄠、盩厔）与泾原、邠宁构成了一个对神策外镇区域（好畤、麟游、普润、兴平、武功、天兴、扶风）的包围圈。朝廷在实施诛除鱼朝恩的计划时，若神策军外镇有兵变行动，泾原、邠宁与李抱玉能够对其起到有效的钳制作用。可以说，大历年间外镇的神策军都在代宗和元载的可控范围之内（见图1-1）。

有学者认为，李抱玉短暂移离凤翔，最主要的目的是为神策军出镇提供机会。[①] 这种说法有待商榷，理由有如下几点：第一，若李抱玉移镇山南西道是为了给神策军出镇提供机会，那就应该将原属凤翔的几县划给神策军，而不应划给移镇山南的李抱玉。另外，朝廷应该命李抱玉直接率部众前往山南西道治所兴元，而非命其驻军于原属于京兆府且离凤翔更近的盩厔。第二，李抱玉本忠于朝廷，他应该能体会朝廷欲诛鱼朝恩之深意，朝廷不存在划地安抚一说。第三，更为重

---

① 黄楼：《中晚唐宦官政治研究》，博士学位论文，武汉大学，2009年，第12页。

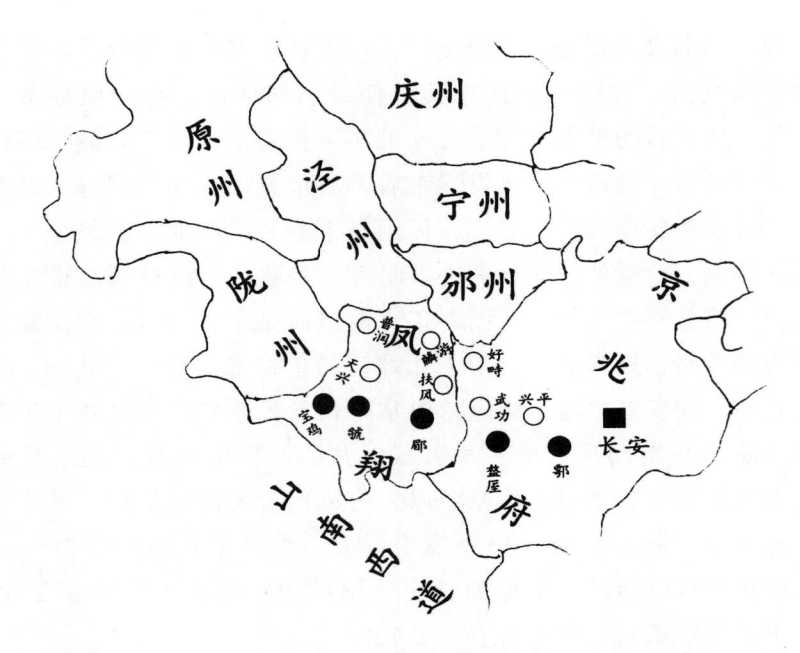

**图 1-1　大历五年（770）神策城镇分布情况与山南西道所辖凤翔、京兆诸县**①

注："○"表示神策城镇的分布情况。

"●"表示山南西道节度使李抱玉统辖的凤翔与京兆诸县。

要的是，大历六年（771）二月，鱼朝恩被诛一年之后，山南西道节度使李抱玉上言请求朝廷允许他回镇凤翔时说："凡所掌之兵，当自训练。今自河、陇达于扶、文，绵亘二千余里，抚御至难。若吐蕃道岷、陇俱下，臣保固汧、陇则不救梁、岷，进兵扶、文则寇逼关辅，首尾不赡，进退无从。愿更择能臣，委以山南西道，使臣得专备陇坻。"② 朝廷同意了他的请求。李抱玉再任凤翔节度使，划给山南西道的原属凤翔的几个县又重归凤翔节制之下。其后李抱玉一直在凤

---

① 此图是笔者依据谭其骧先生主编的《中国历史地图集》第五册《隋唐五代十国时期·唐》之"京畿道关内道"（中国地图出版社 1982 年版，第 40—41 页）摹画而成。

② 《资治通鉴》卷 224，唐代宗大历六年二月条，中华书局 2011 年标点本，第 7334—7335 页。

## 第一章　神策军的形成与演变

翔，直至大历十二年（777）卒于任上。可见，当时以李抱玉移镇山南西道是权宜之计，是代宗为了诛除鱼朝恩、夺取神策军权采取的一种谋略。

　　与此同时，元载又从内部瓦解鱼朝恩的亲信。元载任用自己的亲信崔昭为京兆尹，以重金、权位收买了鱼朝恩的随身护卫射生将周皓及外部军事实力的掌控者皇甫温。他的另外两大亲信神策军兵马使王驾鹤与敛财干将贾明观也被收买。其中，王驾鹤支持并参与了代宗与元载谋诛鱼朝恩的计划。"元载之图鱼朝恩也，以崔昭尹神州，俾昭日请苑中牢醴以为朝恩馔，因与北门大将军王驾鹤等结欢，共筹阴计，而朝恩竟败。"① 贾明观则是向元载随时汇报鱼朝恩的举动。"贾明观，本万年捕城之小猾也，事刘希暹，恣行凶忍，毒甚豺虺。朝恩、希暹既诛，宰臣元载受明观奸谋，潜容之，特奏令江西效力。"②

　　鱼朝恩的爱将神策都虞侯刘希暹对于朝廷的一系列举动，颇为疑虑，意识到这些安排是针对鱼朝恩的，他将未来可能出现的危险情况告诉了鱼朝恩并为之分析其中的利害关系。然而，骄横自大的鱼朝恩殊不为虞。

　　元载通过布局边防的方式，分化和削弱了京师神策军的实力，包围钳制了出镇京西北的神策军。同时，又通过重金、权位收买、瓦解了鱼朝恩的亲信。也就是说，此时鱼朝恩的一举一动均在元载的掌握之中。大历五年（770）三月寒食节，代宗宴群臣后，鱼朝恩被护卫周皓等人缢杀。代宗担心神策军兵变，下发"丙戌诏"，抚慰北军将士，并亲自掌控神策军，而鱼朝恩之党并未追究。其辞略云："北军将士，皆联爪牙，并宜仍旧。朕今亲御禁旅，勿有忧惧。"③ 待局势稳定后，代宗解除了皇甫温凤翔节度使职务，令其复镇陕州。刘希暹以"泄漏朕言，几危吾事。干冒货赂，潜蓄异图，假谈咎征，妄言祸

---

① 李德裕：《李卫公会昌一品集》外集卷3《奇才论》，《丛书集成初编》，商务印书馆1936年版，第274页。
② 《册府元龟》卷628《环卫部·虐害门》，凤凰出版社2006年标点本，第7261页。
③ 《资治通鉴》卷224，唐代宗大历五年三月条，中华书局2011年标点本，第7332页。

乱之端"之罪①,被赐自尽。

由于元载的周密安排,鱼朝恩被诛后,京西北绝大多数神策镇将表示拥护朝廷,没有发生兵变,鱼朝恩的养子尚可孤即其中的著例。尚可孤镇守扶风、武功,鱼朝恩死后,他不仅继续镇守武功,还被朝廷赐姓,名为李嘉勋。我们由此可以推断,作为鱼朝恩深为信任的将领,尚可孤完全拥护朝廷除掉鱼朝恩,故能在事后被赐皇姓,同时因其勋绩,被赐名为"嘉勋"。另外,深得鱼朝恩信任的郝廷玉也持观望、中立的态度,鱼朝恩死后,他被任命为秦州刺史。

鱼朝恩被诛,除了元载的精心谋划,还与神策军将内部被收买有着重要的关系。作为鱼朝恩的亲信与左膀右臂,王驾鹤、贾明观、皇甫温、周皓等人因为重金、禄位的诱惑,在面对代宗与元载谋诛鱼朝恩事件时,他们或亲自参与或持中立态度,可见这一时期神策军使与神策军将关系具有不稳定性。鱼朝恩虽权震朝野,但仍在皇权的控制之下,绝大部分神策将领仍然听命于皇帝。元载离间神策军内部将领的方式,在神策中尉掌军制度形成后,反被神策中尉吸收借鉴并大加利用。神策中尉通过与有勇略武力的军将结成养父子关系,给予神策军将士优厚的待遇及爵位等方式,与神策军将士结成了比较牢固的利益集团。但归根结底,这种关系仍然是建立在经济实力及政治优势基础之上的。换言之,即便是神策中尉掌军制度时期,宦官与神策军士之间的关系也仅是表面上牢固,而非牢不可破。唐末,由于藩镇势力强大,神策中尉失掉了财权与政治优势,反而引强藩为奥援。所以,其时神策军将与神策中尉反目的现象屡见不鲜。

神策军的统帅是神策军使,其下为神策军都虞侯与神策军兵马使。鱼朝恩被杀、都虞侯刘希暹被赐自尽后,神策军军使出现空缺。由于神策军的另一高官兵马使王驾鹤是代宗与元载谋诛鱼朝恩计划的支持者与参与者,在鱼朝恩被诛后,又向代宗告发刘希暹之阴事,于是,因所谓"性情忠谨"被任命为神策军使。但神策军的真正控制权却操控在代宗之手,王驾鹤没有实际权力,即所谓"北军将士,皆

---

① 《全唐文》卷46《赐刘希暹自尽制》,中华书局1983年标点本,第505页。

## 第一章 神策军的形成与演变

朕爪牙"。换言之，代宗通过神策军使王驾鹤实现了对神策军的控制。元载当国后，为了巩固个人权势，建议代宗修筑原州城，然而代宗对他的提议产生疑虑。神策军既是代宗亲军，又在京西北有驻军，熟知边防形势，此时若由神策军使王驾鹤提供边防意见应该会得到代宗重视，然而，王驾鹤并未提出意见。由此可见，代宗控制神策军权之严，他并不想让王驾鹤参与军国重事。

神策军外镇的最初目的主要是分化鱼朝恩的势力，鱼朝恩死后，外镇神策军完全听命于代宗，其作用发生了变化。有学者认为，代宗大历年间神策军是京西北防区的基干力量。① 这一时期，神策镇军是否真正发挥了防御吐蕃的作用，史书没有明确的记载。但是有关这一时期代宗对吐蕃的畏惧及防秋制度的史料，为我们探讨外镇神策兵防御吐蕃的作用提供了线索。大历年间，吐蕃是唐廷大敌，朝廷每年会抽调相当数量的防秋兵前往京西北进行防秋。吐蕃占领河陇地区后，岁犯郊畿，代宗语及吐蕃之强，至慷慨流涕。朔方兵经安史之乱，兵士、马匹均大量耗散亡散，郭子仪为代宗谋划，请于河南、河北、江淮召募防秋精兵五万屯驻北边。大历九年（774）五月颁布"乙丑诏"，开始全面实施防秋战略。② 根据朝廷部署，每年从诸道征调有43000人防秋。大历九年六月，幽州朱泚亲率五千兵马入京防秋，防秋兵人数达到48000人，与征调五万防秋兵的预定目标相差不大。防秋兵制度形成后，唐廷对西北边境防区的军事部署进行了大规模调整，从而在京西北构成了防御吐蕃的弧形地带。

> 乃降敕：宜令子仪以上郡、北地、四塞、五原、义渠、稽胡、鲜卑杂种步马五万众，严会枸邑，克壮旧军。抱玉以晋之高都，韩之上党，河、湟义从，汧、陇少年，凡三万众，横绝高壁，斜界连营。马璘以西域前庭，车师后部，兼广武之戍，下蔡

---

① 邵明华：《安史之乱后唐朝京西北边防线的重建和巩固》，《社会科学辑刊》2007年第6期，第172—177页。
② 《旧唐书》卷11《代宗纪》，中华书局1975年标点本，第305页。

之徭,凡三万众,屯于回中,张大军之援。忠诚以武落别校,右地奇锋,凡二万众,出岐阳而北会。希让以三辅太常之徒,六郡良家之子,自渭上而西合汴宋、淄青、河阳、幽蓟,总四万众,分列前后。魏博、成德、昭义、永平总六万众,大舒左右。朕内整禁旅,亲誓诸将,资以千金之费,锡以六牧之马。其戎装战器,军用边储,各有司存,素皆精办。咨尔将相文武宣力之臣,夫师克在和,善战不阵,各宜保据疆界,屯据要冲,斥堠惟明,首尾相应。若既悔过,何必劳人;如或不恭,自当伐罪。然后眷求统一,以制诸军。进取之宜,俟于后命。①

从敕书内容可知,唐廷几乎动员了全国力量进行抗蕃,其时参与防御吐蕃的军队多达二十三万人,这些军队分别由能征善战的节帅如郭子仪、李抱玉、李忠诚、臧希让等人统领,同时以河北藩镇为声援,但根本没有规定神策军的防蕃任务。一个证据是,大历十年(775)九月,吐蕃寇神策普润镇时,大肆掠夺人畜,百官及家属出城避乱。②另外,若此时神策镇兵防蕃作用巨大,代宗也就不会在与郭子仪议论边事之时,"语吐蕃方强,慷慨至流涕"③。可见,这一时期主要是由方镇军与防秋兵承担防御吐蕃的任务。

在朝廷的统一调度下,神策镇军与邠宁、泾原等方镇掎角防御吐蕃,仅仅起到军事策应的作用,并非防御吐蕃的主力部队。其主要作用是拱卫京师,充当京畿的屏障,使其他藩镇不敢随意干预中央政权或者反叛暴掠长安,即黄永年先生所认为的,"神策外镇是以长安为中心,设置一个直属天子的节度使级管区,使其它藩镇不敢染指中央政权"④。但是,德宗时泾原兵变的发生,使外镇神策军的这一主要职能也形同虚设了。

---

① 《旧唐书》卷196下《吐蕃下》,中华书局1975年标点本,第5244页。
② 《资治通鉴》卷225,唐代宗大历十年九月条,中华书局2011年标点本,第7351页。
③ 《新唐书》卷137《郭子仪传》,中华书局1975年标点本,第4607页。
④ 黄永年:《六至九世纪中国政治史》,上海书店出版社2004年版,第421页。

## 第三节　神策中尉制度的确立

### 一　德宗建中、兴元年间神策裨将的对外征讨

《新唐书》卷五〇《兵志》云："是时，神策兵虽处内，而多以裨将将兵征伐，往往有功。"① 德宗初年，利用神策裨将对外征讨的策略肇始于宰相杨炎。大历十四年（779）十月，吐蕃与南诏合兵十万分别从茂州，扶州、文州，黎州、雅州三路进攻蜀地。杨炎为德宗谋划抵御吐蕃、救援蜀地的策略：

> 发朱泚所领范阳戍兵数千人，杂禁兵往击之，何忧不克！因而得内亲兵于其腹中，蜀将必不敢动，然后更授他帅，使千里沃壤复为国有，是因小害而收大利也。②

德宗赞同杨炎的谋略，命右神策都将李晟率领禁兵四千人，金吾大将军曲环领邠、陇、范阳兵五千人前往救蜀。由此开启了德宗初年神策裨将带军对外征伐的先河。李晟率神策军第一次代表中央对外征讨，不负德宗厚望，在大渡河大败吐蕃、南诏联军。

建中元年（780）二月，宰相杨炎欲经略秦、原，命邠宁节度使李怀光为泾原节度使，带兵移镇于原州。其年四月，泾州军将刘文喜因军情不安，在泾州城发动叛乱。德宗命邠宁节度使李怀光、泾原节度使朱泚率兵征讨，同时，命神策军使张巨济率禁兵二千助讨。刘文喜之乱被平定后，张巨济所率领的两千神策兵驻屯于奉天。至此，奉天隶属于神策军。其后，张巨济在奉天又召募并扩编了不少神策军。其部下京西神策兵马使阳惠元率三千兵马东征；哥舒曜增援河南战场时，所率军队中亦包括奉天神策镇军即是明证。

---

① 《新唐书》卷50《兵志》，中华书局1975年标点本，第1332页。
② 《资治通鉴》卷226，唐代宗大历十四年十月条，中华书局2011年标点本，第7388—7389页。

神策裨将相继在援蜀与平刘文喜之乱的战争中取得胜利，宣示了德宗的威权。此后，德宗更加看重这支军队，对其战斗力更是深信不疑。建中、兴元年间，河北、河南藩镇叛乱，德宗屡次派遣神策裨将对外征讨；泾原兵变后，德宗又召在外征伐的神策裨将率军勤王，收复长安。因此，在两河战场及收复长安的战争中，神策裨将带兵的身影屡见不鲜。平定刘文喜之乱后，德宗欲树威立权，革除代宗时期河北藩镇的旧弊，将河北藩镇纳入朝廷的控制范围。于是，对于河北藩镇继袭节度使的请求纷纷拒绝，并下令扩建汴州城，以之为桥头堡，伺机征讨两河藩镇。淄青节度使李正己、魏博节度使田悦等不自安，李正己发兵万人驻守于与汴州接境的曹州，田悦加兵河上，河南大扰。由于德宗即位之初，唐蕃互换使者与俘虏，双方处于休战和好的阶段，因此，面对淄青、魏博的挑衅，德宗亦不示弱，下令征调京西北一万二千人镇守关东，威慑两河藩镇。神策军使张巨济遣都将阳惠元率三千神策兵赴关东。京西北诸军至京师后，德宗于望春楼誓师赐宴。由于神策军帅张巨济在出征前有"不胜利策勋，绝不饮酒"的命令，神策军士在誓师宴上并不饮酒。在开赴关东的路途中，"有司供饩于道路，他军无孑遗，唯惠元一军瓶罍不发"。[①] 可见，这一时期，神策军军纪相当严明。

神策裨将将兵人数一般是三千人至五千人。建中四年（783），神策裨将刘德信率子弟兵奔赴河南战场援救哥舒曜时，有兵三千人；神策兵马使尚可孤在收复蓝田时，兵力人数是三千人；在河北战场上屡次充当先锋的阳惠元亦是带兵三千人。李晟随昭义、河东兵赴援河北战场时所率领的人数，史籍未明确记载，但我们可以从零碎的史料中找到一些蛛丝马迹。唐制，军队出征，粮食仰给度支。度支根据征伐军队的编制额供给粮饷、赏赐，故出征军人均有军籍。李晟军在征战中，由于战争或疾疫等原因，士卒会出现伤亡的情况，为了维持军队的人数及战斗力，在不减少军人军粮的前提下，临时召募军人时必然以出征时的军额数为标准。泾师之变，德宗逃往奉天，易定节度使张

---

① 《旧唐书》卷144《阳惠元传》，中华书局1975年标点本，第3914页。

## 第一章 神策军的形成与演变

孝忠令大将杨荣国率军六百随李晟从河北战场赴援。当李晟到达东渭桥时，军队人数只有四千人，其中还包括杨荣国的六百人。换言之，在河北战场时，李晟率领的神策军人数在四千人左右，甚至有可能不足四千人。上述诸多实例表明，这一时期，神策裨将在对外征伐时所率领的神策军人数一般是三千人至五千人。

每名神策裨将所领神策军人数与同时被征调的方镇军人数有很大差距，而且在军人素质方面也存在差距。如在河北战场，李晟率领的神策军只有四千人左右，而河东马燧、昭义李抱真出兵人数远不至四千人且二镇之兵多为劲锐之兵。大历年间，昭义李抱真与河东马燧知河北诸镇必再乱，而潞州上党及河东与河北藩镇接境，故二人在各自境内厉兵秣马，李抱真在昭义练兵二万，其时昭义步兵号称天下之冠，马燧在河东精练步骑三万。田悦叛乱时，河东马燧出兵两万，若昭义出兵人数亦比照河东军出征部队人数的比例，昭义应该出兵1.3万人左右。更何况，昭义在地理位置上最当河北冲要，从这个角度考虑，昭义出兵人数可能还不止这个数。

因此，神策裨将所率神策军虽然军纪严明，有一定战斗力，但由于人数少，不可能进行大规模阵地战，多取得小规模战斗胜利。神策裨将阳惠元领禁兵三千，在御河、三桥之战中功劳最多。神策河北行营都虞侯邢君牙，在武安、襄国、洹水、魏县、清丰等地讨贼有功。神策裨将率军出征时并非主力作战部队，往往隶属于当地战场的元帅都统，其主要作用是协同、策应、配合讨伐大军，牵制反叛方镇的军队，使其他方镇军能够有效地部署与叛军的大规模正面会战。建中二年（781）五月，田悦与淄青李正己、李惟岳连兵反叛，朝廷命河东、昭义、神策裨将李晟同赴河北战场，三支军队中，最强的是昭义军，故朝廷下制命李晟的四千神策军暂时隶属于李抱真。田悦退屯魏州后，朝廷任命马燧为河北战区统帅，为协调马燧与李抱真的关系，李晟请将率领的几千神策兵兼隶河东与昭义，以示协和。在河南战场，刘德信率领的三千神策兵隶属于河南战区统帅李勉。

与其他地方军不同，神策裨将率领的神策军是皇帝下制派遣，他们代表皇帝监督各方镇军，配合诸道军开展军事行动。当诸道统帅出现矛盾时,神策裨将利用特殊身份,可以起到缓解诸军节帅矛盾的作用,从而使诸军团结一致,号令划一,增强军队战斗力。如昭义李抱真与河东马燧有隙,讨河北田悦时,战场上虽有小胜,但二人相互猜疑,互不进兵,使诸军号令不一,久无成功。其时河北战场战局胶着,神策裨将李晟在李抱真与马燧之间充当了调解矛盾的角色,二人欣然释憾,"李晟军先隶抱真,又请兼隶燧,以示协和"①。

  在某一小的战场,神策裨将率领的神策军具有相对独立性,可以自成一军。李怀光因解奉天之围而成为收复京师的副元帅,神策裨将李晟、阳惠元之军隶属于李怀光。然而,李晟与阳惠元的军队仍然保持一定的独立性。当李怀光欲兼并他们的军队时,李晟却在朝廷的支持下顺利由咸阳移军东渭桥。

  神策裨将在对外征伐时,各自隶于所属战区统帅,因此,裨将之间没有明显的矛盾。然而,当他们率兵独自作战且屯于同一营地之时,由于地位"等夷",往往容易产生矛盾,甚至影响战争进程。泾原兵变后,刘德信率子弟兵从河南战场赴援京师,屯于东渭桥。选择屯驻东渭桥,是因为东渭桥仓囤积的粮食可以保障军队粮饷供应。如所周知,东渭桥是重要的粮仓与粮食转输枢纽,江、湖、淮、浙每年运米40万斛至此处。可见,刘德信在选择屯防之地时,十分有战略眼光。不久之后,河北战区的神策行营节度使李晟亦率军赴援,德宗颁发制书,委任他为神策行营节度使,作为所有神策军对外征伐的临时总指挥。李晟也选择了具有重要战略地位的东渭桥作为屯防之地。李晟到达东渭桥之后,诛斩刘德信,合并其军。其处斩理由是,刘德信"军无统一""缘路剽劫""扈涧之败""军器无制"。②《奉天录》云:"刘德信军礼不备失仪于公,公斩之。"③若由于这些原因将之斩杀,实无道理。我们知道,建中四年(783)正月,李希烈陷汝州,

---

① 《资治通鉴》卷227,唐德宗建中三年四月条,中华书局2011年标点本,第7446页。
② 《旧唐书》卷133《李晟传》,中华书局1975年标点本,第3663页。
③ (唐)赵元一:《奉天录》卷2,《续修四库全书》第423册,上海古籍出版社2002年影印本,第162页。

第一章　神策军的形成与演变

河南战场局势进一步恶化。朝廷不得不抽调京西北凤翔、邠宁、泾原等镇的部分军队及奉天、好畤的神策屯军增援河南战场。"诏拜（左龙武大将军哥舒）曜东都、汝州行营节度使，将凤翔、邠宁、泾原、奉天、好畤兵万人讨希烈。"① 由于哥舒曜所将联军在万人左右，此次好畤、奉天赴援河南战场的神策军人数应该不占多数。李希烈兵强马壮，可谓全盛之师。"据蔡、许富全之地，而益以邓、襄房获之实。"② 而哥舒曜所统之众，成分复杂，实乃乌合。③ 加之，官军人数又不占优势，战争结果可不待而论。哥舒曜被李希烈的三万兵马围于襄城，形势危急。其时，河北战场处于对峙局面，而河南战场又处处接战不利，京西北藩镇兵所发已多，神策军征发殆尽，死伤严重。建中四年（783）八月，德宗又诏令刘德信率白志贞在京城召募的子弟兵三千人奔赴河南战场，与河南战区都统李勉会师共同救援哥舒曜。李勉遣宣武军唐汉臣将兵万人与刘德信的三千神策军开赴许州。这种战略部署有违德宗诏意，德宗下诏责备李勉与刘德信，下令赴援襄城。刘德信不得已仓促回军而没有防备，结果大败于扈涧。其年九月，德宗任命舒王谊为河南战区的统帅，实际上是对李勉在河南战场上不执行命令的回应。我们看这个过程，扈涧之败主要是由河南战区统帅李勉与德宗的决策不一致造成的。德宗奉天之狩，刘德信从河南战场率子弟兵勤王，他根据战争形势的变化灵活指挥，在思子陵大败朱泚麾下久经沙场的邠陇、幽州兵和泾原兵，显示了较强的战斗力。可见，刘德信统领的子弟兵有一定战斗力。若说刘德信在河南战场有扈涧之败，李晟在河北战场亦有清苑之败。李晟率神策军北上与张孝忠合兵阻击朱滔，取涿、莫二州，以扼幽、魏往来之路，结果大败于清苑。笔者并不否认李晟乃李唐中兴再造之大功臣，也无意回护刘德信而贬损李晟，仅仅是想强调，我们不能以成王败寇的历史书写模式来看待、评价历史人物。通过爬梳零碎的史料，笔者发现，李晟斩杀

---

① 《新唐书》卷135《哥舒翰附曜传》，中华书局1975年标点本，第4575页。
② 《新唐书》卷157《陆贽传》，中华书局1975年标点本，第4912页。
③ 《新唐书》卷157《陆贽传》，中华书局1975年标点本，第4912页。

刘德信有更深层次的原因。刘德信在鱼朝恩统治神策军时期,已经是一位屡有战功,资历、威望较高的神策军将。"高晖等引吐蕃入寇,遣刘德信讨斩之。"① 刘德信与李晟均以裨将身份出征于两河战场,在地位上是"等夷",而且,他所率子弟军比李晟的神策军地位高,在赴援德宗之时还取得思子陵大捷。然而,德宗却下诏命李晟为神策行营节度使,统领整个神策行营兵马。因此,李晟担心刘德信在军中形成掣肘。另外,如前所述,刘德信先据东渭桥粮仓,李晟率军至东渭桥后,军士乏粮。因此,李晟必先杀刘德信以立威,合并其军,取得东渭桥粮仓,在收复长安之前解决军中内部团结及军粮问题。

## 二 神策中尉统领神策军制度的形成

在代宗朝的后鱼朝恩时代,神策军主要由王驾鹤统领。德宗为太子时,曾任兵马元帅,深见武臣专权和宦官任元帅府司马的危害,即位之初,就抱有武臣危国、文臣易制信念,于是欲用自己的文臣亲信担任神策军首领,从而间接将神策军控制在己手。最终,性格忠谨、善候人主之意的南衙文臣白志贞成了他心目中的理想人选。② 然而,德宗想完全控制这支训练有素的禁军,担任神策军使已经有十余年且拥有庞大势力的王驾鹤是一大阻碍。宰相崔祐甫略施小计将王驾鹤调离神策军使的岗位。"神策军使王驾鹤掌禁兵十余年,权倾中外,德宗初登极,将令白琇珪代之,惧其生变。(宰相)祐甫召驾鹤与语,留连之,琇珪已赴军视事矣。"③ 可见,这一时期,神策军与统帅之间尚未形成根深蒂固的纽带关系。

德宗任用文臣担任禁军最高统帅,更是彰显出他欲完全操控这支私属卫队的决心。然而,事情的结果并没有朝着预期目标发展。建中大动乱,神策军被征调至两河战场;文臣腐败,唯利是嗜,禁军空籍现象严重。泾原兵变发生的时候,神策军无一人应敌,德宗被迫仓皇

---

① 《新唐书》卷207《宦者上·鱼朝恩传》,中华书局1975年标点本,第5864页。
② 《旧唐书》卷135《白志贞传》,中华书局1975年标点本,第3718页。
③ 《旧唐书》卷119《崔祐甫传》,中华书局1975年标点本,第3441页。

## 第一章　神策军的形成与演变

逃至奉天，当时的扈从队伍仅有窦文场、霍仙鸣所率宦官百人，司农卿郭曙的部曲数十人，右龙武军使令狐建所将龙武兵四百人而已。德宗至奉天后，贬黜白志贞，宣告了德宗通过文臣操控神策禁军做法的失败。

回长安后，德宗改变了"疏斥宦官，亲任朝士"的用人原则，更加坚定了武将权臣掌禁兵有乱国篡位之虞的观点，"颇忌宿将，凡握兵多者，悉罢之"。① 德宗通过崇虚号的方式相继罢免李晟、马燧等人的兵权。兴元元年（784）五月，李晟收复京师，德宗对其大加称赏②，但是，对于久在神策军为将且有收复长安之功的李晟，德宗是心存畏忌的。返回长安后，德宗委任李晟为凤翔节度使兼泾原副元帅。同时，因李晟曾任右神策都将，朝廷特加凤翔陇右节度使右神策行营之号，使其享受神策军的优厚待遇，以示安抚。虽然在任命李晟的制书中有"汧陇近郊，扶风右地，限界诸夷，藩屏王室，所属诚重，付之元臣，兼二将之甲兵，崇十连之元帅"之语，但德宗的主要目的是趁机解除其神策军领兵权。贞元三年（787），李晟被调回中央任中书令，兵权被彻底解除。同年六月，河东节度使马燧也被征调入中央担任司徒兼侍中，其兵权亦被解除。

泾原兵变时，窦文场、王希迁等宦官忠心不二，扈从有功。而且，窦文场、王希迁、霍仙鸣等人具有一定军事才能，并非庸懦之辈。如在鱼朝恩掌控神策军时期，窦文场、王希迁作为监军参与讨伐仆固怀恩之叛有功。《新唐书》卷二〇七《宦者上·鱼朝恩传》云："仆固玚攻绛州，使姚良据温，诱回纥陷河阳。朝恩遣李忠诚讨玚，以霍文场监之；王景岑讨良，王希迁监之。败玚于万泉，生擒良。"③河北藩镇叛乱时，宦官窦文场担任神策河北行营的监军，与节度使李晟并肩作战。因此，德宗认为宦官体非全气，不会有觊觎社稷之心，任用懂军事的宦官更容易将兵权牢牢掌握在自己手中，而且可以在很

---

① 《旧唐书》卷184《宦者传》，中华书局1975年标点本，第4766页。
② 《册府元龟》卷434《将帅部·献捷》，凤凰出版社2006年标点本，第4910页。
③ 《新唐书》卷207《宦者上·鱼朝恩传》，中华书局1975年标点本，第5863页。

大程度上改变神策军在白志贞时期存在的诸如空吃优赏、冒领饷粮等弊端。在德宗宠幸宦官，疑忌武臣，疏斥朝士，统驭禁军的策略转变的背景之下，宦官逐渐控制神策军大权也就成为必然。

德宗即位短短几年，就发生了多次叛乱，特别是泾原兵变与李怀光之叛，迫使德宗仓皇出奔奉天、山南。另外，大量神策军东征，造成京西北边防空虚，吐蕃趁机屡犯郊畿。因此，德宗重返长安之后，迫切希望寻求一种使京师、边防处于安全的治国方法，其中最重要的举措就是对神策军的整顿。包括两方面：其一，对京师神策军进行改革，确立神策中尉统领神策军制度；其二，在京西北布置新的神策城镇防御吐蕃、拱卫京师。本节主要讨论第一方面，至于神策城镇问题我们将在第三章专门讨论。

兴元元年（784）十月，德宗以窦文场监神策军左厢兵马使，王希迁监右厢兵马使，同时任用马有麟为左神策军大将军，史载"军额自此始也"①。同时，废宣威军入左右神策军②。贞元二年（786）九月，德宗根据北门六军即左右羽林、左右龙武、左右神武军的建置对神策军的组织体系进行重建，改神策左右厢为左右神策军，增加神策军的编制额，其中，左右神策军各有大将军二人、将军二人，并设置大将军、将军以下职事官。殿前左右射左右厢亦改为左右射生军，同样有大将军以下职事官。贞元三年（787）五月，左右神策军又各加将军二人，以待诸道有将才谋略、立功之将领。又改左右射生军为左右神威军，委任宦官担任神威军监军使。为了增加神策军战斗力，德宗又任用威名素著、忠义谋略武功俱佳的将领担任神策军将军或大将军。"贞元初，德宗之幸梁还也。惩神策军兵□将轻，缓急非有益，乃搜卒谋帅。"③通过一系列举措，神策军的组织结构更加严密，京师其他禁军也得到很大发展。

不过从俸禄标准来看，贞元初年，神策大将军仅相当于三十员诸

---

① 《新唐书》卷207《宦者上·窦文场传》，中华书局1975年标点本，第5867页。
② 《新唐书》卷165《郑絪传》，中华书局1975年标点本，第5075页。
③ 《全唐文》卷714《符璘神道碑铭》，中华书局1983年标点本，第7340页。

## 第一章　神策军的形成与演变

卫将军，不及诸卫大将军与六军大将军；神策将军的俸禄与六军将军一样，但低于南衙诸卫将军。这种待遇与神策军的功劳是不相称的（见表1-1和表1-2）。

表1-1　　　　　贞元初北军及诸卫大将军俸禄对照

| 神策大将军 | 六军大将军 | 诸卫大将军 |
| --- | --- | --- |
| 36贯 | 60贯 | 40.5贯 |

表1-2　　　　　贞元初北军及诸卫将军俸禄对照

| 神策将军 | 六军将军 | 诸卫将军 |
| --- | --- | --- |
| 30贯 | 30贯 | 36贯 |

表1-1和表1-2的数据来源：《册府元龟》卷506《邦计部·俸禄第二》，凤凰出版社2006年标点本，第5759—5760页；（宋）王溥：《唐会要》卷91《内外官料钱上》，中华书局1955年标点本，第1660页。

窦、王虽名为神策军监勾当，实际上是神策军的统领者。正如《资治通鉴》胡注云："宦官握兵权，自此不可夺矣。"[①] 但是，神策大将军仍然是神策军名义上的统帅且握有一定实权。如贞元八年（792），神策大将军柏良器对神策军进行整顿，"士卒之在市贩者悉挥斥去，募勇者代之"[②]。

德宗欲任用服从监勾当的人为神策大将军或将军，从而达到通过监勾当来控制神策军的目的。因此，监勾当能以片言移人主意，其权势已在神策大将军、将军之上。如贞元三年（787），神策大将军莫仁擢转为左骁卫上将军，朝廷任命河东兵马使兼御史大夫张元芝担任神策大将军，其中与监勾当窦文场有很大关系。按照迁转惯例，大将军离任，例由将军继任。左神策将军孟日华有功于国，且在将军之任

---

[①] 《资治通鉴》卷231，唐德宗兴元元年八月条下胡注，中华书局2011年标点本，第7566页。

[②] 《全唐文》卷638《唐故特进左领军卫上将军兼御史大夫平原郡王赠司空柏公（良器）神道碑》（李翱），中华书局1983年标点本，第6447页。

多年，本应迁转为大将军。因此，他对于朝廷任命张元芝为大将军一事不服。左神策监勾当窦文场大怒，指使大将军张元芝诬奏孟日华谋反，然后将其奏贬。① 又如贞元八年（792），柏良器沙汰神策军中市贩者，募骁勇之人入神策军，被监军窦文场奏贬为右领军卫。其后，神策监勾当逐渐掌握对神策军的实际控制权，"自是军中之政不复在于将军矣"②。

贞元十二年（796）六月乙丑，德宗任命宦官为护军中尉与中护军来统领神策军与神威军。其中，监勾当左神策军窦文场为左神策军护军中尉，监勾当右神策霍仙鸣为右神策军护军中尉，右神威军使张尚进为右威军中护军，左神威军使焦希望为左神威军中护军。他们四人所带的职事官分别是：窦文场为左监门卫大将军，霍仙鸣为右监门卫将军，并且二人均知内侍省事；焦、张二人均为内侍兼内谒者监。我们从中可以提取到的主要信息有：第一，在德宗心目中，左军的地位高于右军，神策军的地位高于神威军，神策中尉的地位高于中护军。我们知道，德宗贞元初年颁发的众多有关赏赐诸军的诏敕中，神威军总是排在神策军之前，但这并不能说明当时神威军的实际地位及实力高于神策军，只是因为德宗逃往奉天、山南之时，射生军（神威军）始终扈从左右，德宗返京后，对射生军大力扶持，并将其作为最为亲信的禁军之一。但是从神策中尉制度确立后，在敕书中，神策军的位置都在神威军及其他禁军之前。第二，官员领取俸禄的多少是根据他们所带职事官品级的高低来确定，神策中尉与中护军所带职事官品级不同。换言之，神策中尉之间、中护军之间以及神策中尉与中护军之间的俸禄是存在差别的。在四人当中，窦文场的俸禄要高于其他三人，可见，他是德宗最为宠幸的宦官。第三，窦、霍二人曾侍奉德宗于东宫，而且在德宗播迁时一直扈从左右。因此，德宗回京后对二人信任有加，在确立神策中尉制度时，任命二人为首任神策中尉。第

---

① 《册府元龟》卷134《帝王部·念功》，凤凰出版社2006年标点本，第1485页。
② 《全唐文》卷638《唐故特进左领军卫上将军兼御史大夫平原郡王赠司空柏公（良器）神道碑》（李翱），中华书局1983年标点本，第6447页。

四，德宗任命窦文场、霍仙鸣等为神策中尉是出于自己的私心，即欲通过他二人来"自操"神策军，强化皇权。第五，更为重要的是，在确立神策中尉制度的时候，德宗实际上已经考虑到宦官以兵权挟制君主的可能性，于是，德宗在神策军与神威军内部各设置两军，使左右神策军之间、左右神威军之间以及神策军与神威军之间形成制衡关系。

神策中尉掌军制度确立后，宦官典军有了制度上的依据，神策中尉在名分和职权上均成为神策军的最高统帅。直至神策军被废之前，神策中尉虽屡易其人，宦官担任神策中尉却始终不变。可以说，神策中尉掌军制度是唐后期兵制发展史上一个非常重大的制度变化。其后，神策中尉可以绕开兵部直接行使军事职权。换言之，兵部的权力实际上被架空了。随着宦官以神策中尉的身份完全成为神策军头把交椅的时候，神策军将与之结成了相对牢固的利益集团。这样就产生了一个很大的问题：如果皇帝威烈英武，神策中尉忠谨，帝王尚能通过神策中尉控制神策军；若皇帝年幼无威仪，神策中尉跋扈，帝王欲直接指挥这支军队的想法便成了空中楼阁。神策军反而成了神策中尉废置天子之私兵。

## 第四节　神策五十四都的建立与溃散

### 一　黄巢之变与贞元以来的神策军体系的崩溃

咸通十四年（873），关东发生特大旱灾。神策中尉田令孜专权用事，"督赋益急"，各地人民因"实无生计"而聚众剽掠。最终演变为唐末空前规模的王仙芝、黄巢之变。

乾符二年（875）十二月，王仙芝以七千多人攻沂州，朝廷任命宋威为诸道行营招讨草贼使，并派遣神策禁兵三千、甲骑五百以助之，这是唐末神策禁军外出征战的典型事例。但作战主力部队是淮南、忠武、宣武、义成、天平五道之兵，神策军只是起助讨的作用。其时，僖宗年纪尚小，左军中尉田令孜等人拥有政事决断之权。他们认为：此时王仙芝的军队人数不多，凭诸道之力将其讨捕、招安不成问题。宋威出身神策军系统，曾在咸通年间破南诏，以神策将军的身份出任徐州北面招讨使讨平庞勋之乱，威名素著，官阶均贵，以之为都统，再派出少量神策禁军助援，不仅可以表明中央及"四贵"平逆的决心，提振诸道军士的士气，而且可以分得平乱之功，提升神策中尉的威望，显示宦官集团的实力。可见，此次神策军对外征伐的决策渗透着以田令孜为代表的"四贵"集团的影子。由于军令一统，宋威在沂州城下大破王仙芝。然而，在王仙芝退出平卢界之后，宋威无意身先士卒指挥平乱，使得诸道讨伐之军互相顾望，不急于讨捕，虚费粮草。州县为了供应过境诸军粮饷，重敛盘剥编户，使无法生存的民众加入叛乱军中，王仙芝的势力反而在诸军的围剿之下壮大了。到乾符三年（876）十二月，作为朝廷经济命脉的江南地区面临被叛乱军攻剽的危险。① 因此，郑畋先后两次建议朝廷罢免宋威的兵权，以崔安潜为行营都统，李晟之孙李琢代替宋威为招讨使。由于宋威代表着神策中尉集团的利益，朝廷没有同意郑畋的建议。

　　宋威御敌失策之后，朝廷不再派神策军对外征讨，而是派遣与神策军系统有渊源且有一定勇略的方镇节度使坐镇藩镇要路，以保障江淮至京师漕运路线的安全畅通。

　　乾符四年（877），宋威在江西讨捕王仙芝失策，朝廷为平息舆论，解除了他的军职。乾符五年（878）正月，王仙芝攻陷江陵城，为夺回江陵这一军事重阵，在神策中尉及内倚田令孜的外朝宰相卢携的力保下，朝廷起用高骈为荆南节度使。

　　乾符五年（878）二月，王仙芝被曾元裕斩于黄梅后，其余众人在尚让的率领下归附黄巢，黄巢势焰愈炽，其年十月，为了防止黄巢部队北上剽掠唐廷的经济命脉——江南地区，朝廷以高骈为淮南节度使，坐镇扬州。同时，将出身神策军系统的有勇谋的泾原节度使周宝调至镇海守御浙西。

　　广明元年（880）三月，淮南节度使高骈之将张璘屡破黄巢之军，

---

① 《资治通鉴》卷252，唐僖宗乾符三年十二月条，中华书局2011年标点本，第8308页。

## 第一章 神策军的形成与演变

在宰相卢携的建议之下,朝廷任用高骈为诸道行营兵马都统并兼管诸道财赋之权。高骈为都统之后,传檄召募新兵七万人,朝廷倚之为柱石。然而,高骈欲独占平黄巢之乱这一不世之功,乃上奏请罢去屯驻在淮南的昭义、感化、义武等诸道军。黄巢突击高骈之军,临阵杀其骁将张璘,其兵势复盛。其年七月,黄巢围天长、六合,距离扬州仅六十里。在平乱不利之时,作为行营都统的高骈却假称风疾,不出兵应援诸军,竟然上奏称自己以淮南所召军队七万人防御当道,并请朝廷下诏关东诸道进行严防备御,实乃推卸都统之责。

黄巢之军于广明元年(880)九月顺利渡过淮河,趁势北上,志取长安。关东诸军为保存实力,处于观望不战的状态。黄巢之军很快攻陷汝州,进逼东都。京师震恐。面对来势汹汹的黄巢军,其年十一月壬戌日,僖宗急召宰相商讨抗击黄巢的方略。由于黄巢向长安进发时采取了安抚策略,关东诸军持观望态度,朝廷所能直接指挥的军队只有不堪外战的神策军以及关内京西北的方镇军十五万人。其实,早在广明元年(880)三月,黄巢攻陷洛阳之前,田令孜已经预感到黄巢可能攻入长安,事先就留了后路,将自己的心腹陈敬瑄、杨师立、牛勖安排到三川任节度使。田令孜心里很清楚,以区区不堪外战的神策军守卫潼关而抗击黄巢六十万大军是不现实的,在召开会议前已建议僖宗仿效玄宗幸蜀。故在会议上,围绕禁军不堪外战,田令孜与僖宗上演了一出双簧。宰臣豆卢瑑、崔沆请朝廷下诏发神策军及关内诸镇军守卫潼关。田令孜假意奏请选左右神策军弓弩手守潼关,并亲为都指挥制置把截使。然而,在田令孜附和宰相用神策军抗击黄巢的建议,并表明愿亲自督战时,僖宗却说:"侍卫将士,不习征战,恐未足用。"田令孜则趁机提出:"昔安禄山构逆,玄宗幸蜀以避之。"宰臣崔沆、豆卢瑑看出了田令孜挟僖宗幸蜀的意图,以语言讥刺之。崔沆曰:"禄山众才五万,比之黄巢,不足言矣。"豆卢瑑曰:"哥舒翰以十五万众不能守潼关,今黄巢众六十万,而潼关又无哥舒之兵。若令孜为社稷计,三川帅臣皆令孜腹心,比于玄宗则有备矣。"僖宗深知不做抵抗而放弃长安,将大失人心,使李家天下颜面尽失。因此,僖宗在会议上临时改变决定,否定了田令孜的幸蜀提议,决定发神策军守潼关。当天,僖宗在田令孜的陪同下前往左神策军阅兵,以提振神策军将士士气,任命左军马军将军张承范、右军步军将军王师会、左军兵马使赵珂三人为防御潼关的实际负责人,其中张承范为兵马先锋使兼把截潼关制置使,王师会为制置关塞粮料使,赵珂为勾当寨栅使。同时,任命田令孜为左右神策内外八镇及诸道兵马都指挥制置招讨等使,并兼汝、洛、晋、绛、同、华都统坐镇京师,飞龙使杨复恭为副使。① 田令孜深知无法阻挡黄巢入关,依旧暗中筹备僖宗幸蜀的各项事宜。但在舆论压力之下被迫在两神策军中遴选了2800名弩手,令张承范等率之前往潼关。田令孜并不指望两千多人及齐克让的军队能够守住潼关,只要能延缓黄巢入关的时间,为僖宗幸蜀做准备就算完成任务。与此同时,田令孜不想让神策军的势力得到削弱,在调发2800名神策弩手后,又奏请坊市数千人补两军,使神策军人数反而比以前更多。有学者指出:"曾经风光一时的神策外镇兵并没有在拱卫京师中发挥作用。镇兵自身的腐化是重要原因,神策军诸城镇布局以防备吐蕃为目标,长期以京西、京北为重点,在京东布防相对薄弱也是一个重要原因。"② 笔者以为,在黄巢逼近潼关时,神策城镇兵持观望态度,不出兵守关,还有更深层次的原因。其时,僖宗与田令孜已有放弃潼关、长安,西幸成都之意。田令孜不想消耗神策军的有生力量,只是迫于压力才派兵抗击黄巢,因此在守御潼关时,他没有下达神策城镇兵赴潼关的命令,只派出在京左右神策弩手2800人。最终,京西北神策城镇以及京东地区的华原、邰阳等镇使在潼关之战时均不敢擅自发兵。

黄巢攻陷洛阳之后,田令孜又以心腹神策将罗元杲为河阳节度使,防止黄巢由河阳入关。从这里可以看出,田令孜具有较为丰富的军事常识。河阳是除潼关之外,又一条关东通往长安的重要渠道,其战略位置极为重要,从河阳可以西取蒲津,绕过潼关,直入关中。

---

① 《资治通鉴》卷254,唐僖宗广明元年十一月条,中华书局2011年标点本,第8356—8357页。

② 黄楼:《唐代京西北神策城镇研究》,《魏晋南北朝隋唐史资料》(第27辑),武汉大学出版社2011年版,第379页。

## 第一章 神策军的形成与演变

其时神策军多为长安富族，他们轻裘宝带，美服华冠，不务正业，唯知斗鸡走马，游荡享乐，不能负矛戟甲铠之重。神策军中的富商不愿出征，出钱帛雇病坊之人代为出征。因此，张承范所率领的2800人中，有不少是"负贩屠沽及病坊穷人"[1]。

张承范军至潼关，神策士卒与驻防关外的齐克让之军乏粮。由于朝廷已经打算放弃潼关和长安，准备西幸成都，故在粮草一事上，朝廷反复拖欠，未发任何馈饷。在援兵问题上，朝廷仅象征性地征调了驻守奉天的博野军与凤翔军数千人为继援部队，但两军在路过长安之时因没有获得优厚给赏而行军速度极慢。

黄巢军抵潼关，官军士气低落，张承范尽出私财付与军士，并晓以大义激励官军抵抗黄巢之军。最终，由于粮饷不继、军力不足，张承范与齐克让的军队力战不殆，潼关陷于黄巢。王师会自杀，张承范率余众撤退回长安。行至野狐泉，才遇到朝廷派出的奉天援军二千人。张承范部与博野、凤翔军一起行军返回长安，行至渭桥，此时驻守渭桥的是田令孜新募的几千神策兵，这些人本是坊市富人，华衣美服。而博野、凤翔军出征前线，却无优赏，于是发生内讧，大掠新募神策军，并为黄巢之徒做向导。广明元年（880）十二月三日，即黄巢入长安前两日，田令孜率领神策兵五百人护卫僖宗离开长安。僖宗车驾至凤翔骆谷塂水驿，下诏将由兴元幸成都，令三川牛勖、杨师立、陈敬瑄等做好迎驾的各项准备工作。其时，在关中的神策城镇兵尚有数万。但自黄巢攻入长安，僖宗播迁以后，实际上已脱离朝廷控制，处于众无所归、无所依傍的观望状态。

神策城镇使与节度使相视如平交，互不相属，处于相对独立的状态，但凤翔节度使郑畋洞悉了神策镇军此时的心态，遂以凤翔赋税及私财结之，并晓之以大义，最终以右神策奉天镇使齐克俭为首的京西北数万神策城镇兵皆愿意听其统一调度。在冷兵器时代，人数优势对于战争胜利的作用不可忽视。

中和元年（881）二月，僖宗任命郑畋为京城四面诸军行营都

---

[1] 《旧唐书》卷200下《黄巢传》，中华书局1975年标点本，第5392—5393页。

统，可以便宜从权，墨敕授官。郑畋传檄天下，与泾原节度使程宗楚、秦州经略使仇公遇、鄜延节度使李孝昌、夏州节度使拓拔思恭等会于凤翔，合兵讨伐黄巢之军。联军取得龙尾陂大捷后，趁势进收长安。邻近长安的方镇对黄巢几有围攻之势。黄巢闻诸军攻长安，采取流动作战的策略，以退为进，保存有生力量，率军东走宿于灞上。他深知，诸道军在收复长安后必定因争功而发生内讧。果不出所料，先入城的程宗楚等恐诸道军分功，不报凤翔、鄜夏，而且官军入长安后部队军容不整，抢劫民众。于是黄巢趁势反击，出其不意回袭长安，唐弘夫与程宗楚战死，王处存被迫收余众还屯渭桥。黄巢复据长安。

中和元年（881）十月，凤翔节度行军司马李昌言逐郑畋，代为节度使，郑畋被迫只身赴行在。朝廷对剿捕黄巢、收复京城的计划进行了新的部署。中和二年（882）正月，朝廷崇高骈阶爵，停其都统与盐铁使之职任，任用王铎为义成节度使充诸道行营都统，韦昭度为江淮盐铁转运使，杨复光为天下兵马都监押，河中节度使王重荣为京城北面都统，义武军节度使王处存为京城东面都统，鄜延节度使李孝昌为京城西面都统，朔方军节度使拓拔思恭为京城南面都统。另外，其年三月，朝廷为了进一步发挥神策城镇军抗击黄巢的作用，将京西北神策城镇进行整合后升格为方镇，任命神策城镇中首先举义的右神策奉天镇使齐克俭为左右神策内外八镇兼博野、奉天节度使。①

其后，王铎率禁军、山南、东川兵三万人进屯于盩厔灵感寺，并传檄天下。此时黄巢之势已蹙，唯有同州朱温、华州李详守黄巢之号令。

中和二年（882）五月，黄巢率军攻兴平。屯驻于兴平的邠宁、凤翔军退至奉天，与神策城镇奉天节度使齐克俭合兵。其年九月，朱温以同州降于河中节度使王重荣。此时，黄巢所控京畿地区仅有华

---

① 《资治通鉴》卷254，唐僖宗中和二年三月条，中华书局2011年标点本，第8385页。

## 第一章　神策军的形成与演变

州，以其弟黄思邺为华州刺史，率重军守之。

王重荣与黄巢军屡次交战，"军虽小捷，锐旅亡失"①。在河中的都监杨复恭建策招李克用率沙陀军南下共讨黄巢。其年十一月，李克用率沙陀军一万七千人自岚、石路，过阴地关趣河中，与王重荣会军后，屯驻于河中的神策镇军暂受其指挥。李克用的南下，给已经处于疲惫状态的诸道讨伐军注入了一剂强心针。

其时，华州兵七千人杀黄思邺，以华州降于王重荣，同、华与河中联为一片，黄巢完全被包围，收复京城指日可待。在战局已定的情况下，左神策中尉田令孜自诩功为第一，"建议幸蜀、收传国宝、列圣真容、散家财犒军"，"令宰相藩镇共请加赏，"僖宗以之为十军兼十二卫观容使。②为提升宦官都监及神策中尉的地位，欲北司专收复首功，他又鼓动僖宗下诏罢黜南衙的行营都统王铎和副都统崔安潜，命杨复光为同华等州管内制置使，西门思恭为诸道租庸使。可见，自宣宗以后，南衙北司壁垒深厚，虽然宦官集团内部有矛盾，但他们的根本利益是一致的，在面对南衙集团时已形成一个自觉团体。

中和三年（883）四月八日，诸道大军终复长安。行营都监杨复光献捷行在：

> 今月八日，遣衙队将前锋杨守宗、河中骑将白志迁、横野军使满存、蹑云都将丁行存、朝邑镇将康师贞、忠武黄头军使庞从等三十二都，随李克用自光泰门先入京师，力摧凶逆。又遣……天德大将顾彦朗、左神策弩手甄君楚、公孙佐、横冲军使杨守亮、蹑云都将高周彝、忠顺都将胡贞……等七十都继进。……③

从露布内容看，参与收复长安战争的蹑云都将丁行存、天德大将顾彦

---

① 《旧唐书》卷182《王重荣传》，中华书局1975年标点本，第4696页。
② 《资治通鉴》卷255，唐僖宗中和三年正月条，中华书局2011年标点本，第8409页。
③ 《旧唐书》卷19下《僖宗纪》，中华书局1975年标点本，第715页。

朗、左神策弩手甄君楚、公孙佐、神策将横冲军使杨守亮、蹑云都将高周彝、忠顺都将胡贞等人均属于神策军系统。从前文所述诸道联军抗击黄巢军的过程来看，在僖宗幸蜀后，最初处于观望状态下的京西北诸神策城镇军、李克用所辖的河中神策镇军在收复长安的战争中亦立有功劳。不仅如此，复京师后，神策军与陈许、延州、凤翔、博野军等在僖宗回京之前还担任了长安的守卫工作。总的来看，神策军在收复长安的过程中发挥了重要作用。

## 二 神策五十四都的建立

由于三川节度使的前期准备，中和元年（881）正月，僖宗至成都时，"诸道及四夷贡献不绝，蜀中府库充实，与京师无异，赏赐不乏，士卒欣悦"①。蜀军与从驾诸军一样，人赏钱三贯。僖宗在成都安定之后，田令孜为了加强与从驾诸军的联系，对之进行优赏，使之有地位优越感，而与从驾诸军同宿卫的蜀军赏薄甚至无赏，这引起了蜀军的不满。其年七月，黄头军郭琪率所部军作乱。成都的神策军人数很少，唯有随驾的五百人及后来陆续至成都的部分神策军士②，关内的京西北神策城镇兵实际上已经脱离神策中尉的控制，隶属于郑畋，处在战争前线。换言之，神策中尉田令孜手中并没有多少神策兵，根本不能起到震慑黄头军的作用。他被迫与天子、陈敬瑄及诸阉寺闭城登楼避乱。黄头军的叛乱，使他意识到重建一支规模较大且服从自己指挥的军队的重要性。其时，成都太平无事，府库充盈，具备了重建禁军的条件。中和三年（883），田令孜利用成都府库的资财，重建了一支庞大的神策军，作为自己的政治资本。

新建神策军的组织机构、编制与名称，与传统的神策军相比，均有较大变动。其中，军额有54000名，每千人为一都，凡五十四都，左右各五军，共十军，左右军各管二十七都。跟随田令孜一起护驾至

---

① 《资治通鉴》卷254，唐僖宗中和元年三月条，中华书局2011年标点本，第8369—8370页。

② （宋）计有功：《唐诗纪事》卷78《僖宗宫人》，中华书局1965年标点本，第1125页。

## 第一章　神策军的形成与演变

蜀的神策军亦被纳入新的神策军体系中。右神策中尉自西门思恭去世后成为虚设，无掌兵之权。田令孜以十军十二卫观军容制置左右神策护驾使的身份，统管左右两军，将神策军权牢牢掌控在自己手中。他将新募的神策新军作为私兵，其主要目的是御内，重塑宦官威权，震慑在成都不服从指挥的黄头军及其他方镇军，而非对外征伐。因此，当西川薛阡能之乱引起蜀中人心动荡时，他并没有调发神策军进行平叛，而是令西川节度使陈敬瑄遣高仁厚率西川军去平乱。神策五十四都没有形成固定的练兵体制，其实战能力不言而明，但是，用来压制实力更弱的南衙诸卫，神策诸都在人数与武力上均具有十分明显的优势。

光启元年（885）三月，僖宗还长安后，颁发《优恤扈驾兵士并训饬神策诸军诏》，对神策军进行整顿。其文略曰：

> 神策军自经乱离，久未训整，孤儿渐散，壮骑多亡。……宜委中书门下与本军商量，案旧籍裁减元数，惟务撅实，仍令三司资助各修营垒，贵使缮完。①

由于战争的原因，神策军中善于作战的少量精兵损失惨重，而隶属于军中的实际人数多于军籍额，乱支军饷的现象严重，唐廷暂时没有追究。平定黄巢之乱之后，僖宗令中书门下与神策军中尉，根据原有神策军额对神策五十四都兵士进行整饬淘汰。显然，该条诏令徒有具文，没有得到认真遵守。各都都头为增强自身实力和获得更多利益，积极扩募将士，允许大量市井富民纳资隶军。如勇胜三都的兵力竟达二万人。而按照每都千人的军额标准，勇胜三都仅为三千人。换言之，后来五十四都或许只是一个称谓，其实际的都数可能不止五十四都，隶于神策军的实际兵力人数也不止五万四千人的军额数。

僖宗幸蜀前，京师神策军分屯于苑内，其中左神策军屯于大明宫

---

① 《册府元龟》卷124《帝王部·修武备》，凤凰出版社2006年标点本，第1360页。

苑东，右神策军在九仙门之西。① 而在光启元年（885）僖宗回长安之后，新募建的神策五十四都不专在苑中，他们分屯于京城内外，甚至还驻防于坊市之中。如杨守信的玉山军营在神策中尉杨复恭第宅附近，李筠捧日都的营垒在永兴坊。

其后，藩镇骄横跋扈，神策诸都无力抗击，逐渐溃散，但五十四都的名号仍然存在。方镇节帅为了提高部将的待遇和地位，常奏授手下得力干将为神策都头（或将军），但他们并不真正到长安赴任。如王建请朝廷授予其部将王宗涤威信都指挥使。② 又如乾宁三年（896），湖南节帅马殷奏署其将"八大保"萧戾为神策将军。③

### 三 神策五十四都的溃散

（一）讨伐王重荣与朱玫

平定黄巢之乱后，藩镇林立，朝廷号令所行之地仅有河西、山南、剑南、岭南数镇而已，度支所收租税只局限于京畿、同、华、凤翔一带关畿数州。河南、河北及朝廷的经济命脉所在地江淮均自专租赋，仅仅岁时贡奉。光启元年（885）三月，僖宗还长安后，国库虚竭，军费短缺，神策五十四都共五万多人出现了衣粮赐短缺或发放不及时的情况，引起了士卒怨言，严重影响了神策军内部的稳定。④ 光启还宫后，田令孜欲以河中安邑、解县的两池盐利来供应神策军的军费。自中和以来，河中节度使王重荣专有两池盐利。光启元年四月，僖宗下诏以田令孜为两池榷盐使。这样，田令孜就在名义上取得了两池盐的管理权，他为了真正控制两池盐，其年五月，将王重荣调任为泰宁节度使，以原义武节度使王处存为河中节度使。王处存世隶神策

---

① （宋）程大昌：《雍录》卷8《宫北禁军营图》，中华书局2002年标点本，第174页。

② （宋）路振：《九国志》卷6《前蜀·王宗涤传》，江苏古籍出版社1988年标点本，第127—128页。

③ （明）梁潜：《泊菴集》卷5《序·新喻萧氏族谱后序》，《文渊阁四库全书》第1237册，台湾商务印书馆1986年影印本，第256页。

④ （宋）宋敏求：《唐大诏令集》卷86《光启三年七月德音》，商务印书馆1959年标点本，第494页。

第一章　神策军的形成与演变

军，以之为河中节度使，无疑可以减小掌控两池盐利的阻力。王重荣不受诏，田令孜以神策军及邠宁节度使朱玫、凤翔节度使李昌符并合鄜、延、灵、夏之师三万人讨之。神策军与朱玫之军被王重荣与李克用之兵阻击，大败于沙苑。神策军溃逃回长安后，又大肆焚掠坊市，引起人心不安。其年十二月乙亥夜，田令孜以黄门神策军卫士数百人奉僖宗自开远门幸凤翔。

朱玫、李昌符随田令孜讨伐河中失败后，二人又与河东、河中军合势，约以同匡王室，奏请诛田令孜。光启二年（886）正月，田令孜挟僖宗幸陈仓。朝中重臣萧遘与裴澈召朱玫迎驾，朱玫以兵五千与凤翔李昌符追车驾。田令孜忧惧，又挟僖宗移幸山南。邠宁、凤翔之兵追车驾至潘氏，大败神策指挥使杨晟。田令孜以禁军守石鼻，又任命神策军使王建、晋晖为清道斩斫使，王建率五百人为前锋，护卫僖宗入散关。僖宗入散关后，朱玫无视朝廷的存在，挟持暂留于石鼻尊途驿的嗣襄王煴归凤翔，擅立为帝。

其年六月，五十四都之一的扈跸都将杨守亮被任命为金商节度使、京畿制置使，率兵二万出金州，与王重荣、李克用二军掎角讨朱玫。七月，神策保銮都将李鋋、扈跸都将李茂贞、陈佩率军大败王行瑜于大唐峰。十二月，神策行营先锋使兼虢州刺史满存克兴、凤二州。光启三年（887）正月，王行瑜斩朱玫。朱玫之乱平，僖宗暂安。

僖宗出幸时，部分神策军在护驾过程中起了一定作用，成功抵御了藩镇军的追击，特别是神策军所吸纳的具有方镇军背景的"随驾五都"，在护卫僖宗再幸山南时发挥了关键作用。僖宗至兴元后，王建率兵戍三泉，晋晖及神策军使张造率四都兵马屯于黑水，修栈道。朝廷为表彰五都之功，以王建遥领壁州刺史，创造了神策将帅遥领州镇的先例。其后，朝廷嫌随驾五都诸将拥兵过重，遣散其中四都，仅留王建所领的一都。

僖宗再次播迁时，孙惟最统领的留京神策扈驾都，在保卫京师和民众时起了很重要的作用。[①] 神策军凭借优秀将领的指挥，虽然仅仅

---

[①] 《新五代史》卷43《孙德昭传》，中华书局1974年标点本，第475页。

在局部范围内取得多次小规模胜利,保证了僖宗的安全,但不可否认,神策军并不具备主动与藩镇军开展大规模会战的硬实力。自田令孜以神策军征讨河中失败及朱玫之乱之后,中央禁军再不能对藩镇起到震慑作用。京畿附近的藩镇看清了朝廷的虚弱以及神策五十四都脆弱的实力,于是愈加跋扈,目无朝廷,稍不如意,即称兵入朝,以废立相威胁,天子无能为力。其时,内有权宦,外有骄藩,唐室气数渐尽也!

(二)岐、邠、华诸镇犯阙与昭宗扩编神策军的尝试

杨复恭出奔山南,凤翔节度使李茂贞欲趁机取得山南之地。景福元年(892)正月,李茂贞与静难节度使王行瑜竟不待朝廷诏书擅自出兵攻兴元,讨伐杨守亮与杨复恭。同时,二人不断上表请加李茂贞为山南西道招讨使,并语出不逊,陵蔑朝廷。给事中牛徽请授李茂贞山南西道招讨使,以弥缝藩臣悍将,保全山南之民。于是,李茂贞以山南西道招讨使的身份名正言顺地对杨守亮用兵。其年四月,左中尉西门君遂诬杀天威军马军都头贾德晟,其麾下千余骑奔于凤翔,极大地增强了李茂贞的军事实力。其年八月,凤翔、邠宁联军攻陷兴元,杨复恭、杨守亮、杨守信、杨守贞、杨守忠、满存等奔阆州。乾宁元年(894),李茂贞又攻拔阆州,杨复恭、杨守亮之党欲奔太原投靠李克用,行至乾元县,为华州韩建所擒。其年八月,援立昭宗的杨复恭被斩于京师。

景福元年八月,李茂贞攻占兴元之后,朝廷拒绝了他兼任山南西道节度使的请求,而是借机将其由凤翔节度使调任为山南西道节度使,任命宰臣徐彦若为凤翔节度使。茂贞不奉诏,上书出语不逊,有损皇帝威仪。不甘为孱懦之主的昭宗不顾杜让能与牛徽的劝阻,决意加兵于凤翔。自杨复恭出奔后,昭宗表面上控制了新任中尉及部分神策都头,取得了对神策军发号施令的权力。于是,他任命亲王为招讨使,委宰臣杜让能治兵,观军容使中尉西门君遂不得参与此事。如所周知,自玄宗以来,历来诸帝对于亲王甚加防范,设立十王宅百孙院,对其进行监视,不令诸王出阁,典兵预政。代宗更是明确规定:

## 第一章 神策军的形成与演变

"诸王驸马不得参掌禁兵。见任官者。并令改职。"① 面对藩臣跋扈，昭宗不得已始以亲王领亲军。翌年八月，以嗣覃王嗣周为京西招讨使，神策大将军李鐬为副使，发神策五十四都三万人卫送徐彦若赴凤翔，讨伐李茂贞。但是，自杨复恭出奔，李顺节、贾德晟被斩之后，神策诸都的实力已在内讧中大为削弱。其中，实力最强的天威军已投归凤翔李茂贞，玉山军在护卫杨复恭出京的过程中脱离了神策系统，杨守亮的假子杨子实、子迁、子钊三人所控制的勇胜三都降于西川王建，天武都自李顺节被诱杀后，其军士处于无主的状态。所发的三万神策禁军多为市井之徒，缺乏实战经验；而李茂贞与王行瑜的联军有六万人，且多为经过实战的边兵。因而，此次战争无论是在人数上，还是在战斗力方面，禁军均处于劣势。禁军屯于兴平，李茂贞联军由盩厔向兴平进发。兵未交，禁军闻风自溃。李茂贞之军势如破竹，十天之内，至临皋驿，逼京师。神策中尉西门重遂、枢密使李周潼、段诩被杀，宰臣杜让能被赐死。朝廷被迫以李茂贞为凤翔与山南西道两道节度使。

神策军的败绩，大大刺激了邠、岐等藩镇的政治野心，危害不下于神策中尉专权。此后，李茂贞尽有凤翔、兴元、洋、陇秦等十五州之地，始有"问鼎之志"，入朝时竟可以陈兵自卫。凤翔、邠州近国门，"自是朝廷动息皆禀于邠、岐，南、北司往往依附二镇以邀恩泽。……朝廷少有依违，其辞语已不逊"②。

乾宁二年（895）五月，李茂贞、韩建欲趁神策军实力极为衰弱之时，扩张势力范围，兼并邻近凤翔、华州的神策城镇，但未得朝廷的允许。③ 李茂贞、王行瑜、韩建竟各率领精兵数千，不待奏报，以"清君侧"为名，擅自入京，欲废昭宗而立吉王保，京师大恐。天子

---

① （宋）王溥：《唐会要》卷72《军杂录·广德二年三月敕》，中华书局1955年标点本，第1300页。
② 《资治通鉴》卷259，唐昭宗景福二年十月条，中华书局2011年标点本，第8570页。
③ 《资治通鉴》卷260，唐昭宗乾宁二年五月条，中华书局2011年标点本，第8589页。

· 57 ·

被迫斩宰相韦昭度、李溪于都亭驿，三镇又杀枢密使康尚弼及宦官数人。李克用闻三镇犯阙，即日起兵十万于太原。李茂贞、王行瑜闻之，率部队归镇，各留兵二千人宿卫京师，监视朝廷。王行瑜之从弟王行实所统之军为左军，李茂贞假子李继鹏所统之军为右军。其年七月，王行实奏称李克用将至京师，欲与神策中尉骆全瓘挟昭宗幸邠州，左军神策中尉刘景宣与李继鹏均为李茂贞亲信，欲劫昭宗幸凤翔。于是，驻京的邠、岐兵相互攻击。捧日都头李筠率军侍卫昭宗于承天楼上。李继鹏见李筠卫昭宗，又以兵攻之。昭宗急召驻屯于京师的孙德昭的盐州六都兵入卫。王行实与李继鹏惮之，各引兵还本镇。昭宗与诸王、公主、内官及朝臣下楼幸李筠的捧日都营地——永兴坊，护跸都将李居实亦率众前来护驾。李茂贞、王行瑜欲亲自出兵劫驾。昭宗以李筠的捧日都、李居实的护跸都为卫队，徙幸石门。同时令薛王知柔与枢密使刘光裕回京师收合未随驾之禁军，以卫长安；传诏令李克用与河中王珂发兵赴新平讨伐王行瑜。李克用率大军从河中出发，大败王行瑜之军于云阳梨园寨。八月，李克用率骑兵三千驻屯三桥，迎昭宗还宫。十一月，李克用逼邠州，王行瑜被其部下所杀。此时，李克用欲趁势取凤翔，使关辅无强藩。昭宗担心李克用灭掉李茂贞之后有异志，为维护李唐天下，他采取均势策略，使藩镇互相牵制，不使河东任何一藩在实力上占有绝对的优势。于是下制赦免了李茂贞。这种处置方式，为李茂贞再次入犯京师埋下了伏笔。李克用引兵归河东之后，李茂贞复又骄横如故，向西发展，占据凉、瓜、沙等河西州县，其势更盛。

乾宁年间，邠、岐跋扈，屡次称兵犯阙，昭宗不愿为傀儡皇帝，欲增置禁兵与藩镇一较高下。神策诸都将士的直接领导者——都头——多为武人。新任神策中尉刘景宣与西门重遂对于神策诸都已经没有绝对控制权。昭宗担心都头将神策军士作为私兵，效仿方镇节帅，骄横跋扈，称兵为乱，难以驾驭。虽然在讨伐杨复恭之前，昭宗已收买了大多数神策都头，但并没有将自己的亲信安插在神策军中。于是，在杨复恭不可再兴的情况下，以赏功加恩的方式，任命掌握实权的都头为节度使并加平章事。景福二年（893）三月"庚子制"

## 第一章 神策军的形成与演变

云:"以捧日都头陈佩为广州刺史、岭南东道节度使,扈跸都头曹诚为黔州刺史、黔中节度使,耀德都头李铤为润州刺史、镇海军节度使,宣威都头孙惟晟为江陵尹、荆南节度使,并加特进、同平章事。"① 通过这种方式解除都头兵权,使之与神策将士分离,再以自己的亲信宰臣杜让能与诸王在神策军系统中担任要职,统领新任的神策诸都都头,从而将神策军转变为皇帝真正能够直接控制的禁卫亲兵,使神策中尉权力形同虚设,达到重塑皇权、削夺宦官权势的目的。王夫之云:"藩镇交横于外,则任亲军以制之,乃李茂贞以亲军跋扈尤甚于藩镇,昭宗凝目四注,无可任之人,乃出曹诚等于外,而令诸王统兵以宿卫,盖不得已之极思耳。"② 船山之评论,深刻地点出了其时昭宗可以委信之人唯有一二大臣,如杜让能及诸亲王等。由于各地皆有分据,四人仅仅遥领方镇而已,昭宗没有达到更换实权都头的目的。但是,他趁此机会增大了对神策诸都都头的控制力。乾宁二年(895)初,在神策中尉的权势已大为削弱的情况下,昭宗以京畿多盗的借口,欲使诸王掌管禁兵维护京畿安全。实际上,更重要的目的是重振皇权、威慑藩镇。南北司担心诸王掌兵之后,原有的利益平衡被打破,纷纷反对该政策。昭宗试图以亲王掌军的策略失败。

乾宁二年(895)八月,经过一系列动乱,昭宗自石门回京之后,趁机在京师建立起属于自己的禁军体系。扈随昭宗幸石门的捧日都、扈跸都及其他一些神策禁军,仍然由忠于昭宗的将领担任,并将薛王知柔在京师所收数万神策亡散之卒进行重新整编,名之"殿后四军",由通王、覃王、延王等诸王分统之。同时,嗣延王戒丕、嗣覃王嗣周又另募兵数千人。新的神策禁军体系削弱了中尉的权势,威慑了骄藩,成为防卫京畿的重要军事力量。

然而,昭宗大肆增置禁军,以诸王领之,引起凤翔节度使李茂贞的疑惧,加剧了朝廷和凤翔之间的隔阂。乾宁三年(896)六月,李茂贞引兵逼京畿,通王滋、覃王、延王等分统殿后四军及神策军保卫

---

① 《旧唐书》卷20上《昭宗纪》,中华书局1975年标点本,第749页。
② (清)王夫之:《读通鉴论》卷27《昭宗六》,中华书局1975年标点本,第869页。

近畿。天子禁军成分多为市井无赖，没有经过正规的军事训练，与久经沙场的岐军相比，则为乌合之众。延王以神策诸军屯于三桥，覃王所率禁军被岐军败于娄馆。李茂贞以兵逼京师，昭宗欲幸河东。其年七月，诸王以禁军护卫昭宗至富平，镇国节度使韩建请车驾移幸华州，以图兴复。于是，昭宗驻跸华州。

（三）韩建遣散神策诸都与殿后四军

昭宗在华州，神策亲军仍有二万多人，在数量上可以与韩建的华州军相匹敌。对于欲挟天子以令天下的韩建来说，神策军是极大的阻碍。同时，昭宗以亲王掌禁军，神策中尉权势大为削弱，基本丧失了控制神策军的条件和实力，而宦官集团仍然想利用神策军来干预朝政。我们知道，文德元年（888），杨复恭曾遣右神策中尉刘季述率兵迎立寿王，大顺二年（891）九月，在杨复恭被致仕后，右神策中尉刘季述受到牵连，被解除神策中尉之职任，故心恨昭宗。于是，韩建与宦官集团的代表人物刘季述合谋，以精兵围行宫，迫胁昭宗解除诸王所领兵权，遣散以殿后四军为主力的禁卫亲军。[①] 韩建把昭宗亲自建立的神策禁军体系中的基干力量——殿后四军——放归田里，仅留下殿后兵三十人隶属于飞龙坊，担任控鹤排马官，同时又将忠于昭宗的神策军捧日都、扈跸都遣散，逼迫昭宗斩杀忠心于朝廷且石门扈从功第一的神策捧日都头李筠。在昭宗孤立无势之时，那些处于中立状态的神策军都头又转归神策中尉领导。通过逼诸王交出兵权的方式，韩建与宦官集团达到了他们各自想要的结果。

不久，韩建与宦官集团又合谋将诸王及昭宗宠幸之人尽行诛杀。[②] 昭宗彻底成为韩建和宦官集团控制下的木偶皇帝、孤家寡人，以至于亲见诸王被诛而爱莫能救。李氏天子遂成为天下藩镇攫取特权的凭借。

---

① 《资治通鉴》卷261，唐昭宗乾宁四年正月条，中华书局2011年标点本，第8617—8618页。

② 《旧唐书》卷20上《昭宗纪》，中华书局1975年标点本，第762页。

## 第五节 神策军的废除

### 一 光化元年重建神策军

光化元年（898）正月，李茂贞、韩建请和于李克用，三镇共同请昭宗还长安。其年八月，昭宗自华州回长安之后，重置神策禁军，将编制定额减少至六千人。[1] 重置神策军标志着田令孜神策五十四都体系彻底瓦解。这六千人中包括原有五十四都中的部分神策军将士。如孙德昭属于神策五十四都系统，在五十四都瓦解之后，仍然在新置的神策军中担任神策指挥使。这仅有的六千神策军名为天子卫队，但在数量和战斗力上根本不足以和近藩抗衡，他们实际上仅仅是神策中尉专权，控制朝局的工具。从某种意义上说，新建神策军的编制额可能是韩建与宦官集团相互妥协的结果。

重建的神策军沿袭了五十四都屯驻坊市的模式，如右神策军军营被迁往辅兴、修德二坊。[2] 其组织结构可能沿袭了神策五十四都以"都"为基本单位的建置模式。如昭宗天复返正时的功臣董彦弼、周承诲即为右神策清远都将。[3] 胡三省认为，清远都属于神策五十四都之一。[4] 笔者认为，清远都并非属于五十四都，而应该是新建的神策军中的一都。因为昭宗驻跸华州之时，韩建已遣散了殿后四军及对昭宗忠心的扈驾都与捧日都，史载："天子之亲军尽矣。"其时，神策五十四都已瓦解，空有其名而无实兵。

新建神策军仍然具有特殊地位，其内部产生了不少积弊，如隶籍纳资等现象大量存在。要想通过六千人达到挟天子以令朝臣的目的，对于神策中尉而言，就需要在神策军中培养一部分可堪任用的将领兵

---

[1] 《新唐书》卷50《兵志》，中华书局1975年标点本，第1336页。

[2] （清）徐松：《唐两京城坊考》卷4《西京·右神策军营》，张穆校补，方严点校，中华书局1985年标点本，第102页。

[3] 《资治通鉴》卷262，唐昭宗光化三年十二月条，中华书局2011年标点本，第8663页。

[4] 《资治通鉴》卷262，唐昭宗光化三年十二月条下胡注，中华书局2011年标点本，第8664页。

士。因此，当崔胤杀景务修、宋道弼之后，新任的右军神策中尉王仲先试图将神策军组成一支有纪律的部队，对其内部进行了整顿。① 然而，王仲先对于神策军将隐没军中资财的积弊查处力度过大。"都将孙德昭、董从实盗没钱五千缗，仲先众辱之，督其偿，株连甚众。"② 因此，王仲先对于神策军的整顿非但没有起到强军的作用，反而引起神策军将士的不安，为崔胤从神策军内部离间神策中尉与神策军将士的关系提供了条件。

## 二 韩全诲劫迁与神策军被废

诛除刘季述之党后，宰相崔胤重新主政，竭尽全力打击压制宦官集团，禁止四贵与宰相共同参与延英议事。天复元年（901）正月，崔胤奏请昭宗下发"丙午敕"："近年宰臣延英奏事，枢密使侍侧，争论纷然；既出，又称上旨未允，复有改易，桡权乱政。自今并依大中旧制，俟宰臣奏事毕，方得升殿承受公事。"③

为了重振皇权，崔胤又建议昭宗彻底废除神策中尉掌军制度。"自中人典兵，王室愈乱，臣请主神策左军，以（陆）扆主右，则四方藩臣不敢谋。"④

昭宗对于崔胤以宰臣掌神策军的主张颇为疑虑。其时，崔胤与实力最强的宣武镇朱全忠相结，人所共知，若京师唯一的武力由其掌握，有篡国之虞。另外，文臣武将掌握神策军权无益于国，有先例可寻：建中年间，文臣白志贞为神策军使，泾原兵乱时，神策军竟无一人护驾，而神策中尉掌军忠于皇帝的事例比比皆是。尽管从后来的历史发展来看，崔胤的确是心向大唐，但自古以来，为维护帝位的稳定，帝王不会允许这种潜在的威胁存在。

---

① 《资治通鉴》卷262，唐昭宗光化三年十二月条，中华书局2011年标点本，第8663页。
② 《新唐书》卷208《宦者下·刘季述传》，中华书局1975年标点本，第5892页。
③ 《资治通鉴》卷262，唐昭宗天复元年正月条，中华书局2011年标点本，第8665页。
④ 《新唐书》卷208《宦者下·韩全诲传》，中华书局1975年标点本，第5896页。

## 第一章　神策军的形成与演变

自杨复恭之后，真正掌握军权的是各都都头。神策中尉欲控制此军，必须以厚利、爵禄笼络李继昭等真正掌握神策军军权的都头。天复返正，崔胤帷幄之功第一，权势很大，"宦官尤畏胤，事无大小咸禀之"①。若神策军权归属于南司，崔胤必然改革现有的神策军体系。神策中尉掌军制度相沿成习已有一百多年，北司掌军已形成一套完整的体系，若变革事关朝局的制度必然牵涉很多方面的问题。然而，在昭宗天复返正中有大功的"三使相"李继昭、李继诲、李彦弼等累世隶属于禁军，本非崔胤之亲信。三人担心军权被剥夺，丧失邀爵进禄的凭借，于是向昭宗建："臣等累世在军中，未闻书生为军主；若属南司，必多所变更，不若归之北司为便。"②凤翔李茂贞听闻崔胤欲夺神策军兵权归南衙，恐不利于己，有怨言。最终，由于昭宗、神策军中实力派将领、凤翔节度使李茂贞三方的反对，崔胤没能实现掌握神策军的设想。昭宗下诏任命枢密使韩全诲为左神策军中尉，凤翔监军张彦弘为右神策军中尉，分掌左右神策军。为了限制神策中尉之权，昭宗特设两军中尉、观军容处置使为宦官集团的总首脑，以德高望重、素忠义可信的宦官严遵美任之，但严遵美以才力不济为由，拒绝出任新职。神策中尉掌军制度仍然没有改变。

崔胤谋夺神策军权失败之后，南北司更加水火不容，党派壁垒愈加坚固。"王室多故，南北司争权，咸树朋党，外结藩帅。"③崔胤请李茂贞以假子李继筠领兵三千宿卫京师牵制神策军。胡三省对于崔胤请李茂贞留兵一事的原因有自己的看法："然胤所以欲留茂贞兵为己援者，盖以茂贞自以诛刘季述为己功，必能与己同心雠疾。"④崔胤厚结朱全忠，而李茂贞与朱全忠有隙。李茂贞何以愿从崔胤之请而留

---

① 《旧唐书》卷177《崔慎由附崔胤传》，中华书局1975年标点本，第4586页。
② 《资治通鉴》卷262，唐昭宗天复元年正月条，中华书局2011年标点本，第8666页。
③ 《旧唐书》卷177《崔慎由附崔胤传》，中华书局1975年标点本，第4582页。
④ 《资治通鉴》卷262，唐昭宗天复元年正月条下胡注，中华书局2011年标点本，第8667页。

兵于京师呢？笔者以为，在唐末波诡云谲的形势下，只要于己有利，节将大臣反复无常现象十分普遍。李茂贞留兵于朝廷，可以掌握朝廷的一举一动，故乐意为之。

天复元年（901）三月，崔胤罢两军与近藩专卖酒曲之权，使得凤翔经济利益受损，节度使李茂贞入朝争卖曲之利。神策中尉韩全诲、张彦弘均曾为凤翔监军，于是，韩全诲趁机以李茂贞为外援。此时神策中尉与宰臣在朝中的斗争，实际上是凤翔等镇与宣武镇之间的实力较量。①

宦官集团在刘季述事件后势蹙，崔胤在内殿常与昭宗密谋尽诛宦官，以宫人掌内诸司之事。韩全诲等知崔胤之谋，其内部更加团结一致。与此同时，为求自保，韩全诲等采取了一些增加宦官集团实力的对策，使崔胤不敢妄动。

其一，运用"迷龙术"，向昭宗进献知书的美女。通过这种方式，以韩全诲、张彦弘等为首的宦官集团掌握了昭宗与崔胤密谋计划。《资治通鉴》卷二六二，昭宗天复元年闰六月条：

> 崔胤请上尽诛宦官，但以宫人掌内诸司事。宦官属耳，颇闻之，韩全诲等涕泣求哀于上，上乃令胤："有事封疏以闻，勿口奏。"宦官求美女知书者数人，内之宫中，阴令调察其事，尽得胤密谋，上不之觉也。②

其二，利用神策中尉与禁军的特殊关系，鼓动禁军闹事。"胤时领三司使，全诲等教禁军对上喧噪，诉胤减损冬衣。"③ 通过这种方式，宦官集团夺回了利权，并向神策军将士许以厚利，使之感受到作为禁军的优越性。这样神策中尉就通过经济利益的纽带控制住了神策

---

① 《旧唐书》卷20上《昭宗纪》，中华书局1975年标点本，第772页。
② 《资治通鉴》卷262，唐昭宗天复元年闰六月条，中华书局2011年标点本，第8675页。
③ 《资治通鉴》卷262，唐昭宗天复元年闰六月条，中华书局2011年标点本，第8676页。

## 第一章 神策军的形成与演变

军。但必须承认的是，神策军实力已今非昔比。同时，神策中尉又以厚利拉拢神策军实力派军将李继诲、李彦弼等人。二人被拉拢的原因除了本身嗜利之外，还与昭宗天复返正之后对待功臣的方式失当有关。"当正旦立功之时，但应以官爵、田宅、金帛酬之，不应听其恣出入禁中。此辈素无知识，数求入对，或妄论朝政，或僭易荐人，稍有不从，则生怨望。"①

其三，利诱驻京的李继筠统领的三千岐军。"始，张濬判度支，杨复恭以军赀乏，奏假盐曲一岁入以济用度，遂不复还。至胤，乃白度支财尽，无以禀百官，请如旧制。全诲摘李继筠诉军中匮甚，请割三司隶神策。"②韩全诲为李继筠的军队争取厚利，实际上表明宦官集团愿以凤翔为城社。这样，京师的主要军队几乎在韩全诲等人的掌控之中。

不仅如此，李继诲、李彦弼等禁军将领与岐将李继筠已形成联盟。"继诲、彦弼辈骄横益甚，累日前与继筠同入，辄于殿东令小儿歌以侑酒，令人惊骇。"③宦官恃党援已成，视昭宗如木偶，"不遵敕旨；上或出之使监军，或黜守诸陵，皆不行，上无如之何"④。

近藩朱全忠、李茂贞均有以挟天子令天下之意，其中全忠欲使昭宗幸洛阳，茂贞欲使昭宗幸凤翔。崔胤知密谋已泄，宦官集团掌控神策军，又与凤翔军胶固。于是，崔胤请朱全忠率兵迎车驾。天复元年（901）十一月，朱全忠率宣武、宣义、天平、护国军共七万人赴同州。韩全诲、张彦弘、李继诲、李彦弼、李继筠等迫昭宗幸凤翔。"三使相"之一的神策都头李继昭反对韩全诲的做法，率亲信六十余人与在京的关东兵、长安吏民至开化坊护卫宰臣崔胤、百官及士民。崔胤令太子太师卢知猷率百官迎朱全忠入长安。李继昭害怕朱全忠雄

---

① 《资治通鉴》卷262，唐昭宗天复元年九月条，中华书局2011年标点本，第8678页。
② 《新唐书》卷208《宦者下·韩全诲传》，中华书局1975年标点本，第5897页。
③ 《资治通鉴》卷262，唐昭宗天复元年九月条，中华书局2011年标点本，第8677页。
④ 《资治通鉴》卷262，唐昭宗天复元年八月条，中华书局2011年标点本，第8677页。

猜，以留京神策军归隶之。朱全忠在长安短暂停留一天，即向凤翔进发。他以大军围凤翔，李茂贞、韩全诲挟昭宗下诏令其罢兵归镇。朱全忠本是打着迎天子东归的旗号进军，其时全国尚有许多强藩，若不解围凤翔，则是胁君，将有可能成为众藩合纵讨伐宣武的舆论借口。于是，他暂缓对凤翔的包围，趁机攻取凤翔的周边藩镇。至天复二年（902）十二月，邠、宁、鄜、坊等州皆陷于汴军，西川王建趁岐、汴相争之时，又攻取了李茂贞山南的州镇。李茂贞唯坐守凤翔一孤城而已。此时，朱全忠又以大军十万围凤翔，茂贞势窘。天复三年（903）正月，李茂贞向朱全忠求和，诛杀神策中尉韩全诲、张彦弘、枢密使袁易简、周敬容、神策都头李继诲、李彦弼、岐军将领李继筠等二十余人。蒋玄晖将韩全诲等人首级送至朱全忠军营。岐、汴罢兵，朱全忠以朱友伦率汴军护卫昭宗返长安。

经过韩全诲劫迁昭宗幸凤翔、朱全忠西迎车驾、李茂贞诛韩全诲等一系列事件后，昭宗自华州回京之后重新募置的神策军不复存在，他们或散在市井或为方镇收编。神策军仅空有名号、军额而无实兵。昭宗又无亲军也。

回长安之后，崔胤与朱全忠迫昭宗下制，尽诛神策中尉第五可范及以下宦官数百人，以神策军及内外八镇之兵隶左右龙武、神武、羽林等六军，宰臣崔胤兼判六军十二卫事，取得北衙六军的控制权，标志着诸卫与北衙禁军的合流。这就从法令上废除了左右神策军军额及神策中尉掌军制度。

崔胤借朱全忠之力尽诛宦官，废除神策军，却换来了权臣跋扈。朱全忠掌握了实际大权，昭宗处境愈加不利。正如在《赐王建诏》中所云："崔胤固请废两军，尽去北司。朕止欲诛有罪之人，全忠、允必欲尽杀。朕方危迫，不得不从。六军偕废，朕益孤危。"[①]《新唐书》卷二〇八《宦者下》赞曰："大抵假威柄于外，以内攘奸人，则大臣专，王室卑矣。"[②] 可谓确论。不久，朱温篡唐，唐祚遂告终结！

---

① 《全唐文》卷91《赐王建诏》（昭宗），中华书局1983年标点本，第952页。
② 《新唐书》卷208《宦者下》，中华书局1975年标点本，第5902页。

### 三　禁军余绪与朱温篡唐

天复三年（903）二月，朱全忠在辞归汴梁之前，将亲信安插到长安各要职部门，以便更好地控制在长安的昭宗和百官，防止朝廷有异动。其时，北门六军屯于宫苑，官府与南衙诸卫居于皇城之内，百官宅邸及坊市居人分居于皇城南面的朱雀门街。朱全忠将汴军两万人布置于长安，以朱友伦为统帅，屯于故两军营署，又以其亲信分领宫苑使、皇城使、街使。通过这样的部署，朱全忠虽不在长安，但也可以完全掌握京师的一举一动，使昭宗成为傀儡皇帝。①

朱全忠在长安的人事安排与部署，使崔胤意识到他有篡夺大唐天下之志。崔胤虽痛恨宦官，但心系大唐。然而，神策中尉制度被废除之后，崔胤虽兼判六军十二卫事，但六军十二卫空有军额而无实兵。因此，他利用岐、汴矛盾，表面上以防扞李茂贞，充当宣武屏障为由，和朱全忠商议在京师召募将士以实六军十二卫。"长安密迩茂贞，不可不为守御之备。六军十二卫，但有空名，请召募以实之，使公无西顾之忧。"② 实则是想建立一支既能宿卫又能抗衡朱全忠的精兵队伍，从而保卫大唐社稷。由于崔胤所提策略合情合理，朱全忠无辞以拒，表面上赞同其募兵建议，但自此有了杀崔胤之意。在得到朱全忠首肯之后，崔胤上奏昭宗请募兵充实禁军，同时为了打消朱全忠的疑虑，他计划召募的禁军数量只有六千六百人。③ 若要使六千余人的禁军与在长安的两万汴军相抗，所召募将士的质量和素质必须要高。因此，崔胤起用六军诸卫副使京兆尹郑元规具体负责召募之事，此次召募一改过去纳资隶军的弊病，不论出身，不论财富，不论地位，以勇力、武功、谋略为首要标准，只要符合条件，均可为侍卫之军。他又

---

① 《资治通鉴》卷264，唐昭宗天复三年二月条，中华书局2011年标点本，第8724页。
② 《资治通鉴》卷264，唐昭宗天复三年十二月条，中华书局2011年标点本，第8743页。
③ 《新唐书》卷50《兵志》，中华书局1975年标点本，第1336页。

为召募的将士配备优质兵甲,"毁城外木浮图,取铜铁为兵仗"①。这样,即使长安的汴军在朱全忠的授意下有所行动,六军亦能与之抗衡。然而,该计划遭到朱全忠的暗中破坏,他密令汴军中的勇壮之士数百人应募为六军。结果,崔胤实施的壮禁军、卫唐室的募军计划,反而为朱全忠在京师安排内应提供了方便。天复三年(901)十月,在长安的宿卫都指挥使朱友伦击鞠坠马而卒,朱全忠大怒,怀疑崔胤指使击鞠将故意将朱友伦杀害。其时,朱全忠欲迁昭宗至洛阳,以行篡夺之志,又恐崔胤有异议。因此,朱全忠趁机遣朱友谅入长安代朱友伦之职任。其年十二月,朱友谅至长安,与六军中的汴军里应外合,诛杀了崔胤及六军诸卫副使郑元规。崔胤所募禁军亡散殆尽,六军诸卫又是空存军额而无实兵。天祐元年(904)正月,朱全忠以宰相裴枢、独孤损分判左右三军。其时,邠、岐兵入侵京畿,长安密迩凤翔。朱全忠常驻汴梁,担心长安若有急变,不足为应,于是逼迫昭宗迁都洛阳。其年二月,昭宗至陕州。虽然此时六军已无兵士,但朱全忠仍然担心朝臣利用六军做文章。因此,朱全忠亲自从河中到陕州监视昭宗的一举一动,并迫使昭宗任命他为天子禁军最高统帅——兼判六军十二卫事。昭宗彻底成为朱全忠的政治傀儡。闰四月,车驾从陕州出发,行至谷水,朱全忠又将扈随昭宗前往洛阳的击球供奉、内园小儿二百多人悉数诛杀。迁都洛阳之后,朱全忠又尽斥内外侍卫,委任亲信蒋玄晖、王殷、张廷范、韦震、朱友恭、氏叔琮等人担任要职,对昭宗进行严密监视。②《旧唐书》史臣对于昭宗在洛阳的处境有恰如其分的评价:"自岐迁洛,天子块然,六军尽斥于秦人,四面皆环于汴卒。立嗣君于南面,毙母后于中闱,黄门与禁旅皆歼,宗室共衣冠并殪。"③ 其年七月,李茂贞、杨崇本、李克用、刘仁恭、王建、杨行密、赵匡凝欲联兵勤王,此时邠岐联军又犯京畿,朱全忠欲出兵讨伐,以昭宗有英气,恐洛阳生变,是年八月,密使蒋玄晖、朱

---

① 《旧唐书》卷177《崔慎由附崔胤传》,中华书局1975年标点本,第4587页。
② 《资治通鉴》卷264,唐昭宗天祐元年闰四月条,中华书局2011年标点本,第8751页。
③ 《旧唐书》卷20下《哀帝纪》,中华书局1975年标点本,第812页。

友恭、氏叔琮弑昭宗，立年仅十三岁的李柷为帝，是为昭宣帝。朱全忠得于挟天子以令不臣，全力征讨不服之藩镇。到了这一步，朱温篡唐也只是时间问题。在经过封王、受九锡等公式化闹剧后，天祐四年（907）四月，昭宣帝最终传禅于朱温。唐祚遂告终结。可以说，朱全忠篡位的过程实际上是彻底消灭唐代神策军的过程。

# 第二章　神策军的兵源及组织体系

关于神策军组织体系问题的研究，何永成先生有过论述。[①] 然而，何著论述简略，多属于粗线条式的勾勒，缺乏对神策军体系的详密考证，另外，对于神策军组织体系中的权力顶层——神策中尉的内容更是语焉不详。张国刚先生在《唐代的神策军》一文中，对神策军的组织体系做了进一步探讨。该文辨明了神策军的中央组织体系中的神策军分厢、分军的时间和含义，并在考证神策军的职事官系统与使府官系统方面具有开创性的成就。[②] 鉴于此，笔者拟在前贤的基础上，缀辑传世文献与出土材料，对神策军的组织体系及组织体系中的神策中尉制度进行再探讨，以加深对神策军组织体系及其相关问题的认识和理解。在考察上述问题之前，有必要厘清神策军将卒的来源途径。另外，神策军将卒在神策军组织体系中的迁转问题也值得加以重视。

## 第一节　神策军的兵源

从整体上看，神策军军将及士卒的来源途径，大致有如下几种。

### 一　吸纳方镇节帅、刺史、军将及地方军

其一，方镇节帅、刺史、军将因立功而成为神策军帅。如淮西行

---

[①] 何永成：《唐代神策军研究——兼论神策军与中晚唐政局》，台湾商务印书馆1990年版，第36—53页。
[②] 张国刚：《唐代的神策军》，载《唐代政治制度研究论集》，台北文津出版社1994年版，第116—121页。

## 第二章 神策军的兵源及组织体系

营兵马使将李良在代宗时率军防秋于普润,其后,因扈从德宗幸奉天之功入为神策右厢兵马使①;泾原节度使段佑城临泾城有功,元和三年(808),入为右神策大将军②;天平军裨将姚成节参赞刘悟因擒杀淄青李师道之功,长庆元年(821),超迁为右神策将军知军事③。

同时,朝廷为了将立功的方镇军将卒吸收进神策军系统,又从制度上保障他们的权益。这样既有利于削弱地方强藩,又增强了中央禁军的战斗力。光启元年(885)三月,僖宗回到长安后,为了增加禁军兵源,提升禁军战斗力,颁发《优恤扈驾兵士并训饬神策诸军诏》,企图以优厚的待遇,将愿意留驻京邑的藩镇军将吸收进神策军系统。④

其二,当方镇军将与节帅不合时,朝廷趁机将其召入神策军中。邠宁虞侯兼宁州刺史范希朝善抚军士,有威望。节度使韩游瓌畏其才,将求其过而杀之。希朝惧,出奔凤翔。德宗召至京师置于左神策军中⑤;中和年间,节度使李昌符忌畏军将杨晟勇猛,欲杀之,杨晟逃入神策军中为都校。⑥

其三,安抚叛乱的方镇军将。王郢原为浙西狼山镇遏使,有战功,节度使赵隐只给其虚职名号而不给衣粮等实利,于是率兵作乱。乾符三年(876),朝廷为安抚王郢,下诏令其在左神策军中补以重职。⑦

其四,方镇节帅去世后,部分军将及所率军队改隶神策军。贞元十五年(799)十二月,邠宁庆副元帅浑瑊去世,兵马使李朝寀率宁州定平戍军转隶神策军,定平成为神策城镇。贞元十七年

---

① 《李良墓志铭》,《全唐文补遗》(第3辑),三秦出版社1996年版,第134—135页。
② 《白居易集》卷54《除段佑检校兵部尚书右神策大将军制》,中华书局1979年标点本,第1128页。
③ 《白居易集》卷48《中书制诰一·姚成节右神策将军知军事制》,中华书局1979年标点本,第1019页。
④ 《册府元龟》卷124《帝王部·修武备》,凤凰出版社2006年标点本,第1360页。
⑤ 《旧唐书》卷151《范希朝传》,中华书局1975年标点本,第4058页。
⑥ 《新唐书》卷186《杨晟传》,中华书局1975年标点本,第5430页。
⑦ 《资治通鉴》卷252,唐僖宗乾符三年十一月条,中华书局2011年标点本,第8308页。

（801），出身朔方军系统的邠宁庆节度使杨朝晟因病去世，朝廷欲任用神策定平镇将李朝寀为邠宁节度使，使之以朔方旧将的身份掌控邠宁，从而将朔方军纳入朝廷的控制范围。于是，德宗下诏："朝寀所将本朔方军，今将并之，以壮军势，威戎狄，以李朝寀为使，南金副之。"① 若朝寀为邠宁节度使，邠宁军实质上就成为神策军系统内的一支藩镇军了，对于唐室加强中央集权，威慑叛镇有极大好处。然而，因朝廷处置失当，朔方军都虞侯史经言及部分将卒发动叛乱，推兵马使高固为帅。朝廷迫不得已，追还任命朝寀为邠宁节帅的戊戌制书。朝廷欲趁节帅薨故的机会，将邠宁朔方军纳入神策军体系，成为朝廷可控的方镇军的企图最终失败。但是，李朝寀的定平镇军仍然属于神策军系统。

其五，在朝廷与方镇、方镇之间的战争过程中，地方军将领率所部军转隶神策军。长庆年间，乐寿、博野二镇统帅傅良弼、李寰在成德王廷凑、幽州朱克融反叛之时，坚守城池。朝廷表彰二人之功，以乐寿镇兵马隶于左神策行营，博野镇兵马隶于右神策行营。后来，傅良弼突围，朝廷任命其为左神策军将军，乐寿镇军随之入朝归附于左神策军系统，但这支部队具有较强的私人属兵的性质。

其六，帝王亲自下诏征选方镇贤才。长庆二年（822）三月，穆宗颁发的"壬辰诏"，涉及外镇军将入京为神策军将的内容②，特别是"勋伐素高，人才特异"的诸道节将有很大机会被吸收进神策军系统。武宗会昌三年（843），下诏"选方镇才校入宿卫"。如周宝与高骈入选，隶于右神策军。

其七，不详及难以分类者。德宗即位后，欲将神策军控制在己手，任用出身朔方军系统的文吏白志贞为神策军使③；李光弼少子李汇在义成军节度使贾耽麾下任职，贞元九年（793），李汇入调京师为左神策

---

① 《资治通鉴》卷236，唐德宗贞元十七年六月条，中华书局2011年标点本，第7717页。
② 《全唐文》卷67《优恤将士德音》（穆宗），中华书局1983年标点本，第705页。
③ 《旧唐书》卷135《白志贞传》，中华书局1975年标点本，第3718页。

## 第二章　神策军的兵源及组织体系

左将加都将[1]；高崇文之子高承简以忠武军部将入为神策军[2]；宪宗时，安州刺史伊宥入朝，以"左领军卫将军押右神策军牙门之职"[3]。

### 二　四夷质子、蕃人、没蕃人

代宗时，河陇陷于吐蕃，四夷使者及四方奏计之人，西域朝贡酋长等滞留京师有数百人，加上部曲及畜产，动以千计，朝廷馆之于右银台门客省，度支每年支付的费用甚巨，增加了政府财政负担。代宗对这部分人进行了清理，但是，胡客及四夷之人大量聚集京师的现象并未得到根本解决。"先是回纥留京师者常千人，商胡伪服而杂居者又倍之。"[4] 他们及其子孙在京师生活了近四十年，基本汉化，如同大唐编民，有妻子，田宅产业，并以经商为业，安于所居，但是鸿胪每年仍然向他们供给大量钱物，无形增大了政府财政负担。贞元三年（787），德宗对这部分胡客再次进行清理，时任鸿胪少卿的王锷检括胡客在京师有田宅产业者，自名王以下，大约有四千人。宰相李泌将这些胡客纳入神策军体系。[5]

不少四夷质子和蕃人在神策军中担任军职，有的甚至积功劳至神策大将军。如朱泚之乱，北天竺迦毕试国人罗好心护卫德宗有功，被任命为神策正将，司职禁卫[6]；贞元中，拥有突厥血统的阿史那思暕为神策将军兼御史大夫[7]。又如米继芬为米国人，其父为米国君长。

---

[1] （唐）沈亚之：《沈下贤集校注》卷11《墓志·泾原节度李常侍墓志》，肖占鹏、李勃洋校注，南开大学出版社2003年标点本，第236页。
[2] 《旧唐书》卷151《高崇文附高承简传》，中华书局1975年标点本，第4053页。
[3] （唐）权德舆：《权德舆诗文集》卷17《伊慎神道碑铭》，上海古籍出版社2008年标点本，第272页。
[4] 《资治通鉴》卷225，唐代宗大历十四年七月条，中华书局2011年标点本，第7384页。
[5] 《资治通鉴》卷232，唐德宗贞元三年七月条，中华书局2011年标点本，第7614页。
[6] （宋）赞宁：《宋高僧传》卷2《译经篇第一之二·唐洛京智慧传》，中华书局1987年标点本，第21—22页。
[7] （唐）林宝撰：《元和姓纂》（附四校记）卷5《七歌·阿史那》，岑仲勉校记，中华书局1994年标点本，第574页。

继芬以米国质子的身份而来,其墓志铭文载:"国步顷艰兮,忠义建名,尝致命兮竭节输诚,殄凶孽兮身授官荣,位崇班兮,是居禁营。"① 他在安史之乱至唐顺宗期间,立有不少功劳,被授予左神策散副将。何文哲是何国国王的五代孙,为左军马军副将,至穆宗长庆二年(822)三月,积功劳至左神策大将军兼御史中丞。②

唐蕃交战时,被吐蕃俘虏的唐人,后来因唐蕃约和而被放归。由于他们在吐蕃生活多年,熟悉蕃情,因此,在回归唐朝之后,朝廷常命他们在神策军中效力。元和二年(807)八月,京兆府对回归大唐的没蕃人僧良阐等四百五十人进行检勘,有一小部分人被送入神策军中效力③。元和十五年(820),淮南裨将谭可则因防秋被吐蕃俘虏,在吐蕃六年,熟悉蕃情。归朝廷之后,朝廷命他在神策军中效力,后被军中沙汰④。

## 三　白身、京畿恶少、市井富商

有以白身成为神策军将的案例。如儒士于佑,累举进士不第,"乃依河中贵人韩泳门馆,得钱帛稍稍自给,亦无意进取。僖宗之幸蜀,韩泳令佑将家童百人,前导。帝还西都,以从驾得官,为神策军虞候。"⑤ 神策军中还吸收了不少恶少年。"诸恶少窜名北军,凌藉衣冠,有罪则逃军中,无敢捕。"⑥ 神策军中还包括"两坊市闲行不事家业、黥刺身上、屠宰猪狗、酗酒斗打及傥构关节、下脱钱物、挎捕赌钱人等"⑦。神策军中甚至还有盗贼。如泾阳有强盗数人,隶于神

---

① 阎文儒:《唐米继芬墓志考释》,《西北民族研究》1989年第2期,第155页。

② 卢兆荫:《何文哲墓志考释——兼谈隋唐时期在中国的中亚何国人》附录《何文哲墓志铭录文》,《考古》1986年第9期。

③ 《册府元龟》卷147《帝王部·恤下第二》,凤凰出版社2006年标点本,第1644页。

④ (唐)赵璘:《因话录》卷4,《唐国史补·因话录》,上海古籍出版社1979年标点本,第96—97页。

⑤ (宋)刘斧:《青琐高议》前集卷5《流红记》,古典文学出版社1958年标点本,第47页。

⑥ 《新唐书》卷175《刘栖楚传》,中华书局1975年标点本,第5245页。

⑦ (宋)王溥:《唐会要》卷67《京兆尹》,中华书局1955年标点本,第1188页。

策军，县令李行言捕之，"军家索之，竟不与，尽杀之"。① 大量市井富商等纳课户，常纳资隶于军，将自己的名字登记在军队的花名册上，寻求神策军护庇，借此逃避赋税杂税。如潘将军"常乘舟射利……迁贸数年，茂镪巨万，遂均陶郑，其后职居左广"②。"左广"即指左神策军。

### 四 神策军的世袭化

神策军系统内，"父兄子弟军"现象普遍，他们承弓冶之传，世隶神策军。这是神策军将卒来源途径的一个十分鲜明的特点。王臣端为右神策军散副将，宪宗时，其子王文干为左神策军宴设使，后因庖厨、修馔之功，拜为神策外镇同官镇监军。③ 贾温隶神策军，因善兴利，迁为衙前正将，后来，其子贾元楚亦为右神策军衙前正将。④ 李良僅为左神策行营先锋兵马使、延塞军副使，其子李拱、李据均隶延塞军为押衙。⑤ 左神策军军将包豪之子包筠隶左神策军，为子将、散副将、正将等基层将官，大中十一年（857），转迁为左神策军南山镇遏都兵马使兼押衙。⑥ 高骈"家世仕禁军"⑦，其祖高崇文为左神策行营长武城使，其父高承明为神策虞侯，其叔父高承简亦隶神策军。李孝恭为右神策军步军大将军，其长子与次子均在神策军中任职。"长子敬珂，右神策军衙前兵马使，名行满于军中；次子敬翱，右神

---

① 《资治通鉴》卷249，唐宣宗大中八年九月条，中华书局2011年标点本，第8176—8177页。
② （唐）康骈：《剧谈录》卷上《潘将军失珠》，古典文学出版社1958年标点本，第7—8页。
③ 《全唐文》卷764《中大夫行内侍省内给事员外置同正员上柱国赐绯鱼袋王公墓志铭（并序）》，中华书局1983年标点本，第7938—7939页。
④ 周绍良、赵超主编：《唐代墓志汇编续集》大和052《贾温墓志铭》，上海古籍出版社2001年版，第920页。
⑤ 《李良僅墓志铭》，《全唐文补遗》（第5辑），三秦出版社1998年版，第37页。
⑥ 《包筠墓志铭》，《全唐文补遗》（第3辑），三秦出版社1996年版，第265页。
⑦ 《旧唐书》卷182《高骈传》，中华书局1975年标点本，第4703页。

策军衙前虞侯，德艺超绝，果敢克从。"① 荆子晟为右神策军先锋兵马使押衙，其子荆从皋隶于右神策军，咸通八年（867），从皋迁为右神策大将军知军事，他的三个弟弟均在神策军中任职。其中，荆从牟为右神策军押衙，荆从肇为右神策军衙前正将，荆从罕为衙前兵马使知将。他的儿子荆权亦在神策军中担任右神策军衙前兵马使。② 可以说，荆氏三代是唐后期神策军世袭家族的一个缩影。王处存，"世隶神策军，为京师富族，财产数百万。父宗，自军校累至检校司空、金吾大将军、左街使，遥领兴元节度。宗善兴利，乘时贸易，由是富拟王者，仕宦因赀而贵，侯服玉食，僮奴万指。处存起家右军镇使，累至骁卫将军、左军巡使"③。其弟王弘绍在左神策军中任粮料使。④ 孙德昭之父孙惟最在僖宗光启年间为扈驾都都头，分判神策军事。德昭以其父之故，隶神策军，累功至神策军指挥使。⑤

这种世袭化倾向，使得神策军内部形成了一个特殊阶层，这个阶层与以神策中尉为首的宦官集团相结合，其仕进特权及物质待遇得到了可靠的保障。

**五 兼并其他北军**

德宗仓皇出奔奉天，幸兴元，射生将韩钦绪、李昇等人贴身护卫有功。回长安后，德宗特意提高射生军的地位，贞元二年（786）九月，将殿前射生左右厢改为左右射生军，贞元三年（787）四月，又下敕将左右射生军改为左右神威军。贞元十二年（796）六月，德宗建立神策中尉制度的同时，又设立两名中护军来分管左右神威军。元和三年（808）正月"戊申诏"，将左右神威军合并为一军，名之为

---

① 曹龙：《唐神策军步军使李孝恭及夫人游氏墓志考释》，《文博》2012年第6期，第62页。

② 周绍良、赵超主编：《唐代墓志汇编续集》咸通074《荆从皋墓志铭》，上海古籍出版社2001年版，第1090—1091页。

③ 《旧唐书》卷182《王处存传》，中华书局1975年标点本，第4699页。

④ （清）端方：《陶斋臧石记》卷35《南陵县尉张师儒墓志铭》，《续修四库全书》第905册，上海古籍出版社2002年影印本，第703页。

⑤ 《新五代史》卷43《孙德昭传》，中华书局1974年标点本，第475页。

天威军。① 天威军之中有马军、步军将军及指挥使，以马军大将军知军事。元和八年（813）七月丁巳，又废天威军，以其兵骑分隶左右神策军，天威军军将根据实际情况在神策军体系中担任相应职务。

总的来看，神策军将卒的成分复杂。对于隶属于神策军的将卒而言，是有利可图的，他们不仅可以享受优厚的粮饷与赏赐，还能获得更多的超迁机会。而从神策中尉的角度来说，吸收良将，广增兵额，使内外相维，有利于巩固己身地位，增加己身的权势。

## 第二节　神策中尉制度

### 一　神策中尉的性质

要探讨中唐以后的政局，神策中尉制度是不能避开的话题。《资治通鉴》卷二三五，德宗贞元十二年（796）六月乙丑条云："以监勾当左神策窦文场、监勾当右神策霍仙鸣皆为护军中尉，监左神威军使张尚进、监右神威军使焦希望皆为中护军。"该条胡注云："此职事官之掌禁兵者也。"② 笔者查阅相关文献后，发现学界有沿袭胡三省观点的学者，并运用了相应史料进行论证；也有反对胡三省说法的学者，他们认为神策中尉是使职。同一制度，不同学者的结论却大相径庭，且多有抵牾。可见，厘清神策中尉是职事官还是使职的问题十分必要。

总的来看，神策中尉是使职还是职事官的问题，目前学界有两说。

其一，以唐长孺等先生为代表的"使职说"。唐长孺先生认为："北衙诸司使之首是左右神策护军中尉、枢密使和宣徽使，相当于南衙的宰相。"③"中尉掌兵，枢密参政，宣徽通知诸司使事，都是北衙

---

① 《旧唐书》卷14《宪宗纪上》，中华书局1975年标点本，第424页。
② 《资治通鉴》卷235，唐德宗贞元十二年六月条下胡注，中华书局2011年标点本，第7693页。
③ 唐长孺：《唐代的内诸司使及其演变》，《山居存稿》（文集本），中华书局2011年版，第252页。

首领，下统北衙诸军诸使。"① 在这里，唐先生将神策中尉看作唐代宦官职务的三种类型之一。陈仲安对唐代宦官充任的使职系统进行了研究，其中之一是"以神策军护军中尉为中心的监军系统"②。余华青认为："唐代宦官干政，主要依靠使职差遣。至唐代后期，禁军中尉、枢密使、宣徽使、观军容使、监军使等使职，实际上已成为宦官担任的最重要的官职，其权势地位已超过了内侍省的最高官职内侍监。宦官通过内诸司使，广泛地侵夺乃至取代了中央政务机构中有关官署的职司事权。"③ 赵雨乐指出神策中尉是使职。④ 以上四位先生均未给出相应的论证。何永成在《唐代神策军研究——兼论神策军与中晚唐政局》中认为，神策中尉与文、武散官、阶官、勋官等均无关涉，而为差遣使职⑤。其原因有二：第一，元和十四年（819）三月，虽依屯田所奏令两军中尉待遇比照二品官办理，但存在大量宦者以正三品或从三品之左右监门卫大将军、将军充神策军护军中尉的情况⑥，亦有以从二品之诸卫上将军出任者⑦。第二，神策中尉有中尉副使为其佐贰⑧。

其二，以杜文玉等先生为代表的"职事官"说。杜先生认为，左右神策中尉、中护军都属于职事官。⑨ 其依据是：元和十四年（819）

---

① 唐长孺：《唐代的内诸司使及其演变》，《山居存稿》（文集本），中华书局2011年版，第256页。
② 陈仲安：《唐代的使职差遣》，《武汉大学学报》（人文社会科学版）1963年第1期。
③ 余华青：《中国宦官制度史》，上海人民出版社2006年版，第280页。
④ 赵雨乐：《唐代における内諸司使の構造——その成立時點と機構の初步的整理》，《東洋史研究》1992年第50卷第4号。
⑤ 何永成：《唐代神策军研究——兼论神策军与中晚唐政局》，台湾商务印书馆1990年版，第39页。
⑥ 具体事例请参见《册府元龟》卷667《内臣部·将兵》，凤凰出版社2006年标点本，第7687—7689页。
⑦ 典型案例请参见《旧唐书》卷17下《文宗纪下》，中华书局1975年标点本，第563页。
⑧ "贞元十七年，以（杨）志廉为内常侍充左神策军护军中尉副使，（孙）荣义为内常侍、右神策军护军中尉副使。"（《册府元龟》卷667《内臣部·将兵》，凤凰出版社2006年标点本，第7688页。）
⑨ 杜文玉：《唐代宦官俸禄与食邑》，《唐都学刊》1998年第2期，第26—31页。

## 第二章 神策军的兵源及组织体系

三月，宪宗依屯田所奏，"左右神策中尉，准令式二品官，令受田一十顷，请取京兆府、折冲府、院戍场、垛埠、公廨等地七十七顷二十六亩八分，数内取二十顷，充前件官职田"①。此外，还有一些学者以该条史料来证明神策中尉是职事官。如贾宪保认为，神策中尉级别的提升，禄秩堪比二品官，有利于协调神策中尉和神策大将军之间的隶属关系。②黄修明则明确指出，"神策中尉官列二品，与朝廷三省最高长官中书令、侍中、尚书令品秩相当。这一高品军职由宦官出任，使宦官不仅成为神策军最高军事统帅，而且也是整个北衙军事系统的最高军政首脑"③。

护军中尉与中护军是古官，唐初并没有这样的官名称谓，仅设置了作为勋级的上护军、护军。德宗为何要用当时朝廷尚无的古官名授予宦官，使之统领神策军与神威军呢？《新唐书》卷五〇《兵志》云："帝既以禁卫假宦官，又以此宠之。"④《旧唐书》卷一八四《宦官传》云："特立护军中尉两员、中护军两员，以帅禁军。"⑤《资治通鉴》卷二三五，德宗贞元十二年（796）六月条下胡注引宋白曰："德宗以梁、洋扈从之功，举西汉谒者随何下淮南功拜为中尉事，故命神策监军为中尉。"⑥《册府元龟》卷六六七《内臣部·将兵》云："帝以禁卫严密，又崇宠中贵，故异其名而授文场等。"⑦综合这些传统史书的记载，笔者认为，德宗特设神策中尉与中护军两种特殊称号来统领神策军与神威军，有两个目的：其一，表明神策、神威两军的特殊性，其地位非他军可比；其二，德宗以这种独立于唐代官制体系

---

① 《册府元龟》卷507《邦计部·俸禄三》，凤凰出版社2006年标点本，第5770页。
② 贾宪保：《神策中尉与神策军》，《唐史论丛》（第5辑），三秦出版社1990年版，第130—154页。
③ 黄修明：《唐代神策中尉考论》，《天津师范大学学报》（社会科学版）2002年第6期，第29—36页。
④ 《新唐书》卷50《兵志》，中华书局1975年标点本，第1334页。
⑤ 《旧唐书》卷184《宦官传》，中华书局1975年标点本，第4766页。
⑥ 《资治通鉴》卷235，唐德宗贞元十二年六月条下胡注，中华书局2011年标点本，第7693页。
⑦ 《册府元龟》卷667《内臣部·将兵》，凤凰出版社2006年标点本，第7687页。

以外的称谓来命名禁军统帅,以此来表明他对宦官的信任与宠幸,正所谓"将申大用,先命崇阶"。自此以后,神策中尉、中护军分别成为神策军、神威军的首领而被纳入唐代官制体系之中。

在神策军体系中,统军一般不具有统兵权,从二品,是荣誉职衔。而大将军具有统兵权,正三品。神策中尉作为神策军的实际统领者最初并没有官品,但是要确保其地位等同于或高于三品,才能在名义上和职权上领导、调遣大将军。因此,我们可以看到,神策中尉所带的职事官一般都是诸卫大将军(从三品),并且随着资历与功劳的积累,往往转迁为诸卫上将军(从二品)。宪宗元和十四年(819)三月,屯田奏请给予神策中尉职分田二十顷。"左右神策中尉,准令式二品官,令受田一十顷,请取京兆府、折冲府、院戎场、垛埸、公廨等地七十七顷二十六亩八分,数内取二十顷,充前件官职田。"①即是说,朝廷授予左右神策中尉职分田各十顷。唐制规定,二品官有职分田十顷,且以京畿百里内之地与之。②此后,神策中尉即使带三品的职事官,也享受二品官待遇。这样,朝廷就以制度的形式明确规定了神策中尉具有二品职事官的地位。有了这一规定,神策中尉就能够在形式上拥有绝对的统军权,成为神策统军和大将军的绝对上级。为了与其二品地位相匹配,此后的神策中尉所带职事官一般是从二品的诸卫上将军,这与神策中尉制度刚刚确立时,神策中尉所带职事官常为诸卫大将军或将军不同。

胡三省注《资治通鉴》时,认为神策中尉性质属于职事官。其主要原因是,他受到唐人墓志等材料中将神策副使与神策中尉副使等同起来的影响,并误解了《资治通鉴》中神策副使的真实含义。在唐人墓志、《旧唐书》《册府元龟》的书写中,神策副使即是指神策中尉副使,由宦官担任,属于神策军的使职系统。如贞元十七年(801),杨志廉、孙荣义任神策副使。元和三年(808),彭献忠任左

---

① 《册府元龟》卷507《邦计部·俸禄第三》,凤凰出版社2006年标点本,第5770页。
② 《新唐书》卷45《食货志五》,中华书局1975年标点本,第1393页。

## 第二章 神策军的兵源及组织体系

神策军副使。宦官刘溁润为左神策军护军中尉副使。① 左神策军副使李公为宦官，"入侍帷扆，出握兵要"②。大和初年，仇士良为右神策军副使。③ 咸通末年，刘中礼由威远军使转为右神策军副使④。又如《旧唐书·牛僧孺传》载："开成三年九月，征拜（僧孺）左仆射，仍令左军副使王元直赍告身宣赐。旧例，留守入朝，无中使赐诏例，恐僧孺退让，促令赴阙。僧孺不获已入朝。"⑤ 此处，左军副使实则是左军神策中尉副使的简称。《册府元龟》卷六六七《内臣部·将兵》云："杨承和，穆宗长庆初，为右神策军副使。"⑥ 但《资治通鉴》与《新唐书》的作者在书写史实的时候，是将神策副使与神策中尉副使分别视之的，两书中所载的神策副使只要没有明确是神策中尉副使，均应该理解为职事官系统的神策大将军、将军或神策都指挥使、都头。如《资治通鉴》卷二四五，文宗大和九年（835）十一月条："士良等命左、右神策副使刘泰伦、魏仲卿等各帅禁兵五百人露刃出阁门讨贼。"⑦ 而据《旧唐书》卷一七下《文宗纪下》载："大和九年十一月丁卯，以左神策大将军陈君弈为凤翔节度使。"⑧ "开成元年闰五月己丑，以神策大将军魏仲卿为朔方灵盐节度。"⑨ 可知，刘泰伦、魏仲卿二人均非宦官，而是神策大将军。又如《资治通鉴》卷二六二，昭宗天复元年（901）正月条："赐两军副使李师虔、徐

---

① 周绍良主编，赵超副主编：《唐代墓志汇编》大和033《刘溁润夫人杨氏墓志铭》，上海古籍出版社1992年版，第2119页。
② 周绍良、赵超主编：《唐代墓志汇编续集》开成004《左神策军副使陇西李公夫人戴氏墓志铭》，上海古籍出版社2001年版，第926页。
③ 《全唐文》卷790《内侍省监楚国公仇士良神道碑》，中华书局1983年标点本，第8272页。
④ 张全民：《唐河东监军使刘中礼墓志考释》，《敦煌学辑刊》2007年第2期，第15页。
⑤ 《旧唐书》卷172《牛僧孺传》，中华书局1975年标点本，第4471页。
⑥ 《册府元龟》卷667《内臣部·将兵》，凤凰出版社2006年标点本，第7689页。
⑦ 《资治通鉴》卷245，唐文宗大和九年十一月条，中华书局2011年标点本，第8035页。
⑧ 《旧唐书》卷17下《文宗纪下》，中华书局1975年标点本，第563页。
⑨ 《旧唐书》卷17下《文宗纪下》，中华书局1975年标点本，第565页。

彦孙自尽,皆刘季述之党也。"① 此处两军副使实则是神策军都头或者指挥使。② 胡三省认为《资治通鉴》中的神策副使即神策大将军或将军,属于职事官系统,而神策副使就是神策中尉副使。换言之,神策中尉副使是职事官,作为神策军最高指挥官神策中尉理应为职事官。于是,他把这种模式强加给《资治通鉴》的作者,认为神策中尉乃"职事官掌禁军者"③。殊不知,这种想法有违司马光的本意。

对于神策中尉副使的书写,笔者在这里倾向于唐人的书写模式,认为神策副使与神策中尉副使可以互换。但必须明确一点,无论是神策副使,还是神策中尉副使,均指由宦官担任的使职。只是为了便于叙述,才将其统称为神策副使。

通过上述分析,笔者认为神策中尉是一个特殊称号,源于监军使或者监勾当,属于使职,但又具有职事官的特点。

## 二 神策中尉的命运

为了清晰地表述神策中尉的命运,笔者以两《唐书》《资治通鉴》《册府元龟》《唐会要》《全唐文》等传世文献为主,参据出土墓志等新材料,制成"神策中尉年表"(见表2-1),并以备注的形式对神策中尉的更替加以勾稽考索。

表2-1　　　　　　　　　　神策中尉年表

| 时间 | 左神策军中尉 | 右神策军中尉 | 备注 |
| --- | --- | --- | --- |
| 贞元十二年六月 | 窦文场 | 霍仙鸣 | |
| 贞元十三年 | 窦文场 | 霍仙鸣 | |
| 贞元十四年七月丁丑 | 窦文场 | 第五守亮 | |

---

① 《资治通鉴》卷262,唐昭宗天复元年正月条,中华书局2011年标点本,第8665页。

② 《旧唐书》卷20上《昭宗纪》明确指出李师虔、徐彦孙二人为"神策军使"(中华书局1975年标点本,第771页)。

③ 《资治通鉴》卷235,唐德宗贞元十二年六月条下胡注,中华书局2011年标点本,第7693页。

## 第二章 神策军的兵源及组织体系

续表

| 时间 | 左神策军中尉 | 右神策军中尉 | 备注 |
|---|---|---|---|
| 贞元十五年 | 窦文场 | 第五守亮 | |
| 贞元十六年 | 窦文场 | 第五守亮 | |
| 贞元十七年六月戊戌 | 杨志廉 | 第五守亮 | 1 |
| 贞元十八年 | 杨志廉 | 第五守亮 | |
| 贞元十九年六月辛卯 | 杨志廉 | 孙荣义 | |
| 贞元二十年 | 杨志廉 | 孙荣义 | |
| 永贞元年 | 杨志廉 | 孙荣义 | |
| 元和元年正月 | 杨志廉 | 薛盈珍 | |
| 元和元年十一月丙辰 | 吐突承璀 | 薛盈珍 | |
| 元和二年二月 | 吐突承璀 | 第五国珍（轸） | |
| 元和三年 | 吐突承璀 | 第五国珍（轸） | |
| 元和四年 | 吐突承璀 | 第五国珍（轸） | |
| 元和五年九月 | 程文幹 | 第五从直 | 2 |
| 元和六年十月 | 彭献忠 | 第五从直 | 3 |
| 元和七年 | 彭献忠 | 第五从直 | |
| 元和八年 | 彭献忠 | 第五从直 | |
| 元和九年二月 | 彭献忠 | 吐突承璀 | |
| 元和十年 | 彭献忠 | 吐突承璀 | |
| 元和十一年 | 彭献忠 | 吐突承璀 | |
| 元和十二年二月 | 吐突承璀 | 李国澄 | 4 |
| 元和十二年四月 | 吐突承璀 | 第五守进 | |
| 元和十三年 | 吐突承璀 | 梁守谦 | |
| 元和十四年 | 吐突承璀 | 梁守谦 | |
| 元和十五年正月 | 马进潭 | 梁守谦 | |
| 长庆元年 | 马进潭 | 梁守谦 | |
| 长庆二年 | 马存亮 | 梁守谦 | |
| 长庆三年 | 马存亮 | 梁守谦 | |
| 长庆四年七月 | 刘弘规 | 梁守谦 | |
| 宝历元年 | 刘弘规 | 梁守谦 | |
| 宝历二年 | 魏弘（从）简 | 梁守谦 | |

续表

| 时间 | 左神策军中尉 | 右神策军中尉 | 备注 |
|---|---|---|---|
| 大和元年三月 | 魏弘（从）简 | 王守澄 | |
| 大和元年六月 | 韦元素 | 王守澄 | |
| 大和二年 | 韦元素 | 王守澄 | |
| 大和三年 | 韦元素 | 王守澄 | |
| 大和四年 | 韦元素 | 王守澄 | |
| 大和五年 | 韦元素 | 王守澄 | |
| 大和六年 | 韦元素 | 王守澄 | |
| 大和七年 | 韦元素 | 王守澄 | |
| 大和八年 | 韦元素 | 王守澄 | |
| 大和九年五月 | 仇士良 | 王守澄 | |
| 大和九年九月 | 仇士良 | 鱼弘志 | |
| 开成元年 | 仇士良 | 鱼弘志 | |
| 开成二年 | 仇士良 | 鱼弘志 | |
| 开成三年 | 仇士良 | 鱼弘志 | |
| 开成四年 | 仇士良 | 鱼弘志 | |
| 开成五年 | 仇士良 | 鱼弘志 | |
| 会昌元年 | 仇士良 | 鱼弘志 | |
| 会昌二年 | 仇士良 | 鱼弘志 | |
| 会昌三年六月 | 杨钦义 | 鱼弘志 | 5 |
| 会昌四年 | 杨钦义 | 鱼弘志 | |
| 会昌五年 | 杨钦义 | 鱼弘志 | |
| 会昌六年三月 | 马元贽 | 鱼弘志 | |
| 大中元年 | 马元贽 | ? | |
| 大中二年 | 马元贽 | ? | |
| 大中三年 | 马元贽 | ? | |
| 大中四年 | 马元贽 | ? | |
| 大中五年秋 | 宋叔康 | 王元宥 | 6 |
| 大中六年 | 宋叔康 | 吐突士晔 | |
| 大中七年 | 宋叔康 | 吐突士晔 | |
| 大中八年 | 王宗实 | 王茂玄 | 7 |

## 第二章 神策军的兵源及组织体系

续表

| 时间 | 左神策军中尉 | 右神策军中尉 | 备注 |
|---|---|---|---|
| 大中九年 | 王宗实 | 王茂玄 | |
| 大中十年 | 王宗实 | 王茂玄 | |
| 大中十一年 | 王宗实 | 王茂玄 | |
| 大中十二年 | 王宗实 | 王茂玄 | |
| 大中十三年 | 王宗实 | 王茂玄 | |
| 咸通元年 | 王宗实 | 王茂玄 | |
| 咸通二年 | 王宗实 | ? | |
| 咸通三年 | 王宗实 | ? | |
| 咸通四年 | 杨玄价 | 西门季玄 | 8 |
| 咸通五年 | 杨玄价 | 西门季玄 | |
| 咸通六年 | 杨玄价 | 西门季玄 | |
| 咸通七年 | 杨玄价 | 西门季玄 | |
| 咸通八年 | 杨玄价 | 西门季玄 | |
| 咸通九年 | 杨玄价 | 西门季玄 | |
| 咸通十年 | ? | 西门季玄 | |
| 咸通十一年 | 刘行深 | 西门季玄 | |
| 咸通十二年 | 刘行深 | 韩文约 | |
| 咸通十三年 | 刘行深 | 韩文约 | |
| 咸通十四年 | 刘行深 | 韩文约 | |
| 乾符元年 | 刘行深 | 韩文约 | |
| 乾符二年 | 刘行深 | 田令孜 | |
| 乾符三年 | 刘行深 | 田令孜 | |
| 乾符四年三月 | 田令孜 | 杨玄寔 | 9 |
| 乾符五年 | 田令孜 | 西门匡范 | |
| 乾符六年 | 田令孜 | 西门匡范 | |
| 广明元年 | 田令孜 | 西门匡范 | 10 |
| 中和元年七月 | 田令孜 | 西门思恭 | |
| 中和二年 | 田令孜 | 西门思恭 | |
| 中和三年四月 | 田令孜 | 西门思恭（该年去世） | 11 |
| 中和四年 | 田令孜 | ? | |

· 85 ·

续表

| 时间 | 左神策军中尉 | 右神策军中尉 | 备注 |
|---|---|---|---|
| 光启元年 | 田令孜 | ? | |
| 光启二年二月 | 严遵美暂代 | ? | 12 |
| 光启二年二月 | 杨复恭 | ? | |
| 光启三年 | 杨复恭 | ? | |
| 文德元年三月 | 杨复恭 | 刘季述 | |
| 龙纪元年 | 杨复恭 | 刘季述 | |
| 大顺元年 | 杨复恭 | 刘季述 | |
| 大顺二年九月 | 刘景宣 | 西门重（君）遂 | |
| 景福元年 | 刘景宣 | 西门重（君）遂 | |
| 景福二年九月 | 刘景宣 | 骆全瓘 | |
| 乾宁元年 | 刘景宣 | 骆全瓘 | |
| 乾宁二年 | 刘景宣 | 骆全瓘 | |
| 乾宁三年 | 刘景宣 | 骆全瓘 | |
| 乾宁四年 | 刘景宣 | 骆全瓘 | |
| 光化元年 | 景务修 | 宋道弼 | |
| 光化二年 | 景务修 | 宋道弼 | |
| 光化三年六月 | 刘季述 | 王仲先 | |
| 天复元年正月 | 韩全诲 | 张彦弘 | |
| 天复二年 | 韩全诲 | 张彦弘 | |
| 天复三年正月 | 第五可范 | 仇承坦 | 13 |

注："?"表示无法确定该年谁是中尉。

备注内容如下：

1. 《旧唐书》卷一三《德宗纪下》："贞元十七年六月戊戌，以中官杨志廉为右神策护军中尉。"① 按，此处"右"当为"左"。《资治通鉴》卷二三六，德宗贞元十七年（801）九月条："左神策中尉

---

① 《旧唐书》卷13《德宗纪下》，中华书局1975年标点本，第394页。

## 第二章 神策军的兵源及组织体系

窦文场致仕，以副使杨志廉代之。"①

2.《旧唐书》卷一四《宪宗纪上》："元和五年九月戊戌朔。辛亥，以吐突承璀复为左军中尉。谏官以承璀建谋讨伐无功，请行朝典。上宥之，降承璀为军器使。乃以内官程文干为左军中尉。"②《册府元龟》卷六六七《内臣部·将兵》："程文干为内侍省监、知省事。元和五年，迁右监门卫将军，知内侍省事，充右神策护军中尉，兼左街功德使。"③

3.《全唐文》卷六四四《内侍护军中尉彭献忠神道碑》载："（元和六年）十月，充左神策军护军中郎将兼左街功德使。十二年春，以勤瘁遘疾，上章请告。二月乙巳，薨于翊善里之私第，享年五十二。"④可见，彭献忠从元和六年（811）十月至元和十二年（817）二月一直担任左中尉。《册府元龟》卷六六七《内臣部·将兵》："彭献忠为右武卫将军，知内侍省事。元和七年，充左神策护军中尉，兼右街功德使。"⑤所载的元和七年彭献忠升任左中尉当有误。另外，《资治通鉴》卷二三九，宪宗元和九年（814）二月甲辰条下记载的是，吐突承璀自淮南入京师，宪宗任命其为弓箭库使兼左神策中尉。⑥显然，根据《彭献忠神道碑》的内容可知，《资治通鉴》此处记载亦有误。笔者认为，承璀虽是宪宗最为亲信的宦官，但他刚回京就代替彭献忠为左中尉是不合适的。献忠亦是拥戴宪宗的功臣，调离他可能会引发朝廷不平之议，为了安抚人心，承璀回京后，作为过渡，应该是担任右中尉。由于承璀出为淮南监军之前，又多年为左军中尉。通过这样的安排，宪宗可以将自己的意志灌输到左右军之中，从而加强

---

① 《资治通鉴》卷236，唐德宗贞元十七年九月条，中华书局2011年标点本，第7720页。
② 《旧唐书》卷14《宪宗纪上》，中华书局1975年标点本，第432页。
③ 《册府元龟》卷667《内臣部·将兵》，凤凰出版社2006年标点本，第7687页。
④ 《全唐文》卷644《内侍护军中尉彭献忠神道碑》，中华书局1983年标点本，第6523页。
⑤ 《册府元龟》卷667《内臣部·将兵》，凤凰出版社2006年标点本，第7687页。
⑥ 《资治通鉴》卷239，唐宪宗元和九年二月条，中华书局2011年标点本，第7825页。

对左右军的控制。元和十二年（817），献忠去世后，宪宗才名正言顺地任命承璀为左中尉来统领神策军中实力更强的左军。

4. 元和十一年（816），李德裕被河东节度使张弘靖辟为掌书记，他借给太原监军李国澄钱十万贯，国澄赴京而得中尉。① 左军中尉彭献忠于元和十二年（817）二月去世后，发生了中尉更替，吐突承璀由右中尉转任左中尉，国澄此时可能通过重赂中贵人获得了右中尉之位。笔者推断，他担任右中尉的时间可能并不长，仅有两个月时间，在元和十二年（817）四月，就被第五守进替代。②

5. 有学者认为，大中元年（847）至大中五年的中尉是杨钦义和吐突士晔③，会昌三年（843）至会昌六年（846）的左中尉是马元贽④。这两种观点均值得商榷。《入唐求法巡礼行记校注》卷四："会昌三年六月三日，敕除新中尉：以内长官特进杨钦义，任左神策护军中尉左卫功德使。当日便上任。"⑤《册府元龟》卷六六七《内臣部·将兵》："杨钦义，宣宗大中三年为神策中尉。"⑥ 笔者认为，日本游方僧圆仁在武宗会昌朝时居住在长安，时人记时事，当更为准确可信。另外，还有两条旁证材料可以证明仇士良之后的左中尉为杨钦义。其一，《宋高僧传》卷一一一《习禅篇第三之四·唐杭州盐官海昌院齐安传》载："武宗崩，左神策军中尉杨公讽宰臣百官。迎而立之。"⑦ 此处杨公当指杨钦义。其二，大中四年（850）四月，马植因服马元贽所遗之宝带而被罢宰相，其时，马元贽仍处于左军中尉的高位之上。⑧ 因此，杨钦义不可能在大中三年为左军中尉。在正史及

---

① 《册府元龟》卷669《内臣部·食货》，凤凰出版社2006年标点本，第7711页。
② 《册府元龟》卷14《帝王部·都邑第二》，凤凰出版社2006年标点本，第149页。
③ 黄楼：《中晚唐宦官政治研究》，博士学位论文，武汉大学，2009年，第61页。
④ 黄楼：《中晚唐宦官政治研究》，博士学位论文，武汉大学，2009年，第305页。
⑤ ［日］圆仁：《入唐求法巡礼行记校注》卷4，白化文等修订校注，花山文艺出版社2007年版，第415页。
⑥ 《册府元龟》卷667《内臣部·将兵》，凤凰出版社2006年标点本，第7689页。
⑦ （宋）赞宁：《宋高僧传》卷11《习禅篇第三之四·唐杭州盐官海昌院齐安传》，中华书局1987年标点本，第262页。
⑧ 《资治通鉴》卷249，唐宣宗大中四年四月条，中华书局2011年标点本，第8164页。

第二章　神策军的兵源及组织体系

《资治通鉴》中均有记载，宣宗是被左军中尉马元贽援立。这又与《宋高僧传》中杨公（钦义）暗示百官立宣宗的记载相矛盾。笔者在此提出一种猜测：会昌六年（846）三月，武宗崩后，在议立皇帝之时，左中尉杨钦义凭借掌控的左军控制了局面，得到宦官集团及朝臣中的大部分人支持，但不久之后，杨钦义去世，继任的左中尉马元贽在迎立护卫光王即位的具体过程中起了至关重要的作用。

6. 如前所述，马元贽在大中四年（850）时还担任左中尉。杜牧大中五年秋（851）转迁为考功郎中（从五品上）、知制诰，大中六年（852），迁中书舍人，并于该年去世。① 也就是说，他所撰制、诰的时间当在大中五年秋至大中六年。杜牧拟有《王元宥除右神策军护军中尉制》② 与《宋叔康妻房氏封河东郡夫人制》③。由此推知，在大中五年秋到大中六年，左中尉是宋叔康，右中尉是王元宥的可能性非常大。

7. 《资治通鉴》卷二四九，宣宗大中十三年（859）八月条："上（宣宗）密以夔王属枢密使王归长、马公儒、宣徽南院使王居方，使立之。三人及右军中尉王茂玄，皆上平日所厚也。独左军中尉王宗实素不同心，三人相与谋，出宗实为淮南监军。"④ 而王归长、马公儒在大中八年（854）九月已经为枢密使。⑤ 可见，王宗实、王茂玄可能也是在这一时期分任左右中尉。

8. 据《旧唐书》卷一七七《杨收传》："（咸通四年）懿宗朝，左军中尉杨玄价以收宗姓，深左右之，乃加银青光禄大夫、中书侍郎、同平章事。"⑥ 可知，早在咸通四年（863）杨玄价已经是左中尉

---

① 请参看缪钺《杜牧年谱》，河北教育出版社1999年版，第95—115页。
② （唐）杜牧：《樊川文集》卷20《王元宥除右神策军护军中尉制》，上海古籍出版社1978年标点本，第301—302页。
③ （唐）杜牧：《樊川文集》卷20《宋叔康妻房氏封河东郡夫人制》，上海古籍出版社1978年标点本，第303页。
④ 《资治通鉴》卷249，唐宣宗大中十三年八月条，中华书局2011年标点本，第8197—8198页。
⑤ 《资治通鉴》卷249，唐宣宗大中八年十一月条，中华书局2011年标点本，第8184页。
⑥ 《旧唐书》卷177《杨收传》，中华书局1975年标点本，第4599页。

· 89 ·

了。又据《新唐书》卷一八四《杨收传》云:"(咸通七年十月,)中尉杨玄价得君,而收与之厚,收之相,玄价实左右之;乃招四方赇饷数千诱收,不能从,玄价以负己,大恚,阴加毁短。"① 可见,咸通七年时,杨玄价仍然为左中尉。《旧唐书》卷一九上《懿宗纪》:"(咸通十年)四月,康承训奏大败柳子寨贼,诏监军杨玄价与康承训商量,拔汴河水以灌宿州。"② 康承训统领十八将讨庞勋于徐州的时间是咸通十年(869)正月。也就是说,在咸通十年正月,杨玄价已不再为左中尉。

咸通年间,懿宗宠幸优人李可及,右军中尉西门季玄与宰相曹确屡论之。③ 曹确在咸通四年(863)到咸通十一年(870)之间担任宰相。由此可以推知,西门季玄当在这一时间段内的某个时期担任右军中尉。又,《北梦琐言》卷三"吴行鲁温溲器"条载:"吴行鲁,少年事内官西门军容,小心畏慎,每夜常温溺器以奉之,深得中尉之意。或一日为洗足,中尉以脚下文理示之曰:'如此文理,争不教不作十军容使?'行鲁拜曰:'此亦无凭,某亦有之,何为常执厮仆之役?'乃脱履呈之。中尉嗟叹,谓曰:'汝但忠孝,我终为汝成之。'尔后假以军职,除彭州刺史,卢耽相公表为西川行军司马。御蛮有功,历东西川、山南三镇节旄。"④ 文中所叙之西门军容指西门季玄。吴行鲁得到他的赏识而被补为神策军职,转为彭州刺史、西川节度行军司马的时间是咸通十一年,迁转为西川节度使是在咸通当年十月。可见,在咸通十一年,西门季玄仍然为右中尉。

9. 乾符四年(877)三月,左军中尉刘行深致仕,田令孜由右军中尉调任实力更强的左军任中尉。《册府元龟》卷六六七《内臣部·将兵》:"杨玄寔,僖宗乾符中,为左神策军中尉。"⑤ 此处"左"为

---

① 《新唐书》卷184《杨收传》,中华书局1975年标点本,第5395页。
② 《旧唐书》卷19上《懿宗纪》,中华书局1975年标点本,第667页。
③ 《旧唐书》卷177《曹确传》,中华书局1975年标点本,第4607—4608页。
④ (宋)孙光宪:《北梦琐言》卷3《吴行鲁温溲器》,上海古籍出版社1981年标点本,第17页。
⑤ 《册府元龟》卷667《内臣部·将兵》,凤凰出版社2006年标点本,第7689页。

## 第二章 神策军的兵源及组织体系

"右"之讹。《新唐书》卷一八七《王重荣传》载，僖宗乾符年间，有右军中尉杨玄实①（又作"寔"）。可见，僖宗乾符年间的确存在右中尉杨玄寔。笔者以为，杨玄实为右军中尉的时间极有可能是在乾符四年三月田令孜调任左军中尉之后。其原因是，其时，杨氏家族在朝中地位很高，"甲门华胄，鼎族令名"。杨复恭为枢密使，杨复光在外担任监军，权势及影响力都很大。田令孜刚刚升任左中尉，门第威望不高，担心杨氏家族有异议，为平息物议，暂时以代为勋阀的杨玄寔统右军。但他始终对杨氏家族颇为疑忌，待其在左军的地位稳固，并成为宦官集团实际上的老大之后，凭借与天子的特殊关系，将杨玄实排挤出右军，而以西门匡范为右军中尉。

10. 广明元年（880）十二月，僖宗幸蜀之时，右中尉西门匡范统右军殿后。②但《册府元龟》卷六六七《内臣部·将兵》："王彦甫，广明中，与田令孜为左右观军容使，率禁军从幸兴元。"③唐后期，中尉带军容使之衔已成惯例，军容使若不为中尉，即为荣誉职衔，此处王彦甫率禁军从幸，可见其有掌兵权。按《册府元龟》的说法，僖宗幸蜀之际，右中尉为王彦甫。殊不可解。

11. 中和元年（881）七月，僖宗至成都之后，田令孜为固权宠，将僖宗出幸时殿后有功的右军中尉西门匡范排挤出右军，任命年老易制且恭顺的西门思恭为右军中尉。中和四年（884）九月，乐朋龟作《西川青羊宫碑铭》④，叙述随僖宗幸蜀且在诸道大军收复京师时在世的功臣的事迹中，没有提到中尉西门思恭。可见，西门思恭已在收复京师即中和三年（883）四月以前病故，并没有亲见到收复京师之行动。

12. 光启二年（886）二月，田令孜自知不为天下所容，自除为西川监军，以枢密使杨复恭为左中尉。⑤而《资治通鉴》则将此事置

---

① 《新唐书》卷187《王重荣传》，中华书局1975年标点本，第5435页。
② 《新唐书》卷115下《逆臣下·黄巢传》，中华书局1975年标点本，第6458页。
③ 《册府元龟》卷667《内臣部·将兵》，凤凰出版社2006年标点本，第7689页。
④ 《全唐文》卷814《西川青羊宫碑铭》，中华书局1983年标点本，第8573—8574页。
⑤ 《旧唐书》卷19下《僖宗纪》，中华书局1975年标点本，第723页。

于僖宗光启二年（886）四月条下。① 笔者根据零星史料发现，在光启二年二月至四月之间，严遵美曾短暂担任过左中尉。由于严遵美任中尉时间过短，《资治通鉴》或许将此事遗漏了。《新唐书》卷二二〇《宦者上》："严遵美任左军容使，叹道：'北司供奉官以胯衫给事，今执笏，过矣。枢密使无听事，唯三楹舍藏书而已，今堂状帖黄决事，此杨复恭夺宰相权之失也。'"由史料可知，在严遵美为左中尉时，杨复恭仍然为枢密使。可见，在田令孜交出左中尉之权之后，严遵美以迎驾之功担任了左中尉。由于当时河中、河东是抗击朱玫、李昌符的主力，而杨氏家族与河东李克用、河中王重荣关系颇好，为了唐廷大计，严遵美迫于局势，可能在左中尉的任上仅仅两个月左右，就将左中尉让给了杨氏家族的代表人物枢密使杨复恭。自此，十军大权归于杨复恭。"时行在制置，内外经略，皆出于复恭。"② 名为左军中尉，实际上是掌管全部神策军，我们从"左右神策十军观军容使、左金吾卫上将军、左右街功德使、上柱国、弘农郡开国公杨复恭进封魏国公"的职衔即可看出。③

13. 文德元年（888）三月，右中尉是刘季述。④ 大顺二年（891）九月，杨复恭致仕，被解除军职，与之同党的刘季述亦被解除中尉之职任。其后，昭宗任命刘景宣、西门重（君）遂分别担任为左右军中尉。⑤ 景福二年（893）九月，禁军讨李茂贞失败，昭宗斩右中尉西门重遂。朝廷又以内侍骆全瓘为右中尉。《册府元龟》卷六六七《内臣部·将兵》："骆全瓘，景福二年，代西门重遂为神策右军中尉。"昭宗在华州期间，宦官暂衰。光化元年（898），内官景务修、宋道弼分为左右军中尉。光化三年（900）六月，二人被赐死，以枢密使刘季述、

---

① 《资治通鉴》卷256，唐僖宗光启二年四月条，中华书局2011年标点本，第8456页。
② 《旧唐书》卷184《宦官传·杨复恭传》，中华书局1975年标点本，第4774页。
③ 《旧唐书》卷19下《僖宗纪》，中华书局1975年标点本，第729页。
④ 《资治通鉴》卷257，唐僖宗文德元年三月条，中华书局2011年标点本，第8497页。
⑤ 《旧唐书》卷20上《昭宗纪》，中华书局1975年标点本，第747页。

王仲先为左右军中尉。① 天复元年（901）正月，刘季述、王仲先为神策军将孙德昭、周承诲、董彦弼所杀，昭宗以枢密使韩全诲、凤翔监军张彦弘为左、右中尉。天复三年（903）正月，昭宗杀韩全诲、张彦弘，以御食使第五可范为左军中尉，宣徽南院使仇承坦为右军中尉。其年正月颁发"辛未制"，左中尉第五可范、右中尉仇承坦以下宦官七百人被赐死。神策中尉制度被彻底废除。

据不完全统计，在表2-1所列的五十余名左右神策中尉中，死于权力纷争而不得善终的神策中尉人数超过十五人。正如孙甫曰："文场、仙鸣辈权任既盛，内臣亦嫉之。自明皇以后，内臣以罪诛死与贬者不可胜纪。内臣取恩既盛，鲜有不罹祸者。"②

### 三　神策中尉的迁转途径及特点

本部分笔者拟以杨志廉、孙荣义、梁守谦、仇士良四名神策中尉的墓志为中心进行探讨。墓志中记载的四名神策中尉的历官与表现。③

1. 杨志廉④

代宗即位之初，为文林郎、掖庭局监作，改内谒者。广德元年（763），代宗幸陕，有扈从功，回京后，转为奚官令充内养。大历中，慰谕河北藩镇有功，迁内侍伯。建中四年（783），泾原兵变，随同德宗仓皇幸奉天，因功在兴元初迁为内给事，进阶为朝散大夫。贞元初，吐蕃岁入寇，德宗以之为灵台监军，捍冲要。贞元四年（788），又加中散大夫。贞元十二年（796），进中大夫。出为郑滑监军。贞元十六年（800），回京为内常侍，不久拜为左军中尉兼左街功德使、左监卫大将军知省事。贞元二十年（804），德宗皇帝别君百灵，太上皇时居疾于震，公与二三元臣翊戴嗣位，是有特进国公之拜。

---

① 《册府元龟》卷667《内臣部·将兵》，凤凰出版社2006年标点本，第7689页。
② （宋）孙甫：《唐史论断》卷下《制内臣》，《丛书集成新编》第114册，台北新文丰出版公司1986年影印本，第683页。
③ 历官信息的摘录原则：从起家官到升任神策中尉为止，担任神策中尉以后的履历从简从略。
④ 《杨志廉墓志铭》，《全唐文补遗》（第2辑），三秦出版社1995年版，第35—36页。

2. 孙荣义①

起家掖庭局监，大历中奉使交广，有梁氏寻氏聚为寇攘。公与守臣决策，南服以清，监庆州行营兵马。转掖庭局丞、宫闱局令，再为内谒者局，叙品至朝议大夫，又加中散大夫。贞元十七年（801），充右神策军护军中尉判官，迁内常侍充副使。兼右街功德副使。贞元十九年（803），拜右骁卫将军充右神策军护军中尉、右街功德使。贞元二十年（804），知内侍省事，岁中加特进右武卫大将军。德宗弃天下，顺宗谅暗，整训爪牙，勤宣翼戴。进骠骑大将军。今皇帝践阼，以年疾加侵，固辞戎政，重违诚恳，恩礼旧劳，拜开府仪同三司。

3. 梁守谦②

贞元末，解褐授征事郎内府局令充学士院使。元和初，进阶宣义郎，迁掖庭局令依前院使。元和四年（809），加朝议大夫拜内常侍，总枢密之任。元和十一年（816），授忠武将军知省事，其年冬，为淮西行营都监，进阶加云麾将军。元和十二年（817），平吴元济后，仍为枢密使兼右监门卫将军。元和十三年（818），加冠军大将军，迁右监门卫大将军，右神策护军中尉，兼右街功德使。拥立穆宗有功。元和十五年（820）迁骠骑大将军兼右武卫上将军，十月，西戎犯边，诏下左右神策兼京西诸道兵马讨焉，拜公为监统。长庆四年（824），拜开府仪同三司兼右卫上将军。宝历二年（826）十二月，与诸中贵人定策诛刘克明党，拥立文宗。大和元年（827）三月，以右卫上将军致仕，特加全禄，赐钱帛粟麦。

4. 仇士良③

宪宗即位后，为宣徽供奉官，元和元年（806）闰六月，超升为朝散大夫内侍省内给事，宣徽供奉官如故。其年冬十月，又迁为内常

---

① （唐）权德舆：《权德舆诗文集》卷18《孙荣义神道碑铭》，上海古籍出版社2008年标点本，第284—286页。
② 周绍良主编，赵超副主编：《唐代墓志汇编》大和012《梁守谦墓志铭》，上海古籍出版社1992年版，第2103—2104页。
③ 《全唐文》卷790《内侍省监楚国公仇士良神道碑》，中华书局1983年标点本，第8271—8273页。

## 第二章 神策军的兵源及组织体系

侍，余如故。元和三年（808）以本官充内外五坊使。元和十年（815）加大中大夫内侍省内常侍，寻以本官充平卢军监军使。元和十一年（816），又转为内侍依前宣徽供奉官。元和十五年（820），迁云麾将军、右监门卫将军，充内外五坊使。其年冬，复加冠军大将军。长庆初罢五坊使，宣徽供奉官皆如故。长庆二年（822），除凤翔监军使。宝历二年（826）为宣徽供奉官，寻除鄂岳监军使。大和元年（827），入为宣徽供奉官，转内坊典内侍省，俄拜右神策军副使。大和二年（828）擢为右领军卫将军内外五坊使。大和六年（832）真拜内侍知省事，余如故。大和七年（833），转大盈库，领染坊，依前知省事。大和八年（834），以赏能陟于飞龙使，本官并仍旧。大和九年（835）五月拜左神策军中尉兼左街功德使，将军知省事如故。转左骁卫将军，余如故。既而郑注挺妖，李训附会，列奏伪瑞，固邀銮舆，图害腹心，渐逞奸毒。公先机立断，禁旅遽齐，坐遏凶渠，保护帝辇。于庙堂议功，公在第一。优诏加特进本卫上将军，中尉知省事如故。寻迁骠骑大将军。开成五年（840），加开府仪同三司左卫上将军。会昌元年（841）擢为观军容使，兼统左右三军。会昌三年（843）夏，除内侍监，将军知省事如故。

为了能更加方便地探讨神策中尉的迁转途径及特点，现根据上面所摘录的四名神策中尉的历官及升迁过程的信息，制成表格如下，见表2-2—表2-5。

表2-2　　　　　　　　**杨志廉的仕途履历**

| 时间 | 散阶 | 职事官 | 使职 |
| --- | --- | --- | --- |
|  | 文林郎<br>（从九品上） | 掖庭局监作<br>（从九品下） |  |
| 代宗即位 |  | 内谒者<br>（从八品下） |  |
| 广德年间（763—764） |  | 奚官令<br>（正八品下） |  |

续表

| 时间 | 散阶 | 职事官 | 使职 |
|---|---|---|---|
| 兴元初（784） | 朝散大夫<br>（从五品下） | 内给事<br>（从五品下） | 灵台监军 |
| 贞元四年（788） | 中散大夫<br>（正五品上） | | |
| 贞元十二年（796） | 中大夫<br>（从四品下） | | 郑滑监军 |
| 贞元十六年（800） | | 内常侍<br>（正五品下） | |
| 贞元十七年（801） | | 左监门卫大将军<br>（正三品） | 神策副使<br>左军中尉 |
| 贞元二十年（804） | 特进<br>（正二品） | 左监门卫大将军<br>（正三品） | 左军中尉 |

表2-3　　　　　　　　　　孙荣义的仕途履历

| 时间 | 散阶 | 职事官 | 使职 |
|---|---|---|---|
| 至德中（756—758） | | 掖庭局监<br>（从九品下） | |
| | | 掖庭局丞<br>（从八品下） | |
| | | 宫闱局令<br>（从七品下） | |
| | | 内谒者局<br>（正七品下） | |
| | 朝议大夫<br>（正五品下） | | |
| | 中散大夫<br>（正五品上） | | |
| 贞元十七年（801） | | | 右神策军中尉判官 |

## 第二章 神策军的兵源及组织体系

续表

| 时间 | 散阶 | 职事官 | 使职 |
|---|---|---|---|
| 贞元十七年（801） |  | 内常侍（正五品下） | 右神策军中尉副使 |
| 贞元十九年（803） |  | 右骁卫将军（从三品） | 右神策军中尉 |
| 贞元二十年（804） | 特进（正二品） | 右武卫大将军（正三品） | 右神策军中尉 |

表2-4　　　　　　　　梁守谦的仕途履历

| 时间 | 散阶 | 职事官 | 使职 |
|---|---|---|---|
| 贞元末 | 征事郎（正八品下） | 内府局令（正八品下） | 学士院使 |
| 元和初 | 宣义郎（从七品下） | 掖庭局令（从七品下） | 学士院使 |
| 元和四年（809） | 朝议大夫（正五品下） | 内常侍（正五品下） | 总枢密之任 |
| 元和十一年（816） | 忠武将军（正四品上） |  |  |
| 元和十一年冬 | 云麾将军（从三品） |  | 淮西行营都监 |
| 元和十三年（818） | 冠军大将军（正三品） | 右监门卫大将军（正三品） | 右神策护军中尉 |
| 元和十五年（820） | 骠骑大将军（从一品） | 右武卫上将军（从二品） |  |

表2-5　　　　　　　　仇士良的仕途履历

| 时间 | 散阶 | 职事官 | 使职 |
|---|---|---|---|
| 元和元年闰六月（806） | 朝散大夫（从五品下） | 内给事（从五品下） | 宣徽供奉官 |

· 97 ·

续表

| 时间 | 散阶 | 职事官 | 使职 |
| --- | --- | --- | --- |
| 元和元年十月 | | 内常侍（正五品下） | |
| 元和三年（808） | | | 内外五坊使 |
| 元和十年（815） | 大中大夫（从四品上） | 内常侍（正五品下） | 平卢军监军使 |
| 元和十一年（816） | | 内侍（从四品上） | 宣徽供奉官 |
| 元和十五年（820） | 云麾将军（从三品） | 右监门卫将军（从三品） | 内外五坊使 |
| 元和十五年冬 | 冠军大将军（正三品） | | |
| 长庆元年（821） | | | 宣徽供奉官 |
| 长庆二年（822） | | | 凤翔监军使 |
| 宝历二年（826） | | | 宣徽供奉官 寻除鄂岳监军使 |
| 大和元年（827） | | 内坊典内侍省（从五品下） | 入为宣徽供奉官 |
| 大和元年（827） | | | 右神策军副使 |
| 大和二年（828） | | 右领军卫将军（从三品） | 内外五坊使 |
| 大和六年（832） | | 内侍（从四品上） | 内外五坊使 |
| 大和七年（833） | | | 大盈库，领染坊 |
| 大和八年（834） | | | 飞龙使 |
| 大和九年（835） | 冠军大将军（正三品） | 左领军卫将军（从三品）转左骁卫将军（从三品） | 左神策军中尉 |
| 大和九年十二月 | 骠骑大将军（从一品） | 左骁卫上将军（从二品） | 左神策军中尉 |

第二章　神策军的兵源及组织体系

续表

| 时间 | 散阶 | 职事官 | 使职 |
| --- | --- | --- | --- |
| 开成五年（840） | 开府仪同三司（从一品） | 左卫上将军（从二品） | |
| 会昌元年（841） | | | 观军容使，兼统左右三军 |
| 会昌三年（843） | | 内侍监（从三品）左卫上将军（从二品） | |

通过上面四名神策中尉的仕途履历表及其他一些史料，我们可以发现宦官迁任神策中尉过程中的一般规律。

其一，他们升任神策中尉之前，都有外任监军的经历。可以说，担任监军是迁转为神策中尉的必经之路。其他神策中尉的历官经历亦可以印证这一点。贞元年间，薛盈珍为义成节度使监军，贞元十七年（801），朔方节度使杨朝晟卒，他又以高品的身份赍诏充使宣慰察看军情。杨复恭屡为监军，庞勋之乱时，为监阵有功。[①]

其二，担任弓箭库使、飞龙使、神策副使、枢密使等有实权的使职更易迁转为神策中尉。上述四名神策中尉中，在升任神策中尉之前，杨志廉、孙荣义担任过神策副使；梁守谦担任过枢密使；仇士良担任过神策副使、飞龙使。从其他中尉的历官履历中亦可以得到印证。魏弘简，穆宗时为枢密使，后因裴度上疏言其与元稹朋比为奸，长庆元年（821），被贬为弓箭库使，该使职为控制兵器出纳之所，地位极为重要，到宝历二年（826），他由弓箭库使超升为左神策军护军中尉。王元宥深得宣宗的信任，大中年间由内枢密使迁为右军中尉。[②] 枢密使杨玄翼之养子杨复恭，乾符二年（875）为枢密使，中和三年（883）六月，被田令孜摈斥，降为飞龙使。光启二年（886）

---

[①] 《旧唐书》卷184《宦官传·杨复恭传》，中华书局1975年标点本，第4774页。

[②] （唐）杜牧：《樊川文集》卷20《王元宥除右神策军护军中尉制》，上海古籍出版社1978年标点本，第301—302页。

正月，田令孜讨伐河中王重荣失败，朝廷复以杨复恭为枢密使，其年三月，杨复恭代令孜为左军中尉观军容使，集十军大权于一身。"时行在制置，内外经略，皆出于复恭。"①

其三，从上述四名神策中尉的墓志可以看出，神策中尉历官过程中的职事官、散阶、使职的变化与其他朝官的迁转具有很高的相似度。在宦官墓志书写中，宦官的入仕等同于朝官的释褐，通常采用"初入仕""筮仕"②等书写模式。五品和三品是宦官、朝官迁转过程中的两个标志性等级。散阶表现了官员的优宠地位，以年资论，随着年龄的增长而升高，它并不会因为贬官而下降。要注意的是，在散阶晋升的过程中，相应的职事官品级低于或等于散阶的品级。在散阶晋升序列中，九品至五品晋升较慢，到五品之后，升迁速度明显加快，当文散阶达到四品之后，宦官中尉的阶官无一例外地转为三品的武散阶云麾将军。虽然内侍省中最高品级的职事官内侍监是从三品，与云麾将军相匹配，但是它的名额只有两人，而且内侍监自德宗贞元年间以来不再轻易授人。因此，为了使阶官与职官的级别相匹配，朝廷就以朝官序列中相应等级的职事官授予宦官。换言之，当宦官的散阶达到云麾将军后，如果此时宦官职事官达到了内侍监的副手内侍的级别，其职事官的迁转方式则由宦官系统中的四品转为朝官系统中的三品将军，例如监门卫将军、领军卫将军等，从而与三品的武散阶相匹配。这种模式在神策中尉的历官中很多。如元和十三年（818），左神策军副使马存亮的武散阶是从三品的云麾将军，职事官是从三品的左监门卫将军。③ 这里就有一个问题了，既然内侍省没有更高级别的职事官，那宦官的职事官迁转为何不转向朝官序列中的文官系统呢？笔者以为，其主要原因是宦官任武职已成为一种常态。从玄宗开始，位高权重的大权阉诸如杨思勖、高力士、李辅国、鱼朝恩等人已经被

---

① 《旧唐书》卷 184《宦官传·杨复恭传》，中华书局 1975 年标点本，第 4774 页。
② 周绍良、赵超主编：《唐代墓志汇编续集》大中 063《阎知诚墓志铭》，上海古籍出版社 2001 年版，第 1015 页。
③ 李德裕：《李卫公会昌一品集》别集卷 6《唐故开府仪同三司行右领军卫上将军致仕上柱国扶风马公神道碑铭并序》，《丛书集成初编》，商务印书馆 1936 年版，第 219 页。

第二章 神策军的兵源及组织体系

授予监门卫大将军等武职事官了。宦官升任神策中尉时的职事官一般是大将军且带有知内侍省的衔，即是说，左右神策中尉不仅管辖着神策禁军，而且能管辖内侍省中所有的宦官。因此，即使辟仗使在元和十三年（818）获得六军军权后，仍然唯神策中尉马首是瞻，神策中尉亦能调动辟仗使控制的六军。如黄巢陷东都，僖宗出奔长安，至咸阳，有军士十余骑对田令孜不满，"令孜叱之，以羽林骑驰斩"[1]。其后，神策中尉因累积功劳和资历而进阶加官，其散阶相继转为武散阶骠骑大将军（从一品）、文散阶开府仪同三司（从一品），其职事官则相应转迁为南衙十六卫上将军（从二品），最终达到散阶与武职的最高品级。神策中尉的仕途履历中，使职的重要性远远超过了职事官，这符合唐代政治生态的一般特点，恰好反映了唐后期整个官僚系统中职事官散阶化的特点，即随着使职在唐晚期及唐末的大量涌现，原来职事官的执掌和作用都有所降低，逐渐散阶化，使职反而成为拥有实权的官位，在相当程度上成为真正意义上的"职事官"。因此，从某种意义上来说，神策中尉的历官过程可以说是唐代官僚系统迁转序列中的有机组成部分。

## 第三节　神策军的组织体系

### 一　黄巢之变前神策军的组织体系

（一）京师左右神策军的组织体系

代宗时期及德宗建中年间，神策军最高统帅为神策军使，其下设有都虞侯与兵马使分管神策军事务，相当于军使的左膀右臂。都虞侯与兵马使所带职事官品级较高。如神策都虞侯刘希暹所带职事官为太仆卿，正三品。在神策军将领体系中，都将和都尉可以互称。如泾原兵马使李晟入居宿卫隶于神策军。《旧唐书》本传载，李晟为右神策都将[2]；《册

---

[1] 《新唐书》卷208《宦者下·田令孜传》，中华书局1975年标点本，第5885页。
[2] 《旧唐书》卷133《李晟传》，中华书局1975年标点本，第3662页。

府元龟》卷四四〇《将帅部·忌害》则载为右神策都尉。①

贞元二年（786）九月，德宗下敕改神策左右厢为左右军。自此，神策军逐渐形成了类似于北门六军的组织体系。其时，神策大将军的品级为正三品，左右神策将军各两员。贞元三年（786）五月以后，左右神策将军又各增两员。贞元十二年（796）六月，德宗创建神策中尉制，宦官在名义上和职权上成为神策军的最高统帅。至贞元十四年（798）八月，德宗以左右神策"特为亲近，宜署统军，以崇禁卫"，其品秩俸禄料钱同六军统军之例。② 神策统军主要是用来安置勋臣、功臣的闲散之职，无实权，但是统军有时要参与宿卫。神策中尉制的建立与神策统军的设置，标志着在京神策军的体系完成了"六军化"。

神策中尉制度下的左右神策军的指挥体系与北门六军几乎一致，而北门六军指挥体系又根源于南衙诸卫体系。③ 因此，从某种程度上来说，神策军的组织体系与南衙诸卫的组织体系有一定渊源。具体而言，唐初实行府兵制，南衙诸卫是最完整的卫军体系，此时，北门诸屯营并没有常驻的办公机构，屯卫将军常由南衙诸卫将军兼任，南衙将军相当于在北门做兼职。如贞观年间，姜行本以右屯卫将军，主管飞骑④；李君羡以左武卫将军在玄武门⑤；薛仁贵任右领军郎将在北门长上⑥。甚至在北门羽林军建立之初，羽林军将军仍是由南衙诸卫将军兼领。如左卫大将军张延师典羽林屯兵前后三十余年⑦。直到武后天授二年（691），以武攸宁为羽林大将军，羽林军才有独立的指挥体系，南衙诸卫将军回归本职，不再检校羽林将军。从这个意义上说，羽林军无疑借鉴了南衙十二卫的建置模式。但是，羽林将军的俸

---

① 《册府元龟》卷440《将帅部·忌害》，凤凰出版社2006年标点本，第4968页。
② 《旧唐书》卷13《德宗纪下》，中华书局1975年标点本，第388页。
③ 关于南衙诸卫与北门六军的组织体系，可详阅《新唐书》卷49上《百官四上》，中华书局1975年标点本，第1279—1291页。
④ 《旧唐书》卷59《姜行本传》，中华书局1975年标点本，第2333页。
⑤ 《旧唐书》卷69《李君羡传》，中华书局1975年标点本，第2524页。
⑥ 《旧唐书》卷83《薛仁贵传》，中华书局1975年标点本，第2780页。
⑦ 《旧唐书》卷83《张俭附张延师传》，中华书局1975年标点本，第2776页。

第二章 神策军的兵源及组织体系

禄低于南衙诸卫将军。玄宗开元二十六年（738），用部分羽林军及左右万骑组成左右龙武军，翌年，又置龙武军官员。至德二载（757），肃宗又成立左右神武军，自此北门六军组建完毕。乾元元年（758）十月，肃宗下敕，令北门六军官员的级别、地位与金吾四卫相同。从这里亦可以看出，北门六军的官员体系和南衙诸卫体系类似。贞元年间，德宗为了加强对京师神策军的控制，又借鉴北门六军的建置模式，重建了一支组织体系更加严密的神策禁军。鉴于神策军的重要性，德宗特设神策中尉来领导这支军队，同时在神策军中增置了一套庞大的使职系统来提高军队内部的运转效率。

贞元以来京师神策军的组织体系，《新唐书》卷四九上《百官四上》[①] 有明确记载。为了便于查看比较，笔者根据其内容绘制成"京师左右神策军体系"（见表2-6）。

表2-6　　　　　　　京师左右神策军体系

| 官职名 | 员数 | 品秩 | 职责 |
| --- | --- | --- | --- |
| 大将军 | 各一人 | 正二品 |  |
| 统军 | 各二人 | 正三品 |  |
| 将军 | 各四人 | 从三品 | 掌卫兵及内外八镇兵 |
| 护军中尉 | 各一人 |  |  |
| 中护军 | 各一人 |  |  |
| 判官 | 各三人 |  |  |
| 都勾判官 | 二人 |  |  |
| 勾覆官 | 各一人 |  |  |
| 表奏官 | 各一人 |  |  |
| 支计官 | 各一人 |  |  |
| 孔目官 | 各二人 |  |  |
| 驱使官 | 各二人 |  |  |
| 长史 | 各一人 | 从六品上 |  |

---

① 《新唐书》卷49上《百官四上》，中华书局1975年标点本，第1291页。

续表

| 官职名 | 员数 | 品秩 | 职责 |
|---|---|---|---|
| 录事参军事 | 各一人 | 正八品上 | |
| 仓曹参军事 | 各一人 | 正八品下 | 兼总骑曹事 |
| 兵曹参军事 | 各一人 | 正八品下 | |
| 胄曹参军事 | 各一人 | 正八品下 | |
| 司阶 | 各二人 | 正六品上 | |
| 中候 | 各三人 | 正七品下 | |
| 司戈 | 各五人 | 正八品上 | |
| 执戟 | 各五人 | 正九品下 | |
| 长上 | 各十人 | 从九品下 | |

然而，《新唐书》所载京师神策军组织体系的内容值得进一步深究。

其一，京师神策大将军或将军可称为神策军使。右神策军使段佑即是指右神策大将军段佑。[1] 神策步军使、神策马军使即是指神策步军大将军或将军。如右神策军步军大将军李孝恭的墓志题为"右神策军步军使"[2]。

其二，中护军并非一开始就属于神策军体系，他最初属于左右神威军体系。德宗仓皇奔奉天，幸兴元，射生将韩钦绪、李昇等人贴身护卫有功。德宗回长安后特意提高射生军的地位。贞元二年（786）九月，将殿前射生左右厢改为左右射生军。贞元三年（787）四月，又下敕将左右射生军改为左右神威军。贞元十二年（796）六月，德宗建立中尉制的同时，又设立两名中护军来分管左右神威军。元和三年（808）正月"戊申诏"，将左右神威军合并为一军，名之为天威军。[3] 中护军亦由两员减为一员。元和八年（813）天威军并入神策

---

[1]《旧唐书》卷14《宪宗纪上》，中华书局1975年标点本，第431页。
[2] 曹龙：《唐神策军步军使李孝恭及夫人游氏墓志考释》，《文博》2012年第6期，第61页。
[3]《旧唐书》卷14《宪宗纪上》，中华书局1975年标点本，第424页。

## 第二章 神策军的兵源及组织体系

军之后，中护军才正式被纳入神策军组织体系，隶属于神策中尉管辖。此时，中护军就有机会转迁为神策军的最高统领者——神策中尉。如宝历元年（825），刘弘规以中护军充功德使，后来迁为神策中尉。①

其三，《新唐书·百官志》所载神策大将军与统军的品级有误。《资治通鉴》卷二三二，德宗贞元二年（786）九月条下胡注："神策大将军，正二品。统军，从三品。将军，从五品。"②亦有误。神策军体系中，品级最高应该是神策统军，从二品。统军之下才是左右神策军大将军，正三品。

其四，元和二年（807）、会昌五年（845）七月、会昌六年（846）十一月的《神策军官定额敕》明确记载，左右神策军僚佐的员数定额为各十员。即判官三员，勾覆官、支计官、表奏官各一员，孔目官二员，驱使官二员。③而《新唐书》卷四九上《百官四上》中多"都勾判官"。若将表2-6所载"都勾判官"员数理解为左右神策军中各有二人，则神策军僚佐为12人；若将其理解为左右神策军各有一人，则神策军僚佐为11人。这与《神策军官定额敕》所记载的内容存在明显差异。

贞元十二年（796）六月，神策中尉制度形成之后，神策禁军完成了类似于北门六军的组织体系建置。较之其他六军，神策军的组织体系更为复杂，存在两套体系：一为职事官体系，另一为使职体系。《新唐书》将神策军的职官体系与使职体系混为一谈，十分混乱。而且，对于两套体系的记载均不完整。如在使职体系中，漏载中尉副使以及其他一些具有实际职能的使职。

首先，笔者根据传世文献与出土资料，将神策军职事官体系中除《新唐书·百官四上》所载的京师神策军组织体系以外的军将职务与

---

① （明）释心泰：《佛法金汤编》卷7，明万历二十八年释如惺刻本。
② 《资治通鉴》卷232，唐德宗贞元二年九月条下胡注，中华书局2011年标点本，第7592页。
③ （宋）王溥：《唐会要》卷72《京城诸军·神策军》，中华书局1955年标点本，第1297页。

· 105 ·

职级①考述如下。

神策军副将：地位较高，且有一定职掌。如贞元初，太原张公以右神策副将的身份掌管部分卫兵，专知苑内都巡。② 他的职事官为左金吾卫大将军，试官为太常卿。

神策军散将、散副将：优待功臣的闲职，俸禄较高，在特殊情况下可以统兵平乱。贞元年间，左神策军散将王偕领取俸禄的职事官级别为左骁卫大将军。③ 朔方子弟魏芜为神策散将，武艺冠绝群伦，曾率军击吐蕃。④ 德宗时，米国人米继芬为左神策军散副将⑤，他根据左武卫大将军同正的标准领取俸禄，左武卫大将军同正与左武卫大将军俸禄相同，只是没有职田。奉天定难功臣王臣端为右神策军散副将，阶官为云麾将军，试官为殿中监。⑥ 方镇散将除非有功绩，否则不能随便授予五品正员官，"诸道散将无故授正员五品官，是开侥幸之路"⑦。神策军中的散将迁转亦当循此原则。

神策正将：品级不高，相当于军队中小分队的统领。如贞元年间，北天竺迦毕试国人罗好心，在朱泚之乱时护卫有功，被任命为神策正将⑧；元和九年（814），陈士栋为右神策军正将⑨；右中尉鱼弘志征辟李敬回为右神策军正将⑩。根据随事立名的原则，又有衙前正将与主兵

---

① 职级指的是军将升迁的职位等级。
② （清）端方：《陶斋臧石记》卷27《太原郡太夫人王氏墓志铭》，《续修四库全书》第905册，上海古籍出版社2002年影印本，第618页。
③ 周绍良、赵超主编：《唐代墓志汇编续集》贞元027《王偕墓志铭》，上海古籍出版社2001年版，第752页。
④ 《资治通鉴》卷234，唐德宗贞元九年二月条下《考异》引《邠志》，中华书局2011年标点本，第7662页。
⑤ 阎文儒：《唐米继芬墓志考释》，《西北民族研究》1989年第2期，第154页。
⑥ 《全唐文》卷764《中大夫行内侍省内给事员外置同正员上柱国赐绯鱼袋王公墓志铭（并序）》，中华书局1983年标点本，第7938页。
⑦ 《旧唐书》卷158《郑余庆传》，中华书局1975年标点本，第4165页。
⑧ （宋）赞宁：《宋高僧传》卷2《译经篇第一之二·唐洛京智慧传》，中华书局1987年标点本，第22—24页。
⑨ 周绍良主编、赵超副主编：《唐代墓志汇编》开成033《陈士栋墓志铭》，上海古籍出版社1992年版，第2192页。
⑩ 《右神策军衙前兵马使兼乐营副兵马使李敬回墓志铭》，该拓片现为洛阳私人收藏，感谢洛阳师范学院历史文化学院毛阳光教授惠赐该拓片的照片。

## 第二章　神策军的兵源及组织体系

正将。如贾温在神策军中负责回易活动，能兴利，被任命为神策军衙前正将；荆从皋的起家官为右军衙前正将；贞元十五年（799），何文哲为主兵正将。① 又有同正将。如李文政为右神策军同正将。② 由于立功等原因，正将的阶品、勋位与爵位可能会相当高。如主兵正将何文哲因朝会"执珪御殿"有功，其阶品为忠武将军，正四品上；右神策正将李万林，"翊卫皇宫，警护清禁。或搜妖于紫府，或逐孽于丹墀。惟帝念功，累加银青光禄大夫检校太子宾客、上柱国、陇西县开国子、食邑五百户"。③ 右神策军同正将李文政"尝冠军锋"，其阶官为壮武将军，并按照左金吾卫将军同正的标准领取俸禄。④ 神策正将转迁为州司马、司仓、司户、王府功曹，被认为是优选。⑤

神策次将：贞元三年（787）秋，殿前射生官李骖随神策次将护边师，次夏州北。⑥

神策子将：大和元年（827），包筠，"特迁子将。至八年，授散副将，充主持步军十五将。不越一周，以充正将"⑦。可见，子将的地位低于散副将与正将。

十将：十是众、多的意思。为了便于管理神策军，常常按一定人数分成小组，每一小组以数字命名，任命基层将领进行管理。如马军衙前六将⑧、神策廿六将、神策步军十五将等。又有同十将、先锋十将等名称。如元和七年（812），谢寿为左神策延州防御安塞军同十

---

①　卢兆荫：《何文哲墓志考释——兼谈隋唐时期在中国的中亚何国人》附录《何文哲墓志铭录文》，《考古》1986年第9期，收入《考古》1986年第1—12期合订本，第846页。
②　周绍良主编，赵超副主编：《唐代墓志汇编》大和032《李文政墓志铭》，上海古籍出版社1992年版，第2119页。
③　周绍良、赵超主编：《唐代墓志汇编续集》开成010《李万林墓志铭》，上海古籍出版社2001年版，第930页。
④　周绍良主编，赵超副主编：《唐代墓志汇编》大和032《李文政墓志铭》，上海古籍出版社1992年版，第2119页。
⑤　《册府元龟》卷131《帝王部·延赏第二》，凤凰出版社2006年标点本，第1439页。
⑥　《册府元龟》卷444《将帅部·陷没》，凤凰出版社2006年标点本，第5009页。
⑦　《包筠墓志铭》，《全唐文补遗》（第3辑），三秦出版社1996年版，第265页。
⑧　周绍良、赵超主编：《唐代墓志汇编续集》咸通074《荆从皋墓志铭》，上海古籍出版社2001年版，第1090页。

将，元和十三年（818），又迁先锋十将。[①] 十将属于下级军将，主要负责整训军队且可以带兵。杨旻为右神策军廿六将，后迁为神策正将。[②] 包筠为散副将充主持步军十五将，后又充左神策正将[③]。可见，十将的地位比正将低。

神策左将、都将：贞元九年（793），义成军将领李汇入调京师为左神策左将加都将。[④] 从中可以看出，都将级别比左将高。

另外，在神策军内部还存在位卑职低的拍张人。唐末藩镇节帅为提高自身实力，将神策军中有勇力的拍张人吸收进方镇军并加以重用，甚至与之建立养父子关系。如左神策军拍张人阎珪为凤翔李茂贞养子。[⑤]

其次，神策军体系中尚存在一套完整的使职体系。笔者不揣谫陋，根据传世文献与墓志碑刻材料将神策军组织体系内除神策中尉之外的使职详细考述如下。

神策副使：即中尉副使。宦官从入仕转迁至神策副使的时间一般不会超过三十年。如宦者阎知诚大和九年（835）入仕，到宣宗大中十一年（857）十月迁转至神策副使。[⑥] 神策副使地位重要，但是不同副使的阶官与职事官品级不尽相同。如右神策军副使杨承和的散阶是云麾将军（从三品），所带职事官为右监门卫将军（从三品）员外置同正员。[⑦] 右神策军副使阎知诚的散阶为朝散大夫（从五品下），所带职事官内侍省掖庭局令（从七品下）员外置同正员。[⑧] 中尉的主

---

[①] 周绍良主编，赵超副主编：《唐代墓志汇编》会昌024《谢寿墓志铭》，上海古籍出版社1992年版，第2228页。

[②] 周绍良、赵超主编：《唐代墓志汇编续集》大和022《杨旻墓志铭》，上海古籍出版社2001年版，第897页。

[③] 《包筠墓志铭》，《全唐文补遗》（第3辑），三秦出版社1996年版，第265页。

[④] 沈亚之：《沈下贤集校注》卷11《墓志·泾原节度李常侍墓志》，肖占鹏、李勃洋校注，南开大学出版社2003年标点本，第236页。

[⑤] 《新唐书》卷187《王重荣附珙传》，中华书局1975年标点本，第5439页。

[⑥] 周绍良、赵超主编：《唐代墓志汇编续集》大中063《阎知诚墓志铭》，上海古籍出版社2001年版，第1015页。

[⑦] 《册府元龟》卷667《内臣部·将兵》，凤凰出版社2006年标点本，第7689页。

[⑧] 周绍良、赵超主编：《唐代墓志汇编续集》大中063《阎知诚墓志铭》，上海古籍出版社2001年版，第1015页。

## 第二章 神策军的兵源及组织体系

要职能之一，"练达戎机，总亲护禁。典理爪牙之卫，左右心膂之师"①。神策副使的主要职责是协助中尉处理神策军的一切事务，其中最重要的就是选拔军卒和军事训练。孙荣义任右军中尉副使期间，重视神策军的训练。"讲军志，寻武经，安人禁暴。"马存亮任神策副使期间，对左军进行了整顿。"取材能於七萃，备牙爪则数逾十万。……辇下无睚眦之徒，辕门多温恭之士。"②右军副使刘弘规，"选众而举，惟才是择"③。

三都：在神策军使职系统中，除神策中尉与中尉副使之外，最为重要的当属都知兵马使、都虞侯和都押衙三都。都知兵马使负责军队训练和领兵征伐等任务，是统兵的大将，有时史书将都兵马使简称为"兵马使"，但我们可以通过其掌兵权限及职事官品级来辨别（见下文）。都虞侯，"职在刺奸，威属整旅，齐军令之进退，明师律之否臧"。④ 如大和五年（831），神策军都虞侯豆卢著诬告宰相宋申锡与漳王凑谋反。⑤ 都虞侯也可以统兵。都押衙实际上为中尉的属官，与中尉关系亲密，其主要职责是保卫主帅、处理军务。由于军队内部有马军、步军，左厢、右厢，刀、斧兵，前院、后院兵之别，因此，三都的具体称呼可以因兵种的不同而名号略有差异。如右神策右厢马军兵马使、左神策军步军都虞侯、左神策左厢都虞侯，如此等等，不一而足。

都知兵马使和都虞侯常以神策大将军或将军等高级军官兼任，其中，神策大将军或将军兼任都兵马使最为常见。因此，在史书与唐人

---

① 《全唐文》卷790《内侍省监楚国公仇士良神道碑》，中华书局1983年标点本，第8272页。

② （唐）李德裕：《李卫公会昌一品集》别集卷6《唐故开府仪同三司行右领军卫上将军致仕上柱国扶风马公神道碑铭并序》，《丛书集成初编》，商务印书馆1936年版，第219页。

③ （唐）李德裕：《李卫公会昌一品集》别集卷6《唐故左神策军护军中尉兼左街功德使知内侍省事刘公神道碑》，《丛书集成初编》，商务印书馆1936年版，第215页。

④ 《全唐文》卷413《授张自勉开府仪同三司制》（常衮），中华书局1983年标点本，第4237页。

⑤ 《资治通鉴》卷244，唐文宗大和五年二月条，中华书局2011年标点本，第7997页。

### 唐代神策军与神策中尉研究

墓志中,时常将京师神策军中的神策大将军或将军书写为神策兵马使。如左神策大将军康艺全率神策军入宫讨张韶,在《旧唐书》中作"左神策军兵马使康艺全"①;右神策将军尚国忠讨张韶,在《册府元龟》与《资治通鉴》中均作"右军兵马使尚国忠"②;宦官仇文义的养子仇师礼右神策军兵马使、检校太子宾客③。当然,也存在神策将军兼任都虞侯的情形。如梁荣干以右神策军将军知军事充马军都虞侯。④这也从侧面反映了都虞侯有统兵权。

通过笔者对神策军体系中三都的分析可知,在两军中尉之下设置有统领全军的都知兵马使、都虞侯或都押衙。

另外,每军、每将之下又各配有兵马使、虞侯、押衙,其具体名号亦是因事而立。如李良以兴元扈从功,在德宗回京后,加神策右厢兵马使、行虔州别驾。⑤苏谅为左神策军散兵马使⑥,这里散兵马使是表示身份的一种职衔,但在特殊情况下可以领兵。又如贞元年间,权秀为左神策先锋突将兵马使兼御史中丞⑦;伊慎以左领军卫将军押右神策军牙门之职⑧;陈士栋为神策军押衙⑨。

神策军中存在营伎,配属于专门的乐营。乐营的管理者有兵马使、副兵马等使职。如咸通九年(868),右神策军衙前兵马使李敬

---

① 《旧唐书》卷17上《敬宗纪》,中华书局1975年标点本,第509页。
② 《册府元龟》卷128《帝王部·明赏第二》,凤凰出版社2006年标点本,第1402页。
③ 《仇文义夫人王氏墓志铭》,《全唐文补遗》(第2辑),三秦出版社1995年版,第61页。
④ (唐)杜牧:《樊川文集》卷19《梁荣干除检校国子祭酒兼右神策军将军制》,上海古籍出版社1978年标点本,第284—285页。
⑤ 《李良墓志铭》,《全唐文补遗》(第3辑),三秦出版社1996年版,第135页。
⑥ 周绍良主编,赵超副主编:《唐代墓志汇编》咸通112《左神策军散兵马使苏谅妻马氏墓志铭》,上海古籍出版社1992年版,第2465页。
⑦ 周绍良、赵超主编:《唐代墓志汇编续集》贞元023《权秀墓志铭》,上海古籍出版社2001年版,第748—749页。
⑧ (唐)权德舆:《权德舆诗文集》卷17《伊慎神道碑铭》,上海古籍出版社2008年标点本,第272页。
⑨ 周绍良主编,赵超副主编:《唐代墓志汇编》开成033《陈士栋墓志铭》,上海古籍出版社1992年版,第2192页。

第二章　神策军的兵源及组织体系 ◀●

回兼任乐营副兵马使（见图 2-1）。

**图 2-1　《右神策军衙前兵马使兼乐营副兵马使李敬回墓志铭》**
资料来源：该拓片现为洛阳私人收藏，感谢洛阳师范学院历史文化学院毛阳光教授惠赐该拓片的照片。

在这里，有必要探讨一下神策军押衙。押衙用作带职、兼官的现象十分普遍，其阶品一般不低于五品。右神策护军中尉押衙何少直的武阶官为游击将军，文散阶为朝散大夫[①]；尚汉美大中初年为右神策军押衙，检校官为太子宾客（正三品）[②]。押衙与中尉关系密切，何少直为右军中尉鱼弘志爪牙，"后鱼公得罪，公为进状雪之"[③]。押衙

---

[①] 周绍良、赵超主编：《唐代墓志汇编续集》开成 012《何少直故太夫人兰氏墓志铭》，上海古籍出版社 2001 年版，第 931 页。
[②] （唐）杜牧：《樊川文集》卷 20《右神策军押衙检校太子宾客尚汉美等叙勋制》，上海古籍出版社 1978 年标点本，第 297 页。
[③] 周绍良、赵超主编：《唐代墓志汇编续集》大中 051《何少直墓志铭》，上海古籍出版社 2001 年版，第 1005 页。

属于美职，在神策军系统中地位重要。乾符三年（876），朝廷赦王仙芝之罪，以左神策军押牙兼监察御史的告身授之，"仙芝得之甚喜，王镣、裴渥皆贺"①。

值得注意的是，兵马使、虞侯、押衙可以兼知，且各自可以知军事。如开成五年（840），包筠为散兵马使兼押衙；大中十一年（857），荆从皋以散兵马使兼押衙；周宝为右神策军右厢都押衙马步军知军事大将军。②

值得一提的是，牙将在某些条件下可以称为散兵马使或押牙。如史书在记载德宗贞元三年（787）检括京师胡客为神策军将卒之事时，就将牙将与散兵马使或押牙进行了互换。《新唐书》卷一七〇《王锷传》云："宰相李泌尽以隶左右神策军，以酋长署牙将。"③而《资治通鉴》卷二三二，德宗贞元三年条云："（李）泌皆分隶神策两军，王子、使者为散兵马使或押牙。"④在这种条件下，牙将、散兵马使、押牙可以视为阶官，属于闲散官职。这种现象反映了中唐以降使职阶官化的倾向。

神策判官、都判官：方镇节度使的判官职责为，"唐诸使之属，判官位次副使，尽总府事。又节度使或出征，或入朝，或死而未有代，皆有知留后事，其后遂以节度留后为称"⑤。神策判官的职责当与之类似。另外，作为神策中尉和军使的副手，他们同时还负责两军军事训练及军中文案。如孙荣义任右军中尉判官期间，重视神策军的训练，"讲军志，寻武经，安人禁暴"。由于是使职，他们往往需带府司功参军、州别驾、司马、州司功参军等

---

① 《资治通鉴》卷252，唐僖宗乾符三年十二月条，中华书局2011年标点本，第8310页。
② （宋）钱俨：《吴越备史》卷1，《文渊阁四库全书》第464册，台湾商务印书馆1986年影印本，第504页。
③ 《新唐书》卷170《王锷传》，中华书局1975年标点本，第5169页。
④ 《资治通鉴》卷232，唐德宗贞元三年七月条，中华书局2011年标点本，第7614页。
⑤ 《资治通鉴》卷216，唐玄宗天宝六载十二月条下胡注，中华书局2011年标点本，第7007页。

## 第二章 神策军的兵源及组织体系

职事官来作为领取俸禄的凭借。如元和年间的左神策判官王翃所带职事官为苏州司功参军。① 如果和神策中尉关系十分密切,所带职事官品级会更高。如左神策判官秦韬玉的职事官为工部侍郎,正四品下阶。② 神策判官迁转之地一般为中下州司马,故当左军中尉田令孜为其判官吴圆求清望美职——郎官时,宰相郑畋不许。③ 因此,尽管神策判官的地位高,具有相当大的实权,但是衣冠大族一般不愿为之,甚至连假冒衣冠大族的郑注亦不愿为右神策判官。④ 神策军中有都判官,或许是判官的头领。如孟秀荣在会昌三年(843)为左神策护军中尉判官,会昌四年(844),转迁为左神策护军中尉都判官。⑤

孔目官:属于神策中尉身边之人,其职责主要是掌管文案,处理日常庶务,相当于秘书。中尉一般可以任用两名孔目官,若中尉以观军容使的身份兼统两军,则有权任用四名孔目官。中尉的孔目官所带职事官品级大都比较高。如仇士良的孔目官郑中丞,正四品下;张端公,从六品下。⑥

推官:在神策军体系中地位和品级并不高,一般是迁转为郡佐僚属。如《神策军推官田铸加官制》云:"田铸造官列环卫,职参禁军,慎检有闻,恭勤无怠,例当转迁郡佐官僚,以示兼宠。"⑦

掌书:神策军系统内有掌书,与中尉关系近密。其主要职责为掌

---

① 周绍良、赵超主编:《唐代墓志汇编续集》元和002《杨志廉墓志》,上海古籍出版社2001年版,第800页。
② (宋)计有功:《唐诗纪事》卷63《秦韬玉》,中华书局1965年标点本,第949页。
③ 《资治通鉴》卷255,唐僖宗中和三年七月条,中华书局2011年标点本,第8420页。
④ 《资治通鉴》卷244,唐文宗大和七年九月条下《考异》引李德裕《文武两朝献替记》,中华书局2011年标点本,第8016页。
⑤ 周绍良、赵超主编:《唐代墓志汇编续集》大中035《孟秀荣墓志铭》,上海古籍出版社2001年版,第994页。
⑥ [日]圆仁:《入唐求法巡礼行记校注》卷4,白化文等修订校注,花山文艺出版社2007年版,第420页。
⑦ 《白居易集》卷53《神策军推官田铸加官制》,中华书局1979年标点本,第1123页。

管文书和符节。僖昭之际，有僧人释善静，"殆乎知学，因掌书奏于神策军，中尉器重之"①。

教练使、都教练使：咸通七年（866），荆从皋"转马军将军知军事充都虞侯兼教练使"，这是京师神策军有教练使的著例。② 神策军中又有都教练使，或许是教练使的头目。如胡注云："凡击球……神策军吏读赏格讫，都教练使放球于场中……"③

征马使：宪宗朝，武自和为右神策军征马使。④

粮料使：神策军中有粮料使。如王弘绍为左神策军粮料使。⑤

供军使：神策军中有供军使。如王弘绍即以粮料使的身份充供军使。

木炭使：代宗大历年间，孟晖以京兆尹充勾当神策军粮料及木炭等使。⑥ 在神策中尉制度确立后，神策军中仍然存在木炭使。

宴设使：其职责主要是庖厨、饗飧、修馔。宪宗时，王文干由军器监判官迁为左神策军宴设使。⑦

先锋使：荆从皋及其父均曾任右神策先锋使，即先锋兵马使。

音声使：该使职属于"清美显达之职"。李孝恭、荆从皋均曾任音声使。⑧

---

① （宋）赞宁：《宋高僧传》卷13《习禅篇第三之六·晋永兴永安院善静传》，中华书局1987年标点本，第312页。
② 周绍良、赵超主编：《唐代墓志汇编续集》咸通074《荆从皋墓志铭》，上海古籍出版社2001年版，第1090页。
③ 《资治通鉴》卷253，唐僖宗广明元年三月条下胡注，第8343页。
④ 周绍良、赵超主编：《唐代墓志汇编续集》会昌007《武自和墓志铭》，上海古籍出版社2001年版，第947页。
⑤ （清）端方：《陶斋臧石记》卷35《南陵县尉张师儒墓志铭》，《续修四库全书》第905册，上海古籍出版社2002年影印本，第703页。
⑥ 《全唐文》卷412《授孟晖京兆尹制》（常衮），中华书局1983年标点本，第4226页。
⑦ 《全唐文》卷764《中大夫行内侍省内给事员外置同正员上柱国赐绯鱼袋王公墓志铭（并序）》，中华书局1983年标点本，第7939页。
⑧ 曹龙：《唐神策军步军使李孝恭及夫人游氏墓志考释》，《文博》2012年第6期，第61页；周绍良、赵超主编：《唐代墓志汇编续集》咸通074《荆从皋墓志铭》，上海古籍出版社2001年版，第1090页。

## 第二章 神策军的兵源及组织体系

以上即为京师神策军使职体系的大致概貌，现根据神策军使职的考述内容及《新唐书·百官志》的记载，将"京师神策军使职体系表"绘制如下（见表 2-7）。

表 2-7　　　　　　　神策军使职系统

| 使职名 | 员数 |
| --- | --- |
| 护军中尉 | 各一员 |
| 中尉副使 | 不详 |
| 中护军① | 各一员 |
| 都兵马使、兵马使 | 员额不定 |
| 都虞侯、虞侯 | 员额不定 |
| 都押衙、押衙 | 员额不定 |
| 判官 | 各三员 |
| 都判官 | 不详 |
| 教练使、都教练使 | 不详 |
| 孔目官 | 各二员 |
| 表奏官 | 各一员 |
| 支计官 | 各一员 |
| 勾覆官 | 各一员 |
| 驱使官 | 各二员 |
| 掌书 | 不详 |
| 推官 | 员额不定 |
| 宴设使 | 不详 |
| 征马使 | 不详 |
| 粮料使 | 不详 |
| 供军使 | 不详 |
| 木炭使 | 不详 |
| 先锋使 | 不详 |
| 音声使 | 不详 |

---

① 元和八年（813）以后，中护军被纳入神策军使职系统之中。

值得一提的是,神策军使职体系中还有观军容使,一般由神策中尉兼任。若宦官不为某军神策中尉,观军容使就是名誉职衔,不具有掌兵之权。换言之,观军容使必须是神策中尉才具有实权。如文宗解除王守澄右中尉之职,任命他为两军观军容使兼十二卫统军,实则是崇其名号,夺其兵权。武宗时,仇士良以左中尉的身份兼任两军观军容使,就具有实权。

神策军内部完整的两套体系,特别是军事使职体系的设置,使神策军的层级增多,组织结构更加严密,便于皇帝通过神策中尉加强对神策军的掌控,从而为皇权服务。但是,自穆宗以来,随着皇权的式微,帝王不再能控制神策中尉,这套严密的组织体系反而使神策中尉与神策军形成牢固的联系,为神策中尉专权擅政提供了有力支撑。皇帝为了重振皇权,围绕神策兵权,与神策中尉进行了多次博弈,但均以失败告终。唐末,昭宗依靠藩镇力量的介入,强行废除神策中尉制度,然而,神策军也跟着被废除了,天子再无禁军。这导致了严重的后果,强藩理所当然地成为新的皇权的角逐者,不久,唐王朝也就随之而亡。

(二)神策城镇军的组织体系

神策城镇长官称为城使、镇使,比如,贞元末年,有长武城使高崇文[1],元和年间,有神策普润镇使苏光荣[2],懿、僖时期,有右军镇使王处存[3],中和年间,有奉天镇使齐克俭[4]。有时泛称为神策军使。如杜黄裳举荐左神策行营节度长武城使高崇文为西川招讨时,称其为"神策军使高崇文"[5]。官员将领赴任神策城镇使时,朝廷会"赐以旗两口,豹尾两对,器仗并刀一副,令中使押领宣赐"[6]。

---

[1] 《册府元龟》卷422《将帅部·任能》,凤凰出版社2006年标点本,第4792页
[2] 《旧唐书》卷15《宪宗纪下》,中华书局1975年标点本,第447页
[3] 《旧唐书》卷182《王处存传》,中华书局1975年标点本,第4699页。
[4] 《资治通鉴》卷254,唐僖宗中和元年条,中华书局2011年标点本,第8370页。
[5] 《资治通鉴》卷237,唐宪宗元和元年正月条,中华书局2011年标点本,第7748页。
[6] (唐)李德裕:《李卫公会昌一品集》文集卷13《请赐嗢没斯枪旗状》,《丛书集成初编》,商务印书馆1936年版,第108页。

## 第二章 神策军的兵源及组织体系

城使、镇使以下的具体建置情形，因史无明文，难求其详，在此不能系统考述。在此，笔者结合零星史料和出土文献将其考述如下。

镇遏使：元和年间，康志宁为左神策军、华原镇遏兵马使①；中尉刘弘规之妻李氏之父李文晧为同官镇遏先锋兵马使②；甘露事变后，盩厔镇遏使宋楚擒李训。

兵马使：贞元十九年（803），李兴干为盐州刺史、保塞军使、左神策行营兵马使；杨玄谅为右神策忻州行营兵马使。兵马使的主要职责是当城使入觐时，负责留务。如"（长武城使韩）全义入觐，委（兵马使高）崇文掌行营节度留务、长武城使，积粟练兵，军声入城"③。

行军司马：神策城镇军在行军的时候有行军司马。其主要职能是"掌弼戎政，居则习搜狩，有役则申战守之法，器械、粮备、军籍、赐予皆专焉"④。如王叔文欲夺神策军权，表面上以威望素著的范希朝为京西行营节度使，总领诸神策镇军防蕃，实际上是以亲信韩泰为行军司马负责实际军务。

押衙：在某一神策城镇中，押衙一般有两人且多为军使的亲信或至亲之人。如左神策军安塞军使的押衙由军使李良僅的两个儿子李拱、李据担任。⑤ 在神策城镇中，存在镇遏使兼押衙的情况。如大中十一年（857），包筠为左神策南山镇遏使兼押衙。

监军：神策城镇中有监军，某些城镇的监军甚至负责军事训练。如长庆元年（821），祁宪直为奉天监军时，"义以训于师旅"⑥。

---

① 《册府元龟》卷131《帝王部·延赏第二》，凤凰出版社2006年标点本，第1439页。
② 周绍良、赵超主编：《唐代墓志汇编续集》大和005《刘弘规墓志铭》，上海古籍出版社2001年版，第883页。
③ 《册府元龟》卷422《将帅部·任能》，凤凰出版社2006年标点本，第4792页。
④ 《资治通鉴》卷235，唐德宗贞元十二年八月条下胡注，中华书局2011年标点本，第7696页。
⑤ 《李良僅墓志铭》，《全唐文补遗》（第5辑），三秦出版社1998年版，第37页。
⑥ 周绍良、赵超主编：《唐代墓志汇编续集》大和034《大唐故祁府君墓志铭》，上海古籍出版社2001年版，第907页。

●▶ 唐代神策军与神策中尉研究

判官：武宗时，雷景中为右神策军奉天镇判官，其阶官为承议郎，正六品下。①

推官：在神策军体系中地位和品级并不高，一般迁转为郡佐僚属，当然，也存在入朝为官的显例。如贞元二十一年（805），左右神策行营节度使范希朝任命朝散大夫李公为神策推官，后来，李公入为监察御史。②

教练使：大中五年（851）五月，宣宗令"天下军府有兵马处"选教练使二人进行练兵。③ 根据敕令，神策城镇内抑或选置有教练使。

监铁冶使：有盐铁之利的神策城镇设有监铁冶使，由宦官担任。河中有盐铁之利，左神策镇军在此设有监铁冶使。穆宗长庆三年（823），河中的左神策军监铁冶使是朝议郎行内侍省内府局丞张令绾。④

神策城镇中的基层统兵将领可以泛称为都将，如郜阳都将刘士和。⑤ 基层军将中又有正将、同正将。如董叙为右神策军襄乐防秋同正将、兼押衙。⑥

另外，为优待有大功的将领，朝廷有时在神策城镇中权置都统。如高崇文平定西川刘辟有功，元和二年（807）十二月，朝廷任命他为邠宁节度使、京西诸军都统⑦，元和四年（809），高崇文卒后，京西都统被撤销。换言之，为了表彰高崇文平蜀之功，在元和二年（807）至元和四年期间，朝廷权置京西都统一职，使之为京西北地区边军及神策城镇的最高军事统帅。显然，都统的设置是因人立制，而非为制设官。

---

① 周绍良、赵超主编：《唐代墓志汇编续集》会昌020《唐故朝散大夫行鸿胪寺丞上柱国赐鱼袋雷府君墓志铭并序》，上海古籍出版社2001年版，第958页。
② 《全唐文》卷589《唐故邕管经略招讨等使朝散大夫持节都督邕州诸军事守邕州刺史兼御史中丞赐紫金鱼袋李公墓志铭（并序）》，中华书局1983年标点本，第5955页。
③ 《旧唐书》卷18下《宣宗纪》，中华书局1975年标点本，第630页。
④ 《全唐文》卷716《纪瑞》，中华书局1983年标点本，第7362页。
⑤ 《旧唐书》卷165《温造传》，中华书局1975年标点本，第4317页。
⑥ 《全唐文》卷988《建幢铭》，中华书局1983年标点本，第10229页。
⑦ 《新唐书》卷170《高崇文传》，中华书局1975年标点本，第5162页。

第二章　神策军的兵源及组织体系

神策军对外征讨时有神策行营，他们通常以军队所驻之地的战区命名。如建中、兴元动乱年间，李晟为神策河北行营节度，尚可孤为神策行营商州节度使。行营节度使下的建置与方镇节度使类似，有神策行营兵马使、神策行营先锋兵马使、神策行营都虞侯、神策行营先锋兵马使知牙等使职。如《西平王李晟收西京露布》中载："神策行营商州节度使兼御史大夫尚可孤，神策行营商州节度（都）虞侯彭元，神策行营商州节度兵马使贾慎金。"① 又如元和四年（809）十月，吐突承璀率左右神策及方镇军讨成德王承宗，赵万敌为神策行营先锋兵马使②，李听为神策行营兵马使③，孟常谦为左神策行营先锋兵马使知牙④。此外，还权置有观军容使、都监或都监押等使职。⑤田令孜新建神策五十四都之后，神策军在对外征伐时仍然有神策行营先锋使。如光启二年（886）十月，朝廷任命出身神策军系统的横冲军使满存为神策行营先锋使兼虢州刺史，率军征讨王行瑜，克兴、凤二州。⑥ 刺史有治民之权，朝廷为了使之在征讨过程中有权力征收当地赋税来供办军费，故任命之。另外，神策征伐行营还有供军使、粮料使等负责军队物资供应的使职。

## 二　神策五十四都的组织体系

黄巢之变使贞元以来的神策军组织体系中的大量京师神策军与神策城镇兵脱离了神策中尉的控制。中和三年（883），田令孜在成都创建神策十军五十四都，作为自己的政治资本，其中，跟随他一起护驾至蜀的神策军亦被纳入新建的神策军体系中。他以十军十二卫观军

---

① （宋）李昉：《文苑英华》卷648《露布·西平王李晟收西京露布》，中华书局1966年版，第3337—3338页。

② 《册府元龟》卷120《帝王部·选将第二》，凤凰出版社2006年标点本，第1308页。

③ 《旧唐书》卷133《李晟附李听传》，中华书局1975年标点本，第3682页。

④ 《全唐文》卷589《唐故安州刺史兼侍御史贬柳州司马孟公墓志铭》，中华书局1983年标点本，第5959页。

⑤ 《册府元龟》卷667《内臣部·将兵门》，凤凰出版社2006年标点本，第7688页。

⑥ 《新唐书》卷9《僖宗纪》，中华书局1975年标点本，第278页。

· 119 ·

容制置左右神策护驾使的身份，将神策军权牢牢掌控在己手。

新建神策十军五十四都的组织体系、编制与名称，与中唐时期的神策军相比，均有不小的变动。

十军之中，左右神策各五军，共54000人，每军以数字编号命名。如左一军、左二军、左三军、左四军、左五军；右一军、右二军、右三军、右四军、右五军。每军的长官为军使。如光启年间，有左神策军四军军使王卞。① 十军下设五十四都，每一都有一千人。要注意的是，每军所隶"都"的数量不同，"都"的头领称为都头，一般来说，每"都"有步军、马军两名都头。史书中，都头与都将有时可以互换。如《资治通鉴》称李茂贞为扈跸都头②；而《旧唐书》则称李茂贞为扈驾都将③。都头又可称为都校。如左中尉田令孜任命韩建为神策都校，之后，韩建直接以都校的身份出为潼关防御使兼华州刺史。④ 神策都头有时也被称为神策军使。如随驾五都的都头王建、晋晖均被称为神策军使。⑤ 此处的军使级别比新募十军的军的长官低。由于新募神策军有五十四都，因此，相较于僖宗幸蜀前的神策将军来说，神策都头的权力有所下降。

宋人高承在《事物纪原》卷一〇《军伍名额部·都头》中认为，神策都头是唐代都头的起源。"田令孜募神策新军为五十四都，领以都将，亦曰'都头'。此名都头之初也，后又有捧日都头李筠，自此以来，诸军之置都头盖取诸此也。"⑥ 但实际上神策五十四都的都头或都将并非唐代都头或都将的起源。"都"在唐后期已成为军队组织

---

① （宋）李昉：《太平广记》卷500《杂录八·振武角抵人》，中华书局1961年标点本，第4101页。
② 《资治通鉴》卷256，唐僖宗光启三年正月条，中华书局2011年标点本，第8465页。
③ 《旧唐书》卷19下《僖宗纪》，中华书局1975年标点本，第728页。
④ 《旧五代史》卷15《韩建传》，中华书局1976年标点本，第203页。
⑤ 《资治通鉴》卷256，唐僖宗光启二年正月条，中华书局2011年标点本，第8452页。
⑥ （宋）高承：《事物纪原》卷10《军伍名额部·都头》，中华书局1989年标点本，第517页。

## 第二章 神策军的兵源及组织体系

结构的重要组成部分。都头，会昌以前已经出现，最初属于方镇节度使下辖的地位较高的军职，可以统军万人左右。如左卫大将军兼御史中丞振武都头契苾公统兵万余人［按：契苾公会昌六年（846）卒］。① 僖宗时，军队对外征伐时，招讨使称为都头，各分战区的统领，亦称都头。如乾符三年（876）三月，宋威为诸道行营招讨草贼使，在其任命制书中云："官阶甚贵，可以统诸道之都头。"② 中和三年（883），李克用率诸道大军收复长安时，已有"都将"之称。因此，笔者认为，田令孜选择以"都"的模式来重建神策军，主要是为了与唐后期方镇军队的组织结构相适应。虽然是因事立名，但是神策五十四都都头的地位在一定程度上要优于方镇都头。

我们知道，田令孜在成都募建的神策五十四都并没有参与收复京师的战斗，然而，中和三年（883）四月，李克用收复京师，杨复光在献捷行的露布中提到了隶属于神策军的都将或军使。③ 这该如何解释呢？这或许跟僖宗幸蜀后留在京西北的神策城镇军的组织结构发生了调整有关。由于史书没有明确记载其内部结构是如何调整的，笔者在此只能提出一种假定情况。中和二年（882），由于收复京师的需要，朝廷下诏对京西北神策城镇进行重组整合，形成了以奉天为中心的方镇。此时，奉天节镇的内部组织结构可能有所调整，形成了以"都"为基本单位的组织结构，以适应唐后期方镇军队的建置模式。每个神策城镇或许就成为一都，神策城镇使即为都头。

光启元年（885）三月，僖宗还长安后，颁发《优恤扈驾兵士并训饬神策诸军诏》，对神策军进行整顿。僖宗令中书门下与神策中尉，根据原有的神策军额对神策五十四都兵士进行整饬沙汰，"案旧籍裁减元数，惟务摭实"④。显然，该条诏令徒有空文，没有得到认真遵守。各都都头为增强自身实力以获得更多利益，积极扩募将士，允许

---

① （清）端方：《陶斋臧石记》卷33《左卫大将军契苾公妻何氏墓志》，《续修四库全书》第905册，上海古籍出版社2002年影印本，第677页。
② 《旧唐书》卷19下《僖宗纪》，中华书局1975年标点本，第699页。
③ 《旧唐书》卷19下《僖宗纪》，中华书局1975年标点本，第714—715页。
④ 《册府元龟》卷124《帝王部·修武备》，凤凰出版社2006年标点本，第1360页。

大量市井富民纳资隶军。如勇胜三都的兵力竟达二万人。① 而按照每都千人的军额标准，勇胜三都本应只有三千人。换言之，五十四都后来或许只是一个称谓，其实际都数可能不止五十四都，隶于神策军的实际兵力人数也不止五万四千人的军额数。

僖宗幸蜀前，京师神策军分屯于苑内，其中左神策军屯于内东苑之东即大明宫苑东，右神策军在九仙门之西。② 而在光启元年（885）僖宗回长安之后，新募建的神策五十四都不专在苑中，他们分屯于京城内外，甚至还驻防于坊市之中。如杨守信的玉山军营在中尉杨复恭第宅附近③；李筠捧日都的营垒在永兴坊④。

至于神策军五十四都的名称，史籍记载颇为零碎。笔者爬梳传世文献和出土材料，将其考述如下，以期能尽量还原五十四都的概貌。

扈驾都：属于右神策军。朱玫乱京师后，孙惟最率众击之，以功迁鄜州节度使，在京师宿卫，为扈驾都头。"鄜州将吏诣阙请惟最之镇，京师民数万与神策军复遮留不得行，改荆南节度使，在京制置，分判神策军。"⑤

宣威都：《旧唐书》卷二〇上《昭宗纪》云："景福二年三月，庚子，制以宣威都头孙惟晟为江陵尹、荆南节度使。"⑥

昭弋都：属于左神策军。田令孜重建神策五十四都时，以杨公扈从僖宗至蜀有功，任命其为昭弋都知兵马使。⑦

保銮都：光启元年（885），"以保銮都将曹诚为义昌节度使"⑧。

---

① 《资治通鉴》卷259，唐昭宗景福元年三月条，中华书局2011年标点本，第8548页。
② （宋）程大昌：《雍录》卷8《宫北禁军营图·唐南北军》，中华书局2002年标点本，第174页。
③ 《旧唐书》卷20上《昭宗纪》，中华书局1975年标点本，第746页。
④ 《旧唐书》卷20上《昭宗纪》，中华书局1975年标点本，第754页。
⑤ 《新五代史》卷43《孙德昭传》，中华书局1974年标点本，第475页。
⑥ 《旧唐书》卷20上《昭宗纪》，中华书局1975年标点本，第749页。
⑦ 周绍良主编，赵超副主编：《唐代墓志汇编》大顺003《杨公夫人李氏墓志铭》，上海古籍出版社1992年版，第2523页。
⑧ 《资治通鉴》卷256，唐僖宗光启元年七月条，中华书局2011年标点本，第8445页。

## 第二章 神策军的兵源及组织体系

光启二年（886）三月，"保銮都将李鋋、杨守亮、杨守宗等败邠州军于凤州"①。

扈跸都（护跸都）：光启二年（886）六月，扈跸都将杨守亮为金商节度使、京畿制置使。② 乾宁二年（895）七月，扈跸都头李君实与捧日都头李筠率本军在承天门楼侍卫昭宗。③

耀德都：《旧唐书》卷二〇上《昭宗纪》云："景福二年（893）三月庚子，制以耀德都头李鋋为润州刺史、镇海军节度使。"④

天威都：《旧唐书》卷一九下《僖宗纪》云："光启三年六月，戊申，天威军都头杨守立与李昌符争道，麾下相殴。"⑤

玉山都：杨复恭的假子杨守信为玉山军使。《旧唐书》卷一七九《刘崇望传》："（大顺二年）玉山都头杨守信协杨复恭称兵阙下，阵于通化门。"⑥

天武都：《资治通鉴》卷二五八，昭宗龙纪元年（889）十一月条："复恭见守立于上，上赐姓名李顺节，使掌六军管钥，不期年，擢至天武都头。"⑦ 可见，天武都的地位在天威都之上。《旧唐书》卷一七九《孔纬传》云："大顺初，天武都头李顺节恃恩颇横。"⑧

永安都：《资治通鉴》卷二五八，昭宗大顺二年（891）十月条："永安都头权安追之，擒张绾，斩之。"⑨

捧日都：《旧唐书》卷二〇上《昭宗纪》云："大顺二年十二月，两中尉在仗舍邀顺节，坐次，令部将嗣光审斫顺节，头随剑落。是日，

---

① 《旧唐书》卷19下《僖宗纪》，中华书局1975年标点本，第723页。
② 《旧唐书》卷19下《僖宗纪》，中华书局1975年标点本，第724页。
③ 《旧唐书》卷20上《昭宗纪》，中华书局1975年标点本，第754—756页。
④ 《旧唐书》卷20上《昭宗纪》，中华书局1975年标点本，第749页。
⑤ 《旧唐书》卷19下《僖宗纪》，中华书局1975年标点本，第727—728页。
⑥ 《旧唐书》卷179《刘崇望传》，中华书局1975年标点本，第4665页。
⑦ 《资治通鉴》卷258，唐昭宗龙纪元年十一月条，中华书局2011年标点本，第8511页。
⑧ 《旧唐书》卷179《孔纬传》，中华书局1975年标点本，第4652页。
⑨ 《资治通鉴》卷258，唐昭宗大顺二年十月条，中华书局2011年标点本，第8540页。

天威、捧日、登封三都乱。"① 同书同卷云："乾宁二年七月，上闻乱，登承天门，遣诸王率禁兵御之。捧日都头李筠率本军侍卫楼上。"②

登封都：《旧唐书》卷二〇上《昭宗纪》云："大顺二年十二月，两中尉在仗舍邀顺节，坐次，令部将嗣光审斫顺节，头随剑落。是日，天威、捧日、登封三都乱。"③

勇胜三都：指以勇胜命名的三个都，都头分别是杨守亮的养子杨子实、杨子迁和杨子钊。《资治通鉴》卷二五九，昭宗景福元年（892）三月条云："左神策勇胜三都都指挥使杨子实、子迁、子钊，皆守亮之假子也，自渠州引兵救杨晟，知守亮必败，壬子，帅其众二万降于王建。"④

威猛都：王宗瑶为王建部下，随王建迎驾山南，得隶左神策军。后随王建攻下阆中，王建奏授其为左威猛都知兵马使。⑤

感德都：张造之子张彦昭为感德都兵马使，随王建收巴西。⑥

义勇都：张勍少隶忠武军，随王建迎驾，"署勍义勇都判官复隶神策军"⑦。

威信都：《九国志》卷六《前蜀·王宗涤》云："宗涤有膂力，骁果轻财好施，为士卒所推，得隶神策军为小校。建入成都，以宗涤领前锋兵，以功奏授威信都指挥使。从建攻梓州，败李继徽，以功赐名五十三指挥之首。"⑧

---

① 《旧唐书》卷20上《昭宗纪》，中华书局1975年标点本，第747页。
② 《旧唐书》卷20上《昭宗纪》，中华书局1975年标点本，第754页。
③ 《旧唐书》卷20上《昭宗纪》，中华书局1975年标点本，第747页。
④ 《资治通鉴》卷259，唐昭宗景福元年三月条，中华书局2011年标点本，第8548页。
⑤ （宋）路振：《九国志》卷6《前蜀·王宗瑶传》，江苏古籍出版社1988年标点本，第130—131页。
⑥ （宋）路振：《九国志》卷6《前蜀·张造传》，江苏古籍出版社1988年标点本，第145页。
⑦ （宋）路振：《九国志》卷6《前蜀·张勍传》，江苏古籍出版社1988年标点本，第145页。
⑧ （宋）路振：《九国志》卷6《前蜀·王宗涤传》，江苏古籍出版社1988年标点本，第127—128页。

第二章　神策军的兵源及组织体系

"都"之下的建置与僖宗幸蜀前的神策军基本没有差别，仍然有兵马使、押衙、判官、散兵马使押衙之类的使职，而且，带有这些使职的官员还可以遥领外镇节度使、刺史、都督府司马等职衔。如大顺元年（890）十月，左神策军散兵马使押衙郑浑遥领越州都督府司马。①

光启年间，田令孜以神策五十四都讨河中失败及朱玫之乱之后，藩镇骄横跋扈，神策军诸都无力抗击，逐渐溃散，但五十四都的名号仍然存在。方镇节帅为了提高部将的待遇和地位，常奏授手下得力干将为神策都头（或将军），但他们并不真正到长安赴任。如湖南节帅马殷奏署其将"八大保"萧戾为神策将军。② 乾宁二年（895）八月，昭宗自石门回京之后，趁机在京师建立起属于自己的禁军体系，以诸王统领"殿后四军"，神策诸都暂时脱离中尉的控制。乾宁三年（896）六月，李茂贞引兵逼京畿，昭宗驻跸华州。乾宁四年（897），韩建与宦官集团的代表人物刘季述逼迫昭宗解除诸王领兵权，遣散了以"殿后四军"为主力的神策诸都，田令孜建立的神策军五十四都体系彻底瓦解。

## 第四节　神策军将卒的迁转

### 一　迁转原则

唐制规定，神策正员官依资改授，每三年一转迁。③ 甘露之变之后的非常时期，神策将吏的迁转颇为畸形。神策中尉在神策军系统之内，自主任命、迁转将吏，皇帝、朝臣、兵部、中书均成摆设。史载"开成以来，神策将吏迁官，多不闻奏，直牒中书令覆奏施行，迁改

---

① 李修生：《全元文》（第 34 册）卷 1079《唐郑浑告身后题》，凤凰出版社 2004 年标点本，第 190 页。
② （明）梁潜：《泊菴集》卷 5《序·新喻萧氏族谱后序》，《文渊阁四库全书》第 1237 册，台湾商务印书馆 1986 年影印本，第 256 页。
③ （宋）吴泳：《鹤林集》卷 9《制·李实授同州团练使庆元府兵马总管制》，《文渊阁四库全书》第 1176 册，台湾商务印书馆 1986 年影印本，第 81 页。

殆无虚日"①。宦官权势达到新的高度。开成三年（838），仇士良暗杀李石未遂，李石惊惧请求出镇，文宗虽心知其事，而无能为力。此事之后，神策中尉方在名义上把神策将吏任命迁转之权归还文宗。文宗于开成三年九月颁发"癸未诏"，对神策将吏的迁转进行了重新规定，其辞云："左右神策所奏将吏改转，比多行牒中书门下，便复奏处。起今以后，宜令军司一一闻奏，状到中书，然后检勘进覆。"②即是说，神策将吏的迁转需先奏闻，中书"检勘进覆"后，符合相关资格，才能迁转。

武宗即位后，将资历和功绩确定为神策军将士职级改转的原则。其中，神策军中的正员官将士，需依资改转；非正员官将士，需要有相应的功绩，才能不循资历而得到相应级别的改转。会昌五年（845）七月四日，武宗又下敕，对神策军内部的僚佐定额官的迁转标准进行了规定。其敕文略云：

> 左右神策军定额官各十员：判官三员，勾覆官、支计官、表奏官各一员，孔目官二员，驱使官二员，改转止于中下州司马，并不拟登朝官。其驱使官从使挟名敕下，各从补后，计四年优放选。其十员官，如官满及用阙，本军与奏，仍由中书门下依资拟注官判以下员，如老弱不任道途，事须停解者，终身不许更有参选。如有殿犯，即据官判以下，或谪官覆资，或罪轻停解者，亦须终身不许更有参选。仍永为常式。其元和二年十员定额官敕，不在行用之限。③

从敕文可以看出，左右神策的十员僚佐定额官的迁转由中书门下依资

---

① 《资治通鉴》卷246，唐文宗开成三年九月条，中华书局2011年标点本，第8058页。
② 《册府元龟》卷160《帝王部·革弊第二》，凤凰出版社2006年标点本，第1782页。
③ （宋）王溥：《唐会要》卷72《京城诸军·神策军》，中华书局1955年标点本，第1297页。

第二章 神策军的兵源及组织体系

注拟，且改转仅限于中下州司马，这实际上是皇权强化的表现。武宗及宰相李德裕的强势引起神策中尉及神策军的不满。宣宗即位之初，韬光养晦，对于拥立自己的左中尉马元贽恩宠有加，会昌六年（846）十一月，下敕废除《会昌五年七月四日厘革定额转官敕》，其辞略云："左右神策军，自今已后，如有奏判官以下官额十员请转官者，宜委中书门下，依元和二年流例，与覆奏进拟，其会昌五年七月四日厘革定额转官敕，自今已后，不要行。"① 即是说，武宗关于左右神策的十员定额官改转只限于中下州司马的敕令仅实行不到一年时间，即宣告废止。

二 迁转类型

神策军将卒的迁转情况较为复杂，通过对现有史料进行爬梳，大致可以分为以下几种类型。

1. 由京师神策将军出为方镇节帅或地方刺史。如元和十五年（820）正月，右神策大将军张维清为单于大都护，充振武麟胜节度使②；大和九年（835）十一月，以左神策军胡沐为容管经略使③；开成初，田弘正之子牟以神策大将军出为盐州刺史，后迁鄜坊节度使④。

唐末，神策军将出为方镇节帅出现了新特点。由于当时唐廷实际控制的地方有限，藩镇林立，各镇已有固定的节度使，神策都头虽被任命为节度使，但大部分为遥领，实际上并没有赴任。如光启三年（887）正月，朝廷以保銮都将李鋋为黔中节度观察使，陈佩为宣歙观察使⑤，但二人并没有赴任，昭宗时，他们仍然是神策都头。景福二年（893）三月，昭宗为削弱神策诸都军权，欲用杜让能及亲王典禁兵，相继任命捧日都头陈佩为广州刺史、岭南东道节度使，扈跸都

---

① （宋）王溥：《唐会要》卷72《京城诸军·神策军》，中华书局1955年标点本，第1297页。
② 《旧唐书》卷16《穆宗纪》，中华书局1975年标点本，第476页。
③ 《旧唐书》卷17下《文宗纪下》，中华书局1975年标点本，第562页。
④ 《新唐书》卷184《田弘正附田牟传》，中华书局1975年标点本，第4786—4787页。
⑤ 《旧唐书》卷19下《僖宗纪》，中华书局1975年标点本，第726页。

头曹诚为黔州刺史、黔中节度使,耀德都头李铤为润州刺史、镇海军节度使,宣威都头孙惟晟为江陵尹、荆南节度使,并加特进、同平章事。各令赴镇,并落军权①,但五人仍然没有赴任。

2. 由神策城镇将领转任为方镇节度使或刺史。如大和七年(833)十一月,以左神策长武城使朱叔夜为泾州刺史,充泾原节度使。②

3. 神策城镇将领入为京师神策将军或军使。如梁荣干为右神策军奉天镇都知兵马使,因"塞护长榆,兵分细柳,恩加士卒"之功,擢为右神策军将军知军事充马军都虞侯。③

4. 由京师神策将军出为外镇神策城镇、行营统帅。贞元九年(793),朝廷趁城盐州之机,将战略地位十分重要的盐州纳入神策军镇体系当中,任命左神策将军兼御史中丞张昌为右神策军盐州行营节度使。④

5. 神策军士卒迁转为神策大将军。神策军中的下层军士,由于家世、立功、特长、深受中尉赏识等因素,最终成为神策大将军。李孝恭就是由一名神策基层士兵逐步升迁为神策大将军的著例。对此,《李孝恭墓志》有详细的记载,该墓志对于我们了解神策军系统内部的迁转体制大有裨益。兹节录于下:

> 公讳孝恭,字道礼,易州易县人。公以广场之妙能,遂系禁戎之右职。迁衙职,兼知马军将事。辩音律之能,迁衙职,充音声使。公武艺周身,弓开叶碎,箭发猿伤。迁马军厢使。授鳌屋镇遏使,移授奉天镇遏使,授步军将军、知军事,迁授本军大将

---

① 《旧唐书》卷20上《昭宗纪》,中华书局1975年标点本,第749页。
② 《旧唐书》卷17下《文宗纪下》,中华书局1975年标点本,第552页。
③ (唐)杜牧:《樊川文集》卷19《梁荣干除检校国子祭酒兼右神策军将军制》,上海古籍出版社1978年标点本,第284—285页。
④ 《册府元龟》卷993《外臣部·备御第六》,凤凰出版社2006年标点本,第11501页。

## 第二章　神策军的兵源及组织体系

军、知军事。以咸通十年死。①

从墓志内容看，李孝恭的仕途非常通达顺利。他因武艺过人而被选入右神策军中，不久，迁为衙职，使他能跟神策中尉密切接触。由于在军中展现了其他技艺，"辩音律之能"，又以衙职的身份充音声使。加之，他能"弓开叶碎，箭发猿伤"。因而被提拔为右军马军厢使，负责管理右军中的部分马军。又出为蟊屋镇、奉天镇镇遏使，后征调回京师任右神策军步军将军知军事，最终迁授为右神策步军大将军知军事。

与李孝恭几乎同一时期的荆从皋，亦是由一名神策军士迁为神策大将军的著例。据《荆从皋墓志》载，大和五年（831），从皋以右神策衙前正将开启了在右军中的仕途；会昌五年（845），以衙前正将加兵马使，此兵马使为基层兵马使；大中四年（850），又管马军衙前六将；到大中十一年（857），加散兵马使兼押衙，其年又充"清美显达"的马步音声使；大中十年（856），迁为先锋使；大中十四年（860），迁为马军厢使，步入了神策军中层管理层，此时的右军中尉王茂玄对从皋非常器重，"以公独领五方之卒，勤劳王家，将验九迁之荣"。懿宗咸通二年（861），被派往右神策行营的襄乐镇担任镇遏使，一年后，被调回京师，为右神策军都押衙；咸通七年（866），转为右神策军马军将军知军事并充都虞侯兼教练使等重要使职；咸通八年（867），迁为右军马军大将军知军事，达到了神策军迁转序列中的顶点。

二人在神策军中的仕途之路有很多相似之处。首先，他们能够从一介普通士兵达到神策军系统中的权力金字塔的顶层，并非空得虚名，而是名副其实。李孝恭有"广场之妙能"，"武艺周身，弓开叶碎，箭发猿伤"。荆从皋"读儒书，究兵术，尤能下士"。其次，在转迁为京师神策军系统中的中层将领之后，即被调往神策城镇任镇遏

---

① 曹龙：《唐神策军步军使李孝恭及夫人游氏墓志考释》附《李孝恭墓志铭》，《文博》2012年第6期，第61页。

使进行锻炼，然后再入京，迁转为神策军系统中的核心层——三都（都兵马使、都押衙、都虞侯）或神策军将军，最后由神策将军迁为大将军。唯一不同的是，二人入选神策军军士的途径不同。李孝恭是因武艺过人被选入右神策军中；荆从皋能入右军，得益于其在右神策军中担任要职的父亲的推荐提拔，"大和五年（831），先将军以职重禁营，荣膺右广。不避内举。补衙前正将"①。

### 三 迁转原因

神策军将卒能够得到迁转，主要有以下几点原因。

其一，向神策中尉行贿。自神策中尉制度确立之后，当时军将"率市儿辈，盖多赂金玉，负倚幽阴，折券交货所能也"②。《资治通鉴》则对禁军大将为出镇巨藩而重赂中尉的现象，作了更为形象具体的描述："自大历以来，节度使多出禁军，其禁军大将资高者，皆以倍称之息贷钱于富室，以赂中尉，动逾亿万，然后得之，未尝由执政。至镇，则重敛以偿所负。"③可见，市井富人及军人贿赂中贵人以求军将及节度使的现象不在少数，而且是不争的事实。韩全义"以巧佞财贿结中贵人（窦文场），以被荐用"。王茂元以家财赂两军，求为忠武节度使。④太常卿高瑀曾为陈州刺史，大和元年（827），陈许节度使王沛去世，陈许诸兵将奏请高瑀为帅，宰相韦处厚、裴度等人也以高瑀曾为陈州刺史，熟悉陈许军情，奏请他为陈许节度。就是这么一次正规且正常的人事任命，反而被朝野看作反常，有不少朝臣不无叹服韦处厚任人之至公至理，"韦裴作相，天下无债帅"⑤。

从一些零星史料的记载，我们可以看出，方镇节度使的价格一般

---

① 周绍良、赵超主编：《唐代墓志汇编续集》咸通074《荆从皋墓志铭》，上海古籍出版社2001年版，第1090页。
② （唐）杜牧：《樊川文集》卷5《原十六卫》，上海古籍出版社1978年标点本，第90页。
③ 《资治通鉴》卷243，唐文宗大和元年四月条，中华书局2011年标点本，第7976页。
④ 《旧唐书》卷152《王栖曜附王茂元传》，中华书局1975年标点本，第4070页。
⑤ 《新唐书》卷171《高瑀传》，中华书局1975年标点本，第5193页。

## 第二章 神策军的兵源及组织体系

不会低于两万贯。如伊慎曾赂中尉第五从直三万贯求河中节度使[①];羽林将军孙璹赂弓箭库使刘希光二万贯求方镇[②]。神策大将军的月俸是三十六贯,其年收入不过四百贯左右,若大将军在尽职守责,不贪污腐败的情况下,大约需要五十年才能凑足两万贯。按照唐代的官员考核制度,大多数神策军将迁转为神策大将军时的年纪在三十五岁以上,即使一名军官在三十五岁晋升为神策大将军,他也要到八十五岁才能凑足贿赂神策中尉的钱物。也就是说,抛开神策军家族本身资财积累等因素,即某些神策军将的父祖辈本身就是富商豪强之外,通过区区俸禄来凑足购买方镇节度使的钱物,即使神策军将的待遇福利十分丰厚,对于神策大将军来说,也简直是不可能完成的任务,而月俸30贯的神策将军就更不可能了。因此,他们采取"寅吃卯粮"的方式,先向神策中尉及富商们借贷,于是出现了不少神策债帅。神策中尉及富商因能获得比本金更高的收益,"自神策两军出为方镇者,军中多资其行装,至镇三倍偿之"[③]。富商也乐于借贷。神策债帅到镇后,为了还清借贷之资及获得比在神策军将任上更多的财物,就加倍搜刮民众,克扣军人粮资、赏赐,这些大肆残民的举动造成了军人、民众不安,影响了地方政局的稳定。如市人李泳纳资隶籍于左神策军,后为左神策军将军,不惜财货贿赂神策中尉,大和元年(827)九月,出为振武节度使,不久转为河阳节度使,"所至以贪残为务,特所交结,不果宪章。犒宴所陈果实,以木刻彩缋之。聚敛无已,人不堪命",开成二年(837),河阳军乱,李泳二子被杀[④]。

如果节帅在资钱未偿的情况下卒于任所,神策中尉及富商则征之于该镇继任者或者所卒节帅之子。大和九年(835)八月,左神策大

---

① 《册府元龟》卷153《帝王部·明罚第二》,凤凰出版社2006年标点本,第1709页。
② 《资治通鉴》卷238,唐宪宗元和六年十一月条,中华书局2011年标点本,第7808页。
③ 《旧唐书》卷52《后妃下·穆宗贞献皇后萧氏》,中华书局1975年标点本,第2201页。
④ 《册府元龟》卷455《将帅部·贪黩》,凤凰出版社2006年标点本,第5118页。

将军赵儋出为鄘坊节度①,资钱未偿而卒,左军中尉仇士良征钱于新任鄘坊节度萧洪。时李训为宰相,权势熏人,萧洪结交李训,不与所偿,仇士良等无法,又征于赵儋之子②。

其二,德才兼备,文武兼优。王栖耀之子王茂元"幼有勇略,从父征伐知名。元和中,为右神策将军"③。

其三,立功。左神策将军方元荡在永贞内禅中颇著功效,掌宿卫十余年,后又出征河北讨淮西,均立功,授陇右节度使④;神策将军何文哲先后平定张韶之难、清斩刘克明之党、拥立文宗有功,大和元年(835)九月,文宗下诏嘉奖他,以之为鄘、坊、丹、延节度使⑤。

其四,甄录功臣之后。德宗贞元年间,下诏令两神策军,"追惟旧勋,悉求其后"。何文哲的前祖、祖、父曾在唐廷颇立功效,中尉窦文场荐文哲为左军马军副将⑥;宪宗元和九年(814)八月,颁发"庚寅诏",对康日知、李洧等有功于国的十一家的后代进行甄录,其中"左神策军、华原镇遏兵马使康志宁为检校左散骑常侍兼左龙武军将军、知军事。左神策正将杨屿为袁州司马,薛之逵为夔州司马,苏缜为陇州司马,李克展为凤翔府仓曹,李融为常州司户,李仲蕃为襄州司仓,田知清为冀王府功曹,李元正为循王府功曹"⑦。

其五,战略部署的需要。广明元年(880)十一月,田令孜的心腹神策将罗元杲为河阳节度使,防止黄巢由河阳入关⑧;光启二年

---

① 《旧唐书》卷17下《文宗纪下》,中华书局1975年标点本,第560页。
② 《旧唐书》卷52《后妃下·穆宗贞献皇后萧氏》,中华书局1975年标点本,第2201页。
③ 《旧唐书》卷152《王栖耀附王茂元传》,中华书局1975年标点本,第4070页。
④ (清)何绍基:《(光绪)重修安徽通志》卷230,《续修四库全书》第654册,上海古籍出版社2002年影印本,第69页。
⑤ 《旧唐书》卷17上《文宗纪上》,中华书局1975年标点本,第527页。
⑥ 卢兆荫:《何文哲墓志考释——兼谈隋唐时期在中国的中亚何国人》附录《何文哲墓志铭录文》,《考古》1986年第9期。
⑦ 《册府元龟》卷131《帝王部·延赏第二》,凤凰出版社2006年标点本,第1439页。
⑧ 《资治通鉴》卷254,唐僖宗广明元年十一月条,中华书局2011年标点本,第8358页。

## 第二章 神策军的兵源及组织体系

(886),田令孜挟僖宗幸山南,特置感义军于兴、凤二州,以神策指挥使杨晟为感义军节度使。①

其六,伎艺。武宗会昌三年(843),下敕选方镇才校为宿卫。周宝与高骈以善击球隶于右神策军为军将。后来,周宝在良原镇将任上,有戎政,迁授为神策右厢都押衙马军知军事②;广明元年(880),神策大将军陈敬瑄、杨师立、牛勖因击球得胜而分镇三川。其中,陈敬瑄为西川节度使③,杨师立为东川节度使,牛勖为山南西道节度使④。

当然,多数神策军将卒仕途能够顺畅的原因并非单一的,而往往是以上几个因素综合作用的结果。如高骈隶于神策军能得到重用的原因,一是善击球,迎合帝王的喜好;二是得到两军神策中尉的奖擢。⑤

---

① 《资治通鉴》卷256,唐僖宗光启二年正月条,中华书局2011年标点本,第8452页。
② 《新唐书》卷186《周宝传》,中华书局1975年标点本,第5415页。
③ 《资治通鉴》卷253,唐僖宗广明元年三月条,中华书局2011年标点本,第8343页。
④ 《资治通鉴》卷253,唐僖宗广明元年四月条,中华书局2011年标点本,第8345页。
⑤ 《旧唐书》卷182《高骈传》,中华书局1975年标点本,第4703页。

# 第三章 神策城镇问题

神策军分为京师、城镇、采造三部分，是唐代中后期政坛上一支重要政治力量，对唐中后期政局和历史发展走向影响巨大。自德宗贞元年间重建神策城镇之后，一直到唐末，诸帝根据实际情况对神策城镇进行了调整，使神策军外镇体系成为唐代重要的军事制度。大规模的神策城镇分布于京西北、京东、河中一些地区，其中以京兆、凤翔地区最为密集。神策军城镇军事体系，特别是京西北神策城镇体系担负着抵御吐蕃、回鹘的入侵，监视、威慑京西北方镇，拱卫京师，维护中央政权的稳定的主要职能。关于神策城镇特别是京西北神策城镇问题，张国刚先生筚路蓝缕，已有阐发[1]，黄楼等先生继之也有相应的探讨[2]。鉴于此，本章拟在前贤研究的基础上，主要围绕贞元年间唐蕃之战与神策军第二次外镇、神策城镇的建置演变以及神策城镇的特点与作用等问题，展开讨论，以进一步加深对神策城镇问题的认识和理解。

## 第一节 贞元年间唐蕃之战与神策军第二次外镇

代宗大历年间，京兆、凤翔地区置有七个神策城镇，分别是京兆

---

[1] 张国刚：《唐代的神策军》，《唐代政治制度研究论集》，台北文津出版社1994年版，第121—128页。

[2] 黄楼：《唐代京西北神策诸城镇研究》，《魏晋南北朝隋唐史资料》（第27辑），武汉大学出版社2011年版，第346—380页。

## 第三章　神策城镇问题

的好畤、兴平、武功，凤翔的麟游、普润、天兴、扶风。但是，建中年间，两河叛乱，大量神策城镇兵出征关东：阳惠元率奉天镇兵三千，尚可孤率武功神策镇兵三千赴援河北战场；哥舒曜又统率好畤、奉天镇兵赴援河南战场。泾原兵变后，屯驻普润的神策戍兵叛归朱泚。至此，代宗大历年间用于拱卫京师、防御吐蕃的神策镇兵几告瓦解。同时，京西北的防蕃方镇泾原、凤翔等镇因参与朱泚之乱，实力被大大削弱。另外，李怀光叛乱，将邠宁镇的大部分精锐带入河中。吐蕃趁唐西北边境兵力空虚之际，屡犯郊畿。可以说，贞元年间，唐西北边防非常吃紧。

在这种情况下，为了保证京畿安全，朝廷不得不在京西北进行大规模布防，重建京西北的边防体系。一方面，贞元初，唐廷每年从宣武、淮南、陈许、河东等关东方镇征发17万人进行防秋，但防秋兵卒训练不精，其战斗力整体上不强，胜少败多。[①] 贞元八年（792），宰相陆贽上言请求废除防秋兵制，实行使防秋士卒土著化的屯田制。边地屯田制的实行，增加了有实战经验的边军人数，提高了军队战斗力。后来部分久戍不归的关东防秋兵转隶于神策军。如驻守于良原的华州兵在统帅李元谅去世后即转隶于神策镇军。另一方面，面对吐蕃的连岁入寇，德宗逐渐派遣神策军驻屯于京西北战略要地，会同京西北方镇兵共同抵御吐蕃。贞元二年（786）八月，吐蕃入侵泾州、陇州、邠州、宁州等地，德宗遣左金吾将军张献甫与神策将李升昙、苏清沔等统兵屯于长安西边门户咸阳，又征调华州骆元光率军前往咸阳助守。其年（786）十一月至十二月，吐蕃又连陷盐夏二州，进寇银州，唐政府不得重新集结兵力抵御，诏令华州骆元光、邠宁韩游瓌与凤翔及诸道戍卒移屯至塞上，马燧率兵屯石州与诸军掎角相应。恰巧此时，吐蕃军队发生了疾疫，统领大军屯于灵州鸣沙的吐蕃将军尚结赞不得不遣使假意请和。贞元三年（787）五月，平凉劫盟之后，吐蕃又连岁犯边。其年七月，德宗遣决胜军使唐良臣以众六百人戍潘原

---

[①]《新唐书》卷157《陆贽传》，中华书局1975年标点本，第4927页。

堡，神策副将苏太平率众五百人戍陇州①，命右羽林将军韩潭率神策军五千，朔方、河军三千入镇夏州②。其年秋，又命神策次将与殿前射生官李骖护边师于夏州③。九月，吐蕃大军侵扰陇州，大掠汧阳、吴山、华亭等县，虏略人口万余。驻守在陇州的神策将苏太平带兵一千五百人援华亭，太平"素怔怯寡谋"，遭遇吐蕃军伏击，败归，京畿外围防线告急。吐蕃攻占华亭后，趁势北上，攻陷了唐廷在泾州的重要军事堡垒——连云堡。连云堡地势险要，"三面颇峭峻，唯北面连原，以濠为固"。此堡一陷，"泾州不敢启西门，西门外皆为贼境。泾人有饥忧焉"。④ 神策将石季章率军三千人屯戍武功，唐良臣由潘原堡移屯至泾州百里城，以防吐蕃从陇州侵入泾州和凤翔，任蒙主率众三千戍于好畤，防御吐蕃经泾州、邠州南下入侵长安。贞元四年（788）五月，吐蕃大军分道入侵泾、邠、宁、庆、麟等州，长武城使韩全义率军御之。贞元五年（789），吐蕃率众三万寇宁州，左神策行营节度长武城使韩全义以长武城为据点，派遣高崇文领兵三千，败吐蕃于佛堂原，吐蕃死者过半。贞元八年（792）四月，吐蕃寇灵州，德宗诏河东、振武兵援灵州，同时，从京城抽调神策六军三千余人前往灵州的定远、怀远二城驻守⑤，从而将神策军镇的势力扩张至抗蕃前线。盐州地理位置重要，"远介朔陲，东达银夏，西援灵武，密迩延庆，保扞王畿"。平凉劫盟之后，盐州陷于吐蕃，"塞外无保障，灵武势隔，西通邠坊，甚为边患"。⑥ 贞元九年（793）二月，德宗下诏城盐州，令杜希全及朔方、邠宁、银夏、鄜坊、振武及神策行营诸节使共选士卒三万五千人屯盐州。筑盐州城之后，朝廷命左右神策军驻屯于盐州，以胡坚、张昌分为左、右神策盐州行营节度使。自此，吐蕃不敢随意通过盐州入侵。"自筑盐州十余载，左衽毡裘不犯

---

① 《旧唐书》卷196下《吐蕃下》，中华书局1975年标点本，第5254页。
② 《资治通鉴》卷232，唐德宗贞元三年七月条，中华书局2011年标点本，第7612页。
③ 《册府元龟》卷444《将帅部·陷没》，凤凰出版社2006年标点本，第5009页。
④ 《旧唐书》卷196下《吐蕃下》，中华书局1975年标点本，第5256页。
⑤ 《旧唐书》卷196下《吐蕃下》，中华书局1975年标点本，第5257页。
⑥ 《旧唐书》卷144《杜希全传》，中华书局1975年标点本，第3923页。

## 第三章 神策城镇问题

塞。诸边急警劳戍人，唯此一道无烟尘。灵夏潜安谁复辨，秦原暗通何处见。鄜州驿路好马来，长安药肆黄蓍贱。"①

值得注意的是，这一时期，窦文场、王希迁、霍仙鸣等权阉尚在德宗控制之下，因此，当时边防设置，多是德宗宸衷独断。

总的来看，贞元年间，经过德宗的努力，神策城镇已具规模。自德宗贞元年间重建神策城镇之后，一直到唐末，诸帝根据实际情况对神策城镇进行了调整，使神策军外镇体系成为唐代重要的军事制度。大规模的神策镇兵屯驻于京西北、京东、河中一些地区，其中，他们主要分布于京西北及畿甸之内，史载："京畿之西，多以神策军镇之，皆有屯营。军司之人，散处甸内。"② 这些京西北神策城镇以点状驻防的模式布列于京畿及京西北要地，互相呼应，与京西北凤翔、秦、陇、泾、原、渭、邠、宁、庆、丹、延、鄜、坊、灵、盐、夏、绥、银、宥等节度兵马共同构成了抵御吐蕃入侵的军事力量。

神策城镇具有独立的军事系统，但各城镇的民政、司法权归属于城镇所在的当道节度使、刺史或县令。如盐州为神策城镇时，在李庭俊作乱之前，盐州刺史由盐夏节度使判官崔文先权知。贞元十九年（803），左神策兵马使李兴干平定李庭俊之乱后，兼任盐州刺史、保塞军使。换言之，他以左神策行营兵马使的身份暂时取得了盐州的军政、民政、司法之权。不过这种局面仅维持了短短几年时间；河中有神策镇军，文宗时，河中大蝗旱，粟价大涨，节度使王起为救灾，规定每户只能存三十斛粮食，其余置于市场交易，否则将死。"神策士怙势不从，寘于法。"③ 可见，河中境内神策屯军的民政权归属于当道节度使。神策镇军往往怙恩暴横，若节度使对之姑息，神策城镇长官有可能侵夺节度使或刺史的民政权，成为当地民政事务的决策者。在特殊情况下，州刺史拥有当地所驻神策镇兵的调动权。如元和十年（815），李有经以三千人寇翼城县，绛州刺史李绛以州兵及驻屯于河

---

① 《白居易集》卷3《讽谕三·城盐州》，中华书局1979年标点本，第67页。
② 《新唐书》卷50《兵志》，中华书局1975年标点本，第1334页。
③ 《新唐书》卷167《王播传附王起传》，中华书局1975年标点本，第5117页。

中的神策镇军平定李有经之乱①。

## 第二节 神策城镇的建置演变考述

关于德宗贞元年间至唐末的神策城镇体系，史籍主要有神策十三镇、十二镇、内外八镇三种说法。

（1）神策十三镇说

《大事记续编》卷六二，顺宗永贞元年（805）五月条引宋白《续通典》云：

> 左神策军六万二千四百四十二人……京西北普润镇、崇信城（在凤翔府西北二百二十五里，复改崇信军）、定平镇、□□□、归化城、定远城、永安城、邠阳县等八镇二万六千一百十七人。……右神策军四万六千五百二十四人……京西北奉天、麟游、良原、庆州镇、怀远城一万七千四百二十七人。②

可见，宋白认为，神策城镇有十三个，其中左神策有八镇，但有镇名的为七个，右神策有五镇。《资治通鉴》卷二三七，宪宗元和二年（807）四月甲子条下胡注引宋白《续通典》云："又按宋白《续通典》：左神策，京西北八镇，普润镇、崇信城、定平镇、□□□、归化城、定远城、永安城、邠阳县也。右神策五镇，奉天镇、麟游镇、良原镇、庆州镇、怀远城也。"③司马光与王祎均接受了宋白的神策十三镇说。

然而，王祎《大事记续编》将《续通典》的内容置于顺宗永贞

---

① 《册府元龟》卷694《牧守部·武功第二》，凤凰出版社2006年标点本，第8012页。

② （明）王祎：《大事记续编》卷62，《文渊阁四库全书》第334册，台湾商务印书馆1986年影印本，第237页。

③ 《资治通鉴》卷237，唐宪宗元和二年四月甲子条胡注，中华书局2011年标点本，第7762页。

## 第三章 神策城镇问题

元年（805）之下与《资治通鉴》胡注将所引《续通典》内容置于宪宗元和二年（807）四月条下皆不妥当。那么，宋白《续通典》中所录的神策城镇存在于哪个年代呢？左神策八镇中所阙的一镇镇名是什么呢？黄楼先生认为，宋白所录神策十三镇存在的年代应为元和三年（808）至八年（813）。京西北左神策军所阙之镇应为长武城①。笔者对此深表赞同，理由如下：元和三年（808）正月，宪宗下诏将普润之兵归隶于左神策军，良原镇隶于右神策军。换言之，自元和三年（808）之后，普润、良原隶属于神策城镇。我们知道，贞元中，瀛州刺史刘澭率兵一千五百人奔附朝廷，为大唐西捍陇塞，德宗授其为秦州刺史，陇右经略军使，以普润为理所。元和二年（807）十二月，刘澭去世之后，宪宗才下诏将普润纳入神策城镇体系。然而，普润的刘澭旧部多为不法，元和八年（813）十月，李吉甫奏请普润镇兵四千余人隶属于泾原节度使。也就是说，元和八年（813）以后，普润镇就不再属于神策军镇体系。而在《续通典》所列神策城镇中，同时存在良原镇与普润镇。由此可以推知，宋白所录神策城镇存在于元和三年至八年。另外，据史实推断，左神策城镇中所阙镇名当为长武城。众所周知，长武城是防御吐蕃的重要战略要地，地势险要，易守难攻，处于邠宁、凤翔、泾州交界处，对于防援诸道起着极为重要的战略作用。代宗大历年间，李怀光筑此城，并驻兵于此；德宗时邠宁节度使韩游瓌常亲自驻兵于长武。此时，长武尚属于邠宁节度制下的一个军事城镇。贞元四年（788），朝廷鉴于该地的重要性，任命出身神策军且得到左神策监勾当窦文场赏识的韩全义出任长武城使。此后，长武城独立于邠宁之外而成为神策城镇，直到神策军被解散前，一直是左神策军京西北城镇的中心。

（2）神策十二镇说

元和十五年（820）二月，穆宗即位颁发赦文，"京西、京北及振武、天德八道节度、都防御使下及神策一十二镇将士等，共一十八

---

① 黄楼：《唐代京西北神策诸城镇研究》，《魏晋南北朝隋唐史资料》（第27辑），武汉大学出版社2011年版，第355页。

万六千七百余人,都赐物一百八万一千八百余匹"①。此处京西北神策十二镇与《续通典》的十三镇仅相差一镇,若王祎所引宋白《续通典》所录神策城镇年代在元和三年至八年,那所差的一镇或许是元和八年(813)十月割隶给泾原的普润镇。

(3) 内外八镇说

唐末,又有神策内外八镇说。如广明元年(880),黄巢进逼华州之际,朝廷任命田令孜为左右神策内八镇外八镇诸道兵马都指挥等使。

神策城镇并非设置于同一时间,因时调整的情况十分普遍,或增置或省并或割隶方镇节度,可以说,神策城镇在不同时期的数量不尽相同。因此,神策十三镇说、十二镇说或内外八镇说并不能完全反映贞元以后神策城镇的建置及其演变情形。张国刚先生的《唐代的神策军》与黄楼先生的《唐代京西北神策诸城镇研究》曾对神策城镇有考订。②鉴于此,笔者拟在前贤研究的基础上,借助于更加丰富的传世文献与碑志资料,详尽系统地考述神策城镇的建置演变情形,希望能够最大限度地勾勒出神策城镇的全貌。

(一) 京兆府

1. 兴平

至德二年(757),关西节度使郭英乂为安史之军所败,成如璆收英乂余卒于岐山,"抚其疮痍,招其逋散,三军之士有如挟纩,便以其众置兴平军于鄠县东原。"肃宗于是任命成如璆为兴平军使。③宝应元年(762)七月,郭子仪为朔方、河东、北庭等行营节度使及兴平等军副元帅,可见,兴平此时仍独立为一军。到大历五年(770),元载为代宗谋诛鱼朝恩,奏请割兴平隶属于神策军。德宗贞元初在京西北设置大量神策城镇,兴平即是其一。有学者认为,"自建中伐叛

---

① (宋) 宋敏求:《唐大诏令集》卷2《穆宗即位赦》,商务印书馆1959年标点本,第12页。

② 张国刚:《唐代的神策军》,《唐代政治制度研究论集》,台北文津出版社1994年版,第123—126页;黄楼:《唐代京西北神策诸城镇研究》,《魏晋南北朝隋唐史资料》(第27辑),武汉大学出版社2011年版,第354—369页。

③ 《册府元龟》卷398《将帅部·抚士卒》,凤凰出版社2006年标点本,第4511页。

## 第三章 神策城镇问题

战争中神策军继出,此后即不见其为神策城镇的记载"①。这种说法值得商榷。据《读史方舆纪要》卷五三载:"兴平县,北至醴泉县四十里,西至武功县五十里。唐天授二年改隶稷州,大足初还隶雍州,景龙二年改为金城县,至德二载始改今名,贞元中,常以神策军屯此,曰兴平镇,宋仍属京兆府。"②又,《唐会要》卷七二《京城诸军》"神策军"条:"元和二年正月京兆尹李墉奏:三原、高陵、泾阳、兴平等四县兵。管烽二十八所,每年差烽子计九百七十五人,远近无虞,畿内烽燧请停。从之。"③可见,元和二年(807)以后,兴平不再属于神策城镇。由此亦可推断宋白《续通典》所录神策城镇的时间当在元和二年以后。

2. 好畤

与岐州、邠州相邻。大历四年(769)正月,鱼朝恩请以好畤隶神策军。建中年间,两河藩镇叛乱,好畤神策屯兵随龙武大将军哥舒曜入援河南战场。贞元三年(787),浑瑊命其将任蒙主率众三千戍于好畤,说明此时好畤不是神策城镇。贞元中,德宗布防京西北,好畤又重新成为神策城镇。《读史方舆纪要》卷五四载:"兴元初李怀光叛屯好畤,掠泾阳、三原、富平。贞元中,以神策军分屯近畿,此为好畤镇。"④

3. 奉天

与邠州相邻,最初为防秋兵屯驻的重要军事重镇。代宗时,朱泚曾率防秋兵驻于奉天。《读史方舆纪要》卷五四载:"文明元年因析醴泉、好畤等地置县曰奉天,以奉陵寝,宝应初党项寇奉天即此。建中初从术士桑道茂言增筑奉天城及朱泚之乱果幸焉。贞元中命神策军

---

① 黄楼:《唐代京西北神策诸城镇研究》,《魏晋南北朝隋唐史资料》(第27辑),武汉大学出版社2011年版,第357页。
② (清)顾祖禹:《读史方舆纪要》卷53《陕西二·兴平县》,中华书局2005年标点本,第2549页。
③ (宋)王溥:《唐会要》卷72《京城诸军·神策军》,中华书局1955年标点本,第1295页。
④ (清)顾祖禹:《读史方舆纪要》卷54《陕西三·好畤废县》,中华书局2005年标点本,第2619页。

分屯近城，此为奉天镇，乾符初始为州治。"① 按顾祖禹的观点，奉天成为神策城镇是在德宗贞元初年。实际上，早在德宗建中初，奉天即为神策城镇，神策军使张巨济与兵马使阳惠元镇于奉天。其后，德宗遣神策军增扩奉天城，奉天遂成为京西北城池最坚固的城镇之一。两河叛乱，奉天部分镇兵随左龙武大将军哥舒曜入援河南战场。泾原兵变，德宗出幸奉天，神策虞侯侯仲庄抗御朱泚有功。德宗兴元返正后，奉天地位得到超升，成为京西北神策城镇中心。侯仲庄屯驻奉天十余年。贞元二十一年（805），王叔文欲夺宦官兵权，以范希朝为神策京西北行营节度使，命令京西北诸神策城镇将领赴奉天听命，但为宦官中尉所阻，致王叔文夺兵权计划流产。西川刘辟反，元和元年（806）春，宪宗以长武城使高崇文为左神策行营节度使，兼统左右神策、奉天麟游诸镇兵出讨。懿宗时，李孝恭为奉天镇遏使。② "唐乾符中，镇州有博野军，宿卫京师，屯于奉天。"③ 李茂贞以博野裨将戍奉天。僖宗中和二年（882），右神策将军齐克俭为左右神策军内外八镇兼博野、奉天节度使。④ 说明僖宗时，由于黄巢之变的原因，神策内外八镇与屯驻在奉天的博野军一起组成了新的方镇，其将士成分仍多为神策军。昭宗天复年间，奉天镇已入朱全忠之手，不再属于神策军系统，而是成为岐、汴二镇相争之地。"（天复二年，）李茂贞出兵夜袭奉天，虏汴将倪章、邵棠以归。"⑤

4. 咸阳

咸阳乃长安门户，紧邻便桥。贞元初年，咸阳已屯驻有神策镇

---

① （清）顾祖禹：《读史方舆纪要》卷54《陕西三·奉天废县》，中华书局2005年标点本，第2618页。

② 曹龙：《唐神策军步军使李孝恭及夫人游氏墓志考释》，《文博》2012年第6期，第61页。

③ 《旧五代史》卷132《世袭列传第一·李茂贞传》，中华书局1976年标点本，第1737页。

④ 《资治通鉴》卷254，唐僖宗中和二年三月条，中华书局2011年标点本，第8385页。

⑤ 《资治通鉴》卷263，唐昭宗天复二年八月条，中华书局2011年标点本，第8700页。

军。贞元二年（786）八月，吐蕃入侵泾、陇、邠、宁等州，"掠人畜，取禾稼，西境骚然。诸道节度及军镇，咸闭壁自守而已。京师戒严。上遣左金吾将军张献甫与神策将李昇昙（云）、苏清沔等统兵屯于咸阳，召河中节度骆元光率众戍咸阳以援之"①。其后，李昇云以禁兵屯驻咸阳约二十年。宪宗元和初年，咸阳仍有神策屯军，"咸阳县尉袁儋与（神策军）军镇相竞，军人无理，遂肆侵诬，儋反受罚"②。史籍明确记载咸阳有神策镇军的时间是二十几年。

5. 武功

位于京兆西部，紧邻凤翔，南与盩厔隔渭河相望，地理位置十分重要。大历五年（770）正月，元载奏请以武功隶神策军，鱼朝恩以养子尚可孤率神策禁兵三千人驻屯于此。建中年间，两河叛乱，尚可孤以武功神策军入援襄阳，收蓝田。贞元初，武功复为神策城镇。贞元三年（787）九月，"诏神策军将石季章以众三千戍武功"③。宣宗时期，武功仍为神策城镇。"宣宗大中年间，（李频）为武功令。于是畿民多籍神策军，吏以其横，类假借，不敢绳以法。频至，有神策士尚君庆，逋赋六年不送，睥睨出入闾里。频密摘比伍与竞，君庆叩县廷质，频即械送狱，尽条宿恶，请于尹杀之，督所负无少贷。豪猾大惊，屏息奉法，县大治。"④昭宗时，武功为凤翔李茂贞所据，已非神策城镇。

6. 盩厔

与兴平、武功相邻，其南有骆谷关。迟至长庆初年，盩厔已成为畿内神策城镇。"盩厔道巴汉三蜀，南极山不尽三十里，北阻渭。民情阻狠，古为难理。今又徙瓯越卒留成邑中，神策亦屯兵角居，俱称护甸。"⑤同时，该镇又是右神策军专用的采造之地。"会昌开成中，

---

① 《旧唐书》卷196下《吐蕃下》，中华书局1975年标点本，第5249页。
② 《旧唐书》卷153《薛存诚传》，中华书局1975年标点本，第4089页。
③ 《旧唐书》卷196下《吐蕃下》，中华书局1975年标点本，第5255页。
④ 《新唐书》卷203《文艺下·李频传》，中华书局1975年标点本，第5794页。
⑤ （唐）沈亚之：《沈下贤集校注》卷5《记上·盩厔县丞厅壁记》，肖占鹏、李勃洋校注，南开大学出版社2003年标点本，第94页。

含元殿换一柱。敕右军采造,选其材合尺度者。军司下盩厔山场,弥年未构。……遇一巨材……正中其选……两军相贺奏闻矣。"① 懿宗时,李孝恭为盩厔镇遏使。②昭宗天复二年(902),盩厔为宣武朱全忠所并。《资治通鉴》卷二六三,昭宗天复二年六月条,《考异》引《梁太祖实录》云:"六月,乙亥,上以盩厔有博野军与岐人往来以窥我,命李晖讨平。"③

7. 蓝田

位于京兆府东南部,是关中通往山南、东南诸道的交通要道之一。《唐会要》卷七二《京城诸军》"神策军"条载:"贞元六年八月,铸蓝田、渭桥等镇遏使印,凡二十三颗。"④

8. 渭桥

渭桥有粮仓,同时又是长安规模最大的粮食中转站之一。《唐会要》卷七二《京城诸军》"神策军"条载:"贞元六年八月,铸蓝田、渭桥等镇遏使印,凡二十三颗。"⑤可见,渭桥与蓝田在贞元年间被纳入神策城镇体系。

9. 华原

位于京兆府北部。西与战略要地毛鸿宾堡相应援,北邻坊州,是长安通往鄜坊的天然门户,实乃关辅咽喉之地。德宗建中年间,华原尚不属于神策城镇。据《奉天录》载:"(建中四年,德宗)诏……华原镇遏使御史大夫赵令珍……深入贼境。"⑥贞元时,华原镇始隶

---

① (宋)李昉:《太平广记》卷84《会昌狂士》,中华书局1961年标点本,第547页。
② 曹龙:《唐神策军步军使李孝恭及夫人游氏墓志考释》,《文博》2012年第6期,第61页。
③ 《资治通鉴》卷263,唐昭宗天复二年六月条下附《考异》引《梁太祖实录》,中华书局2011年标点本,第8696页。
④ (宋)王溥:《唐会要》卷72《京城诸军·神策军》,中华书局1955年标点本,第1295页。
⑤ (宋)王溥:《唐会要》卷72《京城诸军·神策军》,中华书局1955年标点本,第1295页。
⑥ (唐)赵元一:《奉天录》卷1,《续修四库全书》第423册,上海古籍出版社2002年影印本,第154页。

属左神策军。"元和九年八月庚寅，录功臣之后，以左神策军、华原镇遏兵马使兼御史大夫康志宁为检校左散骑常侍兼左龙武军将军、知军事。"① 唐昭宗时，凤翔节度使李茂贞侵夺京西北神策城镇，以温韬为华原镇将，后又以华原为耀州，温韬领刺史。② 说明到唐昭宗时，华原已不再属于神策城镇。

10. 永安城

与华原镇东西相应援。《读史方舆纪要》卷五三："永安城，即毛鸿宾堡也，宋白曰：三原县在鸿宾栅。贞元中以神策军分屯，永安城是也。"③ 有学者认为，永安城在黄河东岸石州附近。④ 笔者以为，石州附近的永安城被置为神策城镇的可能性较小，理由有二：第一，石州黄河边上的永安城镇多为突厥将领，该城的主要目的是招抚、弹压党项和回纥，同时声援河西诸镇军，这与置神策城镇拱卫京畿、防御吐蕃的宗旨不相符。第二，有中使监军的城镇未必均为神策城镇。

11. 三原

位于京兆府中部，是长安的北大门。元和二年（807）之后，三原不复为神策城镇。《唐会要》卷七二《京城诸军》"神策军"条："元和二年正月京兆尹李埔奏：三原、高陵、泾阳、兴平等四县兵。管烽二十八所，每年差烽子计九百七十五人，远近无虞，畿内烽燧请停。从之。"⑤

12. 高陵

距东渭桥仓很近。元和二年（807）之后，高陵不复为神策城镇。《唐会要》卷七二《京城诸军》"神策军"条："元和二年正月

---

① 《册府元龟》卷131《帝王部·延赏第二》，凤凰出版社2006年标点本，第1439页。
② 《新五代史》卷40《温韬传》，中华书局1974年标点本，第441页。
③ （清）顾祖禹：《读史方舆纪要》卷53《陕西二·永安城》，中华书局2005年标点本，第2574页。
④ 黄楼：《唐代京西北神策诸城镇研究》，《魏晋南北朝隋唐史资料》（第27辑），武汉大学出版社2011年版，第366页。
⑤ （宋）王溥：《唐会要》卷72《京城诸军·神策军》，中华书局1955年标点本，第1295页。

京兆尹李墉奏：三原、高陵、泾阳、兴平等四县兵。管烽二十八所，每年差烽子计九百七十五人，远近无虞，畿内烽燧请停。从之。"①

### 13. 泾阳

位于京兆府中部。元和二年（807），泾阳不再为神策城镇。《唐会要》卷七二《京城诸军》"神策军"条："元和二年正月京兆尹李墉奏：三原、高陵、泾阳、兴平等四县兵。管烽二十八所，每年差烽子计九百七十五人，远近无虞，畿内烽燧请停。从之。"② 其后，泾阳或复为神策城镇。大中年间，泾阳县令李行言擒为盗的神策军士数人。③

### 14. 同官

位于京兆府北部，是通往鄜坊的交通要道，是长安的北方屏障。元和二年（807），左神策都将李汇出镇同官。④

### 15. 醴泉

位于长安西北部，西与奉天相邻。贞元十四年（798），康志宁担任过醴泉县镇遏使。《权德舆诗文集》卷四四《中书门下贺醴泉县获白鹿表》云："醴泉县镇遏使康志宁，于建陵柏城外得一白鹿者。"⑤ 可见，醴泉在德宗贞元年间为神策城镇当无疑。

### 16. 奉先

位于京兆府东北，与同州郃阳镇相呼应。《新唐书》卷一四五《窦参传》云："（窦参）迁奉先尉。男子曹芬兄弟隶北军，醉暴其妹，

---

① （宋）王溥：《唐会要》卷72《京城诸军·神策军》，中华书局1955年标点本，第1295页。
② （宋）王溥：《唐会要》卷72《京城诸军·神策军》，中华书局1955年标点本，第1295页。
③ 《资治通鉴》卷249，唐宣宗大中八年九月条，中华书局2011年标点本，第8176—8177页。
④ 《全唐文》卷738《泾原节度李常侍墓志铭》，中华书局1983年标点本，第7619页。
⑤ （唐）权德舆：《权德舆诗文集》卷44《中书门下贺醴泉县获白鹿表》，上海古籍出版社2008年标点本，第683页。

父救不止,恚赴井死。参当兄弟重辟,众请俟免丧,参皆榜杀之,一县畏伏。"① 可见,在贞元年间,德宗将奉先纳进了神策城镇体系。

17. 美原

位于京兆东北部。美原何时为神策城镇,史未明载。大和四年(769),武自和为左神策军美原镇监军使。② 昭宗时,凤翔节度使李茂贞侵夺美原县,置鼎州,于此设义胜军,以温韬为节度使。③ 可见,唐末,美原不再属于神策城镇。

18. 云阳

位于京兆中部。大中年间,仇文义长子仇蝉约为左神策军云阳镇监军。④ 昭宗时,云阳已被邠宁王行瑜所据,后又为朱全忠所占,不复为神策城镇。《资治通鉴》卷二六〇,昭宗乾宁二年(895)九月条:"史俨败邠宁兵于云阳,擒云阳镇使王令海等,献之。"⑤

19. 南山

"唐文宗大和元年五月癸酉,左神策军奏当军请铸南山采造印一面。"⑥ "大和四年六月,左右神策军奏当军于凤翔扶风县营田采造,宝鸡县采造,斜谷、南山、吴山、宝鸡、扶风营田共四所,各请铸印。并可之。"⑦ 包筠,大中十一年(857)五月,为左神策军南山镇遏都兵马使,"分忧内镇,位处云麾"⑧。可见,宣宗时,南山仍为神策城镇。

---

① 《新唐书》卷145《窦参传》,中华书局1975年标点本,第4730页。
② 周绍良、赵超主编:《唐代墓志汇编续集》会昌007《武自和墓志铭》,上海古籍出版社2001年版,第947页。
③ 《新五代史》卷40《温韬传》,中华书局1974年标点本,第441页。
④ 周绍良、赵超主编:《唐代墓志汇编续集》大中024《仇文义夫人王氏墓志铭》,上海古籍出版社2001年版,第986页。
⑤ 《资治通鉴》卷260,唐昭宗乾宁二年九月条,中华书局2011年标点本,第8596页。
⑥ 《册府元龟》卷61《帝王部·立制度第二》,凤凰出版社2006年标点本,第646页。
⑦ 《册府元龟》卷61《帝王部·立制度第二》,凤凰出版社2006年标点本,第646页。
⑧ 《包筠墓志铭》,《全唐文补遗》(第3辑),三秦出版社1996年版,第265页。

## （二）凤翔府

### 1. 天兴

乃凤翔府治所所在地。原名雍县，永泰元年（765）改为天兴县。① 大历五年（770）正月，元载请将天兴割隶于神策军，天兴遂成为大历年间的神策城镇之一。鱼朝恩被诛后，李抱玉从山南西道调任凤翔节度使，此时，天兴县当重归凤翔府。其后，史籍中没有天兴为神策城镇的相关记载。建中四年（783），朱泚为乱，旧将李楚琳杀凤翔节度张镒以应朱泚。贞元初，李晟出镇凤翔，其军例带右神策军行营之号，但并不表明李晟之军为神策军，其军实际上为藩镇兵。李晟之后，邢君牙、张敬则相继为凤翔节度使，仍按旧例带右神策行营节度使之号。直到元和二年（807），凤翔节度使李鄘请朝廷落凤翔右神策行营之号。

### 2. 普润

普润位于凤翔府西北角，西临陇州，北接泾州。大历四年（769），鱼朝恩请以凤翔府的普润隶于神策军。大历中，朱忠亮镇守普润，掌屯田。② 其后，李良又移屯普润。德宗时，泾原兵变，普润的神策戍兵叛归朱泚。贞元中，德宗并没有将普润设为神策城镇，而是将其作为自幽州率兵一千五百人奔附朝廷，为大唐西捍陇塞的瀛州刺史刘澭的治所。德宗授刘澭为秦州刺史，陇右经略军使。元和元年（806），宪宗赐其军额曰保义军。元和二年（807）十二月，刘澭去世，翌年正月，"诏普润镇兵马使隶左神策军"③ 即是说，自元和三年（808）后，普润隶属于神策城镇。但是"刘澭旧军屯普润，数暴掠近县"④。元和八年（813）十月，李吉甫奏请普润隶泾原，以神策普润镇使苏光荣为泾原节度使。⑤ 与此同时，"普润镇兵四千人割属

---

① （唐）李吉甫：《元和郡县图志》卷2《关内道二·天兴县》，中华书局1983年标点本，第41页。
② 《旧唐书》卷151《朱忠亮传》，中华书局1975年标点本，第4056页。
③ （宋）王溥：《唐会要》卷72《京城诸军·神策军》，中华书局1955年标点本，第1295页。
④ 《新唐书》卷146《李栖筠附吉甫传》，中华书局1975年标点本，第4742页。
⑤ 《旧唐书》卷15《宪宗纪下》，中华书局1975年标点本，第447页。

第三章 神策城镇问题

泾源节度使"①。普润镇自此隶于泾原。

3. 麟游

位于凤翔东北。大历四年（769）正月，鱼朝恩请以麟游隶神策军，代宗"遣内侍鱼朝恩使于凤翔之麟游县置"②。贞元年间，仍于麟游置神策城镇。永贞元年（805）冬，西川刘辟反，元和元年（806）春，宪宗以长武城使高崇文为左神策行营节度使，兼统左右神策、奉天麟游诸镇兵讨之。元和三年（808）正月，段佐城临泾，宪宗下诏"麟游、灵台、良原、崇信、归化等五镇并修整士马，掎角相应"③。可见，在元和年间，麟游仍属于神策城镇。

4. 扶风

大历初年，鱼朝恩统神策禁军，派尚可孤"以禁兵三千镇于扶风县，后移武功。可孤在扶风、武功凡十余年，士伍整肃，军邑安之"④。建中贞元初，陇右节度暂时理于扶风。贞元四年（788），陇右节度治所移于良原，朝廷再次派出神策军镇守扶风。至大和年间，有扶风隶于神策城镇的相关史料。"大和四年六月，左右神策军奏当军于凤翔扶风县营田采造，宝鸡县采造，斜谷、南山、吴山、宝鸡、扶风营田共四所，各请铸印。并可之。"⑤

5. 宝鸡

"大和四年六月，左右神策军奏当军于凤翔扶风县营田采造，宝鸡县采造，斜谷、南山、吴山、宝鸡、扶风营田共四所，各请铸印。并可之。"⑥

6. 斜谷

"大和四年六月，左右神策军奏当军于凤翔扶风县营田采造，宝鸡县采造，斜谷、南山、吴山、宝鸡、扶风营田共四所，各请铸印。

---

① 《册府元龟》卷124《帝王部·修武备》，凤凰出版社2006年标点本，第1359页。
② 《册府元龟》卷124《帝王部·修武备》，凤凰出版社2006年标点本，第1358—1359页。
③ 《册府元龟》卷410《将帅部·壁垒》，凤凰出版社2006年标点本，第4644页。
④ 《旧唐书》卷144《尚可孤传》，中华书局1975年标点本，第3911页。
⑤ 《册府元龟》卷61《帝王部·立制度第二》，凤凰出版社2006年标点本，第646页。
⑥ 《册府元龟》卷61《帝王部·立制度第二》，凤凰出版社2006年标点本，第646页。

并可之。"①

（三）邠州

长武城

长武城属于邠州宜禄县，与泾州、宁州相接，西距泾州七十里，地势险峻，易守难攻。《武经总要》云："四面险固，皆阻大涧涉绝，惟有一路可上，天险也。"②扼吐蕃南侵之要冲，本为诸道防秋兵屯驻的重要军事据点。《读史方舆纪要》卷五四载："长武城，唐大历初，郭子仪命李怀光筑长武城，据原首，临泾水，俯瞰通道，扼吐蕃南寇之路。"③ 大历七年（772），吐蕃入寇，"（浑）城与泾原节度使马璘会兵大破贼于黄菩原，自是每年常戍长武"④。大历十四年（779），"朔方、邠宁节度使李怀光发兵防秋，屯长武城"⑤。贞元初，吐蕃寇大回原，邠宁节度使韩游瓌驻守长武城，大败吐蕃于南原。贞元三年（787），韩游瓌之子韩钦绪与李广弘谋逆，游瓌上章请罪，以病自解邠宁节度使，朝廷任命张献甫为邠宁节度使，并以韩全义为长武城使，镇守长武城。此后，长武城独立于邠宁之外而成为神策城镇，韩全义成为第一任左神策行营长武城使。直到神策军被解散前，长武城一直是左神策军京西北城镇的中心。其后，高崇文、高霞寓、崔鈗⑥、杜叔良、朱叔夜等先后为长武城使。元和初，城使高崇文以此地控扼要害，遂精练步骑五千。自吐蕃、回鹘衰弱后，长武城又成为防控党项、羌戎的重镇。懿宗咸通初，党项羌叛，神策都虞侯高骈率禁兵万人戍长武

---

① 《册府元龟》卷61《帝王部·立制度第二》，凤凰出版社2006年标点本，第646页。
② （宋）曾公亮：《武经总要》前集卷18上《长武砦》，《文渊阁四库全书》第726册，台湾商务印书馆1986年影印本，第531页。
③ （清）顾祖禹：《读史方舆纪要》卷54《陕西三·长武城》，中华书局2005年标点本，第2630页。
④ 《旧唐书》卷134《浑瑊传》，中华书局1975年标点本，第3704页。
⑤ 《资治通鉴》卷226，唐代宗大历十四年八月条，中华书局2011年标点本，第7387页。
⑥ 周绍良主编，赵超副主编：《唐代墓志汇编》元和134《唐故太子洗马博陵崔府君墓志铭并序》，上海古籍出版社1992年版，第2044页。

城。① 僖宗时，高骈上奏："长武镇，扼羌戎。"②

（四）宁州

1. 定平

属宁州。宁州有定平县，与邠州交界。朔方军邠宁庆节度兵马使李朝寀以兵戍宁州定平，有亲军两千人。贞元十五年（799），浑瑊薨，李朝寀请以定平戍军隶神策军。③ 从此，定平成为神策城镇之一。定平镇与西边的神策重镇长武城相呼应，两镇缓急相应，同时又起到监视邠宁的作用。《新唐书》认为定平成为神策城镇是在元和四年（809），"元和四年隶左神策军。唐末以县置衍州"④。其史源尚待进一步考证。又，《读史方舆纪要》卷五七载："定平城，贞元中，以神策军分屯京畿，定平其一也，谓之定平镇。大中间置衍州于此。五代梁开平三年（909），遣康怀贞等侵李茂贞，克宁州及衍州，降庆州，游兵侵掠至泾州境内是也。"⑤ 可见，定平在唐末已入凤翔李茂贞之手。

2. 襄乐

位于宁州北部，是防御吐蕃的重镇。"时频年西戎大下，诏令将军戴公，部领精锐亲卫将士，镇于襄乐县。萧关无牧马之忧，四五十年。"⑥ 文宗大和六年（832）二月董瑾为其父所立的《董府君经幢》云："有故右神策军襄乐防秋同正将、兼押衙银青光禄大夫、检校太子詹事、上柱国董府君，公讳叙。"⑦ 咸通二年（861），荆从皋出为

---

① 《旧唐书》卷182《高骈传》，中华书局1975年标点本，第4703页。
② 《旧唐书》卷19下《僖宗纪》，中华书局1975年标点本，第693页。
③ 《资治通鉴》卷236，唐德宗贞元十七年五月条，中华书局2011年标点本，第7717页。
④ 《新唐书》卷37《地理一》，中华书局1975年标点本，第969页。
⑤ （清）顾祖禹：《读史方舆纪要》卷57《陕西六·定平城》，中华书局2005年标点本，第2769页。
⑥ 周绍良、赵超主编：《唐代墓志汇编续集》大和022《杨旻墓志铭》，上海古籍出版社2001年版，第897页。
⑦ 《全唐文》卷988《建幢铭》，中华书局1983年标点本，第10229页。

襄乐镇遏使。①

（五）庆州

庆州镇属于右神策城镇。《资治通鉴》卷二三七，宪宗元和二年（807）四月条下胡注引宋白《续通典》云："左神策京西北八镇……右神策五镇，奉天镇、麟游镇、良原镇、庆州镇、怀远城也。"②但有关唐史的直接史料中不见庆州为神策外镇的实例。不过，庆州作为防御吐蕃的前沿阵地，德宗派遣神策军驻防于此的可能性很大。

（六）泾州

1. 良原

位于泾州西南部，西与陇州、原州接壤，初为防秋兵屯驻要地。贞元二年（786），吐蕃破良原。贞元三年（787），李元谅率华州之众到京西北防秋。贞元四年，被任命为陇右节度使，时河陇为吐蕃所陷，良原成为陇右节度暂时治所。"贞元四年春，加陇右节度支度营田观察、临洮军使，移镇良原。良原古城多摧圮，陇东要地，虏入寇，常牧马休兵于此。劝军士树艺，岁收粟菽数十万斛，生植之业，陶冶必备。泾、陇由是乂安，虏深惮之。贞元九年十一月，卒于良原。"③李元谅卒后，其将阿史那叙为陇右节度使继续镇守良原。元和三年（808）正月，"诏良原镇兵马使隶右神策军"④。此后，良原隶属于神策城镇。会昌年间，右神策军军将周宝曾为良原镇使。乾宁二年（895），邠宁节度使王行瑜欲兼并良原镇而不成功。良原镇作为神策城镇一直到神策军废止。

2. 灵台

位于泾州东南部。西与良原镇相呼应。"元和三年正月，初佐请城临泾，诏麟游、灵台、良原、崇信、归化等五镇并修整士马，掎角

---

① 周绍良、赵超主编：《唐代墓志汇编续集》咸通074《荆从皋墓志铭》，上海古籍出版社2001年版，第1090页。

② 《资治通鉴》卷237，唐宪宗元和二年四月条下胡注，中华书局2011年标点本，第7762页。

③ 《旧唐书》卷144《李元谅传》，中华书局1975年标点本，第3918页。

④ （宋）王溥：《唐会要》卷72《京城诸军·神策军》，中华书局1955年标点本，第1295—1296页。

相应。"① 可见，灵台成为神策城镇当在元和三年以前。从该条史料可以看出，朝廷设置该镇的主要目的是防御吐蕃。至于灵台镇设置时间，有学者认为，作为神策城镇的灵台镇置于贞元初②，其主要根据是杨志廉在贞元初为灵台监军。但是，有中使监军的城镇并非神策城镇，所以此说值得进一步考证。

（七）原州

1. 崇信城

紧邻良原镇，乃防御吐蕃重镇。贞元年间，置神策城镇，隶属于左神策军。骆文政"任左神策军行营归化、崇城等镇监军使。以贞元十九年诏抚西陲，获安边鄙"③。此处崇城是崇信城的简称。又，《太平寰宇记》："崇信县，本唐神策军之地，后改为崇信军。"④ 又，《读史方舆纪要》卷五八："崇信县，东北到泾州七十里本平凉县地，唐贞元间，陇右节度使李元谅始筑城屯军，名曰崇信，亦为神策军分屯之所。"⑤ "元和三年正月，初佐请城临泾，诏麟游、灵台、良原、崇信、归化等五镇并修整士马，掎角相应。"⑥ 可见，直到元和年间，崇信城仍为神策城镇。

2. 归化城

地理位置不详。《册府元龟》卷四一〇《将帅部·壁垒》："元和三年正月，初佐请城临泾，诏麟游、灵台、良原、崇信、归化等五镇并修整士马，掎角相应。"⑦ 根据该条资料中五镇排列次序及掩护筑城

---

① 《册府元龟》卷410《将帅部·壁垒》，凤凰出版社2006年标点本，第4644页。

② 黄楼：《唐代京西北神策诸城镇研究》，《魏晋南北朝隋唐史资料》（第27辑），武汉大学出版社2011年版，第362页。

③ 周绍良、赵超主编：《唐代墓志汇编续集》元和004《唐故内侍省内给事假延信故夫人渤海郡君骆氏墓志铭并序》，上海古籍出版社2001年版，第802页。

④ （宋）乐史：《太平寰宇记》卷30《关西道六·凤翔府》，中华书局2007年标点本，第647页。

⑤ （清）顾祖禹：《读史方舆纪要》卷58《陕西七·崇信县》，中华书局2005年标点本，第2782页。

⑥ 《册府元龟》卷410《将帅部·壁垒》，凤凰出版社2006年标点本，第4644页。

⑦ 《册府元龟》卷410《将帅部·壁垒》，凤凰出版社2006年标点本，第4644页。

的需要等要素考虑，有学者推断，归化城当在崇信以北，平凉一带。①此可备一说。但是，笔者认为，归化城亦有可能在原州境内。元和二年（807），骆文政为左神策军行营归化、崇城二镇监军使。②骆文政同时为二镇监军，可见，归化与崇信城距离不远且在同一行政区划之内——原州，这样才方便监军行使相应的职权。

（八）灵州

1. 定远城

地理位置重要，在黄河北岸，乃灵武的北方屏障，对于防御回鹘、吐蕃的侵扰具有重要作用。《读史方舆纪要》卷六二："定远城，《唐志》云：城在灵州东北二百里，先天二年郭元振置，天宝中属朔方节度，后升为县，属灵州。"③贞元八年（792），定远城成为神策城镇，"贞元八年四月，吐蕃寇灵州，掠人畜，攻陷水口城，进围州城，塞水口及支渠以营田。诏河东、振武分兵为援，又分神策六军之卒三千余人戍于定远、怀远二城，上御神武楼劳遣之。吐蕃引去"④。元和二年（807）以后，定远城又归属于朔方灵盐节度，不复为神策城镇。"元和二年四月甲子，以右金吾大将军范希朝代李栾为灵州长史，充朔方、灵、盐节度，仍进位检校司空，以右神策、盐州、定远三镇兵马隶焉，所以革近制任边将也。"⑤"元和十年秋七月庚午朔，灵武节度使李光进卒。辛未，以神策军长武城使杜叔良为朔方、灵盐、定远城节度观察使。"⑥定远城与朔方、灵盐并举，说明它虽不为神策城镇，但仍然保持相对独立性。宣宗大中五年（851），定远

---

① 黄楼：《唐代京西北神策诸城镇研究》，《魏晋南北朝隋唐史资料》（第27辑），武汉大学出版社2011年版，第362—363页。

② 周绍良、赵超主编：《唐代墓志汇编续集》元和004《唐故内侍省内给事假延信故夫人渤海郡君骆氏墓志铭并序》，上海古籍出版社2001年版，第802页。

③ （清）顾祖禹：《读史方舆纪要》卷62《陕西十一·定远城》，中华书局2005年标点本，第2944页。

④ 《旧唐书》卷196下《吐蕃下》，中华书局1975年标点本，第5257页。

⑤ 《册府元龟》卷120《帝王部·选将第二》，凤凰出版社2006年标点本，第1308页。

⑥ 《旧唐书》卷15《宪宗纪下》，中华书局1975年标点本，第453页。

## 第三章 神策城镇问题

城使史元作为平党项的主力,在夏州三交谷破党项九千余帐。"① 唐昭宗景福二年(893),灵武节度使韩遵上表请以该城置警州。

2. 怀远城

《资治通鉴》卷二三四,德宗贞元八年(792)四月条下胡注:"怀远县属灵州,后周置,隋五原郡在县界。"② 贞元八年,与定远城一起,同时隶属于神策城镇。"贞元八年四月,吐蕃寇灵州,掠人畜,攻陷水口城,进围州城,塞水口及支渠以营田。诏河东、振武分兵为援,又分神策六军之卒三千余人戍于定远、怀远二城,上御神武楼劳遣之。吐蕃引去。"③ 至元和二年(807),怀远又与定远同时改隶朔方灵盐节度。"元和二年四月甲子,以右金吾大将军范希朝代李栾为灵州长史,充朔方、灵、盐节度,仍进位检校司空,以右神策、盐州、定远三镇兵马隶焉,所以革近制任边将也。"④《资治通鉴》卷二三七,宪宗元和二年四月条:"甲子,以右金吾大将军范希朝为朔方、灵盐节度使,以右神策盐州、定远兵隶焉,所以革近制,任边将也。"该条胡注云:"今曰右神策,岂怀远兵欤?"⑤

(九) 陇州

1. 华亭

北接原州,属于防御吐蕃的重镇。"东至泾州百里,西至南蕃界一百里,南至陇州九十里,北至泾州瓦亭砦一百二十里。"⑥《太平寰宇记》卷一五〇《陇右道一》:"仪州:理华亭县。本西戎之界,秦

---

① 《资治通鉴》卷249,唐宣宗大中五年四月条,中华书局2011年标点本,第8168页。
② 《资治通鉴》卷234,唐德宗贞元八年四月条下胡注,中华书局2011年标点本,第7652页。
③ 《旧唐书》卷196下《吐蕃下》,中华书局1975年标点本,第5257页。
④ 《册府元龟》卷120《帝王部·选将第二》,凤凰出版社2006年标点本,第1308页。
⑤ 《资治通鉴》卷237,唐宪宗元和二年四月条,中华书局2011年标点本,第7762页。
⑥ (宋)曾公亮:《武经总要》前集卷18上《仪州》,《文渊阁四库全书》第726册,台湾商务印书馆1986年影印本,第532页。

陇之地凤翔之边镇,后魏普泰元年筑城置镇以搤蕃戎之路,唐为神策军。"① 贞元年间,德宗将之纳入神策城镇体系。贞元初年,吐蕃攻围汧阳、华亭、吴山,贞元三年(787),神策副将苏太平以五百戍陇州。此后,华亭驻有神策屯兵,成为神策城镇。设置华亭镇的主要目的是防御吐蕃的侵扰。

2. 吴山

"大和四年六月,左右神策军奏当军于凤翔扶风县营田采造,宝鸡县采造,斜谷、南山、吴山、宝鸡、扶风营田共四所,各请铸印。并可之。"②

(十)夏州

1. 夏州

贞元三年(787)七月,"以右羽林将军韩潭为夏、绥、银节度使,帅神策之士五千、朔方、河东之士三千镇夏州"③。夏州自此驻屯有神策兵,至贞元十四年(798),朝廷任命左神策行营节度长武城使韩全义代韩潭为夏绥银节度使,令韩全义以长武兵赴夏州,但夏州乃沙碛之地,土地贫瘠,不能闲时耕种,且时至炎夏,徙军颇为劳苦,更为重要的是,一旦移镇夏州,就不再享有神策军的优厚待遇了。于是,长武戍卒发生动乱,赖都虞侯高崇文诛乱首者,全义才得以赴夏州。朝廷为安抚赴镇的长武戍卒,韩全义出任夏绥银节度使后,仍然带左神策行营节度之称号,使夏州名义上成为神策城镇。贞元十六年(800),韩全义以左神策行营银夏节度使为蔡州行营招讨使。④ 可见,夏绥银节度使在韩全义统领夏州时期有左神策行营之号。

2. 长泽

"元和十五年,复置宥州于长泽县,隶夏绥银节度刺史,兼管神

---

① (宋)乐史:《太平寰宇记》卷150《陇右道一·仪州》,中华书局2007年标点本,第2908页。

② 《册府元龟》卷61《帝王部·立制度第二》,凤凰出版社2006年标点本,第646页。

③ 《资治通鉴》卷232,唐德宗贞元三年七月条,中华书局2011年标点本,第7612页。

④ 《旧唐书》卷13《德宗纪下》,中华书局1975年标点本,第392页。

策军。"① 可见，鄜城迁往经略军的九千人，亦当随迁至长泽镇。"元和十五年十一月，夏州节度使李佑自领兵赴长泽镇，奉诏讨吐蕃。"②"李佑，为夏州节度使。穆宗长庆元年二月，统所部四千赴长泽镇，以备边寇。"③

（十一）盐州

贞元三年（787），朝廷置夏州节度使，领绥、盐二州，不久，盐州为吐蕃攻陷。贞元九年（793）二月，德宗下诏修筑盐州城，命诸道及神策行营选兵三万五千人赴盐州防蕃，任命左神策将军兼御史中丞张昌充右神策军盐州行营节度使。筑盐州城毕，朝廷命左神策军驻屯于盐州，又以胡坚、张昌分为左、右神策盐州行营节度使。贞元十四年（798），凤翔节度使邢君牙卒，朝廷任命右神策军盐州行营节度使张昌代为凤翔尹、右神策行营节度使、凤翔陇右节度使，改名为张敬则。同年，长武城使韩全义调任夏绥银宥节度使，盐州不复为神策城镇，暂隶于夏绥银节度，但是，盐州仍然有神策军驻守。"贞元十九年九月，盐夏节度判官崔文先权知盐州，为政苛刻。冬，闰十月，庚戌，部将李庭俊作乱，杀而胾食之。左神策兵马使李兴干戍盐州，杀庭俊以闻。十一月，戊寅朔，以李兴干为盐州刺史，得专奏事，自是盐州不隶夏州。"④ 其后，盐州复为神策城镇，取得了相对独立的地位。不过，盐州的特殊地位仅维持了几年。元和二年（807）四月，范希朝代李栾任朔方、灵、盐节度使，"以右神策、盐州、定远三镇兵马隶焉"⑤。盐州又归属于朔方节度，失去了神策城镇的地位。元和十四年（819），吐蕃毁盐州，朝廷以李文悦为盐州刺史，邠宁节度使李光颜充勾当修筑盐州城使，以陈许兵六千人赴任。可见，自元和二年之后，盐州已不属于神策城镇。

---

① （宋）曾公亮：《武经总要》前集卷18下《河二·无定河》，《文渊阁四库全书》第726册，台湾商务印书馆1986年影印本，第539页。
② 《旧唐书》卷196下《吐蕃下》，中华书局1975年标点本，第5263页。
③ 《册府元龟》卷390《将帅部·警备》，凤凰出版社2006年标点本，第4410页。
④ 《册府元龟》卷78《帝王部·委任第二》，凤凰出版社2006年标点本，第846页。
⑤ 《册府元龟》卷120《帝王部·选将第二》，凤凰出版社2006年标点本，第1308页。

## （十二）宥州

天宝末，宥州寄理于经略军，"地居其中，可以总统蕃部，北以应接天德，南援夏州"①。《元和郡县志》："（元和）九年五月，诏复于经略军城置宥州，仍为上州，改隶夏绥银观察使，取鄜城神策行营兵马使郑杲下兵士并家九千人，以实经略军。"② 此后，宥州属于神策城镇。大中年间，宥州仍有左神策行营之号。使持节宥州诸军事、兼宥州刺史、御史中丞、充经略军使、押蕃落副使、左神策军宥州行营都知兵马使田克加兼检校国子祭酒③ 即是著例。

## （十三）延州

### 1. 永康镇

属于延州，该镇设置的主要目的是防御吐蕃的侵扰。《太平寰宇记》卷三七《关西道十三》："保安军，唐咸亨年中曾驻泊禁军于此，至贞元十四年，建为神策军，寻改为永康镇，属延州，扼截蕃界。"④ "旧延州栲栳城，唐为神策军，控扼蕃寇。"⑤

### 2. 安塞军

《李良僅墓志铭》："考如暹，贞元中，拜延州刺史、兼安塞军等使。寻加散骑常侍、兵部尚书。公即尚书之次子也。元和初，先尚书器之，奏授检校大理卿，兼监察御史，充左神策军行营先锋兵马使、延州安塞军蕃落等副使。六年，特拜延州刺史。十一年，加御史中丞。长庆初，又拜御史大夫。敬宗时，诏加散骑常侍。皇帝嗣位，改号大和。诏迁工部尚书。公之理延安也，十八矣。公长子拱，左神策安塞军押衙、兼衙前副兵马使。陇西郡夫人京兆第五氏生二子。长曰

---

① 《旧唐书》卷148《李吉甫传》，中华书局1975年标点本，第3996页。

② （唐）李吉甫：《元和郡县图志》卷4《关内道四·新宥州》，中华书局1983年标点本，第106—107页。

③ （唐）杜牧：《樊川文集》卷18《田克加检校国子祭酒依前宥州刺史制》，上海古籍出版社1978年标点本，第273页。

④ （宋）乐史：《太平寰宇记》卷37《关西道十三·保安军》，中华书局2007年标点本，第789页。

⑤ （宋）曾公亮：《武经总要》前集卷18上，《文渊阁四库全书》第726册，台湾商务印书馆1986年影印本，第521页。

## 第三章 神策城镇问题

据,左神策安塞军押衙、兼押诸蕃府部落兵马使,仍袭阁门府都督。"①从墓志内容来看,在贞元年间,安塞军尚不隶于神策军,到元和初年,安塞军方隶于左神策军,成为京西北神策城镇之一。又,元和年间,谢寿为左神策延州防御安塞军同十将。"元和七年,拟同十将;十三年,迁先锋十将。"②

(十四)鄜州

鄜畤

"长庆二年,(崔从)检校礼部尚书、鄜州刺史、鄜坊丹延节度等使。鄜畤内接畿甸,神策军镇相望,逾禁犯法,累政不能制。而从抚遏举奏,军士惕然。"③可见,长庆年间,鄜畤隶属于神策城镇。

(十五)坊州

鄜城

位于坊州东部。《元和郡县志》:"(元和)九年五月,诏复于经略军城置宥州,仍为上州,改隶夏绥银观察使,取鄜城神策行营兵马使郑杲下兵士并家九千人,以实经略军。"④说明鄜城有神策屯兵,派往宥州的鄜城神策兵达九千人,可见,鄜城当为一座规模巨大的神策城镇。

(十六)同州

郃阳

《读史方舆纪要》卷五四载:"东北至韩城县九十里,……贞元以后常以神策军分屯于此,翊卫近畿也。"⑤兴元元年(784),朝廷讨伐李怀光于河中,德宗下诏令窦觎率坊州兵七百人屯驻郃阳,以窥视河中动向。平李怀光后,德宗以郃阳镇为神策城镇。与京西北神策

---

① 《李良僅墓志铭》,《全唐文补遗》(第5辑),三秦出版社1998年版,第36—37页。
② 周绍良主编,赵超副主编:《唐代墓志汇编》会昌024《谢寿墓志铭》,上海古籍出版社1992年版,第2228页。
③ 《旧唐书》卷177《崔慎由附崔从传》,中华书局1975年标点本,第4579页。
④ (唐)李吉甫:《元和郡县图志》卷4《关内道四·新宥州》,中华书局1983年标点本,第106—107页。
⑤ (清)顾祖禹:《读史方舆纪要》卷54《陕西三·郃阳县》,中华书局2005年标点本,第2607—2608页。

城镇不同的是，邠阳镇设置主要目的是"翊卫近畿"。元和十年（815），诸军讨吴元济，"命神策军、邠阳镇遏将索日进以泾源兵六百人会光颜"①。又，"敬宗宝历元年闰七月，同州韩城县百姓王文秀等于本县左神策军渚田内放牧马，群牧小将刘兴裔擅鞭扑"②。此处韩城县的左神策渚田，当属于邠阳镇军。至昭宗时，邠阳镇仍隶于神策军，"乾宁二年，畿内有八镇兵，隶左右军，邠阳镇近华州，韩建求之"③。

（十七）河中绛州

闻喜县

《太平寰宇记》云："闻喜县，元和三年河中节度使杜黄裳奏移神策军于县宇，官吏权止桐乡佛寺，至十年，刺史李宪奏复置县于桐乡故城。"④ 元和十年（815），李宪为绛州刺史，"泽州沁水县妖贼李有经聚从三千余人来寇翼城县。宪以州兵及神策镇军击破之，擒有经以献"⑤。翼城与闻喜同属于绛州，李宪所将神策镇军当指屯驻闻喜的神策军。唐末，闻喜县仍然为神策城镇。"僖宗时，（王重荣）与兄重盈皆以毅武冠军，擢河中牙将，主何察。时两军士干夜禁，捕而鞭之。士还，诉于中尉杨玄寔，玄实怒，执重荣。"⑥ 中和二年（882），李克用率众三万、骑五千会王重荣于河中，"帝擢克用雁门节度、神策天宁军镇遏、忻代观察使"⑦。绛州为河中节度治下的一州。河中牙将王重荣兄弟所捕神策军士与李克用所领神策军应该均属

---

① 《册府元龟》卷122《帝王部·征讨第二》，凤凰出版社2006年标点本，第1337页。
② 《册府元龟》卷153《帝王部·明罚第二》，凤凰出版社2006年标点本，第1713页。
③ 《资治通鉴》卷260，唐昭宗乾宁二年五月条，中华书局2011年标点本，第8589页。
④ （宋）乐史：《太平寰宇记》卷46《河东道七·解州》，中华书局2007年标点本，第969页。
⑤ 《册府元龟》卷694《牧守部·武功第二》，凤凰出版社2006年标点本，第8012页。
⑥ 《新唐书》卷187《王重荣传》，中华书局1975年标点本，第5435页。
⑦ 《新唐书》卷218《沙陀传》，中华书局1975年标点本，第6159页。

## 第三章 神策城镇问题

于驻屯于绛州闻喜的神策镇军。

（十八）瀛州

乐寿镇、博野镇

二镇位于成德、幽州之间，是连接燕赵的重要战略要地，地理位置重要。长庆年间，成德王廷凑、幽州朱克融反叛，乐寿、博野二镇统帅傅良弼、李寰坚守城池，朝廷表彰二人之功，临时在乐寿、博野临时权置神策城镇。其中乐寿镇隶于左神策行营，博野镇隶于右神策行营。但二镇存在的时间极短。①"长庆二年（822）二月，诏雪镇州王廷凑，以左神策行营、乐寿镇兵马使傅良弼为沂州刺史，以瀛州博野镇遏使李寰为忻州刺史，皆酬劳也。"② 可见，在长庆二年（822）二月，傅良弼率军突围前，乐寿已属于神策城镇，其后，傅良弼入京为左神策将军，后又拜郑州刺史，乐寿镇不复存在。长庆二年（822）二月，李寰率三千博野军突围成功，朝廷以李寰为忻州刺史。其年四月，朝廷始命其军隶属于右神策行营，赐其军额为"忻州军"，又称作神策军忻州行营。作为神策城镇的博野镇不复存在，但李寰所领博野军仍然隶属于神策军系统，享受神策军的各项优厚待遇。在忻州期间，其部下右神策军忻州行营兵马使杨玄谅等三十人受到加官的赏赐。长庆二年（822）九月，李寰迁任保义军节度使、晋慈等观察处置使，忻州军随之赴任。大和元年（827）十一月，命李寰为横海节度使讨李同捷，"庚寅敕"云："李寰下将士衣粮，旧准神策军例支给，今初移镇五，令度支且准旧例处分，待沧景事平后，仍委条流闻奏。"③ 忻州军在忻州营及晋慈地区时，其粮赐供应均与神策军等例。今李寰移镇横海，由于方镇军待遇不如神策军。为了安抚李寰之军，故特下诏令，李寰所率军队至横海后，待遇不变。故在《旧唐书》中，李寰以横海节度使的身份征讨李同捷时的结衔仍然有

---

① 黄寿成：《唐代河北地区神策行营城镇考》，《中国历史地理论丛》2004年第6期，第85—88页。

② 《册府元龟》卷128《帝王部·明赏第二》，凤凰出版社2006年标点本，第1402页。

③ 《册府元龟》卷484《邦计部·经费》，凤凰出版社2006年标点本，第5492页。

"神策节度使"之号。① 但是,"师所过暴钞,至屯,按军不进,遂身入朝,盛陈贼势,请济师,欲大调发。群臣议寰兵太重,且盗沧、景,未决而棣州平。寰内愧不自安,愿留京师"②。李寰的博野军出自河北,与中央军不是一个系统,虽名隶神策,但具有很强的私兵性质。所以,在王智兴平棣州后,朝廷趁机罢保义军、忻州营,解除了李寰的军权。从此,忻州军不再隶属神策行营,与李寰亦不存在隶属关系。文宗通过此种方式解除了具有河北藩镇背景的博野军对朝廷的潜在威胁。

(十九) 其他不能确定具体位置的神策城镇

铁颗堡

据《大唐西市博物馆藏墓志》三六〇《田述墓志》记载,德宗贞元年间,田述的父亲曾为右神策军铁颗堡镇遏兵马使。③ 但《田述墓志》没有明确交代右神策军所辖铁颗堡的具体位置。我们从其墓志中关于田述之父曾为定川郡王,去世时,朝廷赠授他绥州刺史的记载,可以推知,铁颗堡当属于京西北神策城镇。因一手资料不足,这个问题尚难考证清楚,笔者在此推断出的结论只作参考。

另外,有学者认为,会昌年间,朝廷在代州所置归义军亦属于神策城镇之一④,所依据的主要材料是《请赐嗢没斯枪旗状》。其状文略云:

> 嗢没斯既加军号,甚壮边城,锡以牙旗,尤彰宠异。臣等商量,望依神策诸城镇使例,赐以旗两口,豹尾两对,器杖并刀一副。令中使押领宣赐。如以中使行速,赍持稍难,其枪旗令于太原节度使下拣新好者充赐,亦稳便。谨录奏闻。⑤

---

① 《旧唐书》卷143《李全略附李同捷传》,中华书局1975年标点本,第3907页。
② 《新唐书》卷148《牛元翼附李寰传》,中华书局1975年标点本,第4789—4790页。
③ 胡戟、荣新江:《大唐西市博物馆藏墓志》,北京大学出版社2012年版,第777页。
④ 黄楼:《唐代京西北神策诸城镇研究》,《魏晋南北朝隋唐史资料》(第27辑),武汉大学出版社2011年版,第366—367页。
⑤ (唐)李德裕:《李卫公会昌一品集》文集卷13《请赐嗢没斯枪旗状》,《丛书集成初编》,商务印书馆1936年版,第108页。

第三章　神策城镇问题

我们知道，会昌初年，回鹘为黠戛斯所破，政权解体。会昌二年（842），其特勤嗢没斯率众降唐，其军多为骑兵，战斗力较强。其年六月，宰相李德裕请赐嗢没斯姓名为李思忠，其军归义军之号。李思忠愿与诸弟为唐镇守边境，朝廷为表示对李思忠及降唐回鹘部落的优待，在任命李思忠为归义军军使之时，令其上任时的待遇比照神策城镇使之例。状文中所说的是"依神策诸城镇使例"，而非以归义军为神策城镇。会昌三年（843）正月，石雄取得杀胡山大捷，大破回鹘乌介可汗，李思忠虽有助唐破回鹘之功，但惧边将猜忌，请入朝为官。其年二月，武宗下诏停归义军，以优厚的粮赐将该军的士卒分隶于诸道为骑兵。三月，河东节度使刘沔诛归义军三千人及酋长四十三人。可见，李思忠的归义军存在的时间并不长，并且不是以神策城镇的形式存在，只是李思忠在赴任归义军使时，享受神策城镇使赴任时的同等待遇。

## 第三节　神策城镇的特点与作用

为了进一步考察神策城镇的特点与作用，笔者先根据已考述的神策城镇制成"神策城镇分布数量表"①（见表3-1）。

表3-1　　　　　　　神策城镇分布数量

| 州府名 | 京兆府 | 凤翔府 | 邠州 | 宁州 | 庆州 | 泾州 | 原州 | 灵州 | 陇州 | 夏州 | 盐州 | 宥州 | 延州 | 鄜州 | 坊州 | 同州 | 绛州 |
|---|---|---|---|---|---|---|---|---|---|---|---|---|---|---|---|---|---|
| 数量 | 19镇 | 6镇 | 1镇 | 2镇 | 1镇 | 2镇 | 2镇 | 2镇 | 2镇 | 2镇 | 1镇 | 1镇 | 2镇 | 1镇 | 1镇 | 1镇 | 1镇 |
| 分布地区 | 京畿 | 京西 | 京北 | 京北 | 京北 | 京西北 | 京西北 | 京西北 | 京西 | 京北 | 京北 | 京北 | 京北 | 京北 | 京北 | 京东 | 京东 |

---

① 瀛州的乐寿、博野二镇皆为临事而置，事毕即停，并没有真正设置。

·163·

从表3-1可以看出，上至德宗贞元年间下迄唐末，唐廷前后设置了约50个神策城镇。其中以京兆、凤翔地区最为密集。京兆有19镇，凤翔有6镇，占据所设城镇的一半。其他神策城镇主要分布在京西、京北地区两州或数州的交界处，而京东地区布防相对薄弱，仅有同州的郃阳与绛州的闻喜两镇。神策军城镇军事体系，特别是京西北神策城镇体系主要职能是抵御吐蕃的入侵，监视、威慑京西北方镇，拱卫京师，维护中央政权的稳定。京西北神策城镇的布局模式借鉴了唐前期府兵制设置上的"居重驭轻"。"王畿者，四方之本也；京邑者，又王畿之本也。……太宗列置府兵，分隶禁卫，大凡诸府八百余所，而在关中者殆五百焉。举天下不敌关中，则居重驭轻之意明矣。"① 因此，"神策军京西北诸城镇实质上是以唐前期府兵制为蓝本，加以改造而成。……从某种程度上说，唐代京西北神策诸城镇可以说是特定历史条件下的'新府兵制'"②。

建中初，两河藩镇叛乱，德宗"辍边军，缺环卫，竭内厩之马、武库之兵，占将家子以益师，赋私畜以增骑"③。"神策六军之兵，继出关外。"导致"关辅之间，征发已甚，宫苑之内，备卫不全"。朝廷失居重驭轻之权。德宗没有采纳陆贽召回"所遣神策六军李晟等及节将子弟"的建议，最终致泾原兵变，德宗仓惶出幸奉天。鉴于此，回京之后，为了保卫京畿安全，监视京西北方镇的动向，德宗以点状驻防的模式将神策军镇布列于京畿及京西北要地。这样临事时可以犬牙相制，上下相维，对于拱卫京师，防止临近京畿的藩镇的朱泚之徒生患于肘腋之间起着重要的作用。在一定程度上解决了唐中后期募兵制造成的京西北方镇尾大不掉的问题。

京西北神策城镇在抵御吐蕃侵袭时的作用究竟有多大？唐后期，将帅私役士卒，侵夺士卒粮赐，聚财货结中贵人，唯求升迁。镇兵逐

---

① （唐）陆贽：《陆贽集》卷11《奏草一·论关中事宜状》，中华书局2006年标点本，第336—338页。
② 黄楼：《唐代京西北神策诸城镇研究》，《魏晋南北朝隋唐史资料》（第27辑），武汉大学出版社2011年版，第380页。
③ 《新唐书》卷157《陆贽传》，中华书局1975年标点本，第4913页。

## 第三章 神策城镇问题

渐腐化，华衣美服，虚费度支衣粮，平时战阵训练少，兵额虚籍严重。面对吐蕃侵扰之时，镇兵不仅怯于应敌，而且与御敌的方镇兵互相掣肘。因此，笔者认为，唐后期蕃患减轻，不能对唐境构成实质性威胁与吐蕃本身的内忧外患有莫大关系，而非神策城镇兵展现出了强大的战斗力。正如王夫之所言："天变于上，人叛于下，幸吐蕃之弱也，浸使其强，目无唐，而镞刃之下岂复有唐乎？"①

贞元年间，吐蕃"兵众寖弱，西迫大食之强，北病回纥之众，东有南诏之防，计其分镇之外，战兵在河陇五六万而已"②。特别是大食，成为吐蕃西面的勃敌，吐蕃军队"太半西御大食，故鲜为边患，其力不足也"③。因此，贞元三年（787）九月，李泌向德宗建议，联合邻近吐蕃的回纥、大食、云南等外族之力，共图吐蕃。④ 元和末年，吐蕃外有南诏、回鹘之虞，更是无力主动大规模入侵唐境，略地拓土。元和十四年（819），吐蕃十五万众竟不能攻破盐州刺史李文悦把守的盐州。杜叔良仅以二千五百人就大败蕃军。元和十五年（820）十月，党项引吐蕃寇泾州，这是元和以后吐蕃最大规模的一次入侵。然而，郝玼一军即能屡次突袭吐蕃成功，邠宁李光颜与神策军援军未到泾州，吐蕃惧而速退。此役之后，朝廷对吐蕃采取主动攻势，令夏州节度使李佑领兵四千移镇长泽镇，灵武节度使李听领兵至长乐州。长庆元年（821）六月，吐蕃以唐嫁太和公主于回鹘，出兵袭青塞堡，盐州刺史李文悦击之，同时回鹘亦出兵二万骑，兵分两路，出北庭与安西迎公主，拒吐蕃。吐蕃不得不遣使求和。其后，吐蕃仅能自守，久不为边患。开成四年（839），其国主彝泰卒，弟达磨立，达磨荒淫，国人不附，加之灾荒，吐蕃国势愈衰。论恐热、婢婢又互相攻击，发生内乱。宣宗大中三年（849），泾原节度使康季

---

① （清）王夫之：《读通鉴论》卷26《文宗四》，中华书局1975年标点本，第810页。
② 《旧唐书》卷129《韩滉传》，中华书局1975年标点本，第3602页。
③ 《旧唐书》卷198《西戎传·大食传》，中华书局1975年标点本，第5316页。
④ 《资治通鉴》卷233，唐德宗贞元三年九月条，中华书局2011年标点本，第7623—7627页。

· 165 ·

荣、灵武节度使朱叔明、邠宁节度使张君绪、凤翔节度使李玭等顺利收复吐蕃秦、原、安乐三州及石门、驿藏、制胜、石峡、木靖、木峡、六盘七关之地。大中五年（851），沙州张义潮趁吐蕃内乱之机，略定瓜、伊、西、甘、肃、兰、鄯、河、岷、廓河湟十州，并将十州图籍呈交唐廷。自此，河、湟之地复归于大唐。

在此期间，面对吐蕃的侵扰，神策城镇不仅很少出兵抵御，而且出现了不少与御边方镇互相掣肘的情况。宣宗时期，唐廷对吐蕃处于攻势时，亦不见神策镇兵出兵应接三州七关。这些都充分说明唐后期神策城镇军在面对吐蕃时战斗力不足、战气全无的状况。

值得特别注意的是，备御吐蕃的主力是方镇兵，神策镇兵为策应配合。神策镇兵分屯方镇州县要地，直接统属于神策中尉，其待遇优于其他边兵，具有相对独立性。节度使不能调动神策城镇兵。吐蕃、回鹘入侵之时，节度使请方镇兵一同进军，则云须取中尉处分，待中尉之批示至边镇，虏已远去，战机已失，徒有镇遏之声，于战事毫无裨益。即使有果勇骁锐之将，根据"将在外军命有所不受"的应敌原则，愿意与节度使合势击寇，但由于神策镇将具有相对独立性，在地位上与节度使相视如平交，不肯受节度使制置，人心不一，号令不行，结果精兵与乌合之众无异，非但不能有效配合方镇兵御敌，反而互相掣肘，使整个作战部队的战斗力下降。元和七年（812），吐蕃入寇泾州，进及西门之外，掠人畜而去，宪宗忧虑。李绛趁机指出神策城镇兵内统于中尉的弊端，上奏请"便据所在境兵马及衣粮器械，割属当道节度，使法令画一，丰约齐同，赴急如发机，前战不旋踵，则兵威必振，贼氛自消"[①]。然而，面对李绛提出的方略，宪宗却佯装不知神策镇兵的情况。顺宗时曾发生过王叔文欲夺京西北神策城镇军权的活动，因中尉、城镇使的阻遏而失败。时为东宫太子的宪宗不可能对此事毫不知情。如前所述，德宗在京西北重建神策城镇的宗旨之一就是防内侮，宪宗及以后诸帝均遵循此原则。元和年间，宪宗能

---

[①] （唐）蒋偕：《李相国论事集》卷6《论京西京北两神策镇遏军事》，《文渊阁四库全书》第446册，台湾商务印书馆1986年影印本，第246页。

## 第三章 神策城镇问题

够通过任用自己可以控制的亲信为神策中尉,从而将神策军作为私兵,倚以立国威,威慑藩镇。削夺中尉之兵柄,实则是自损天子之爪牙。若将由自己宠臣神策中尉控制的神策镇兵隶归京西北御边方镇,无疑将使御边方镇实力大增,中央就没有真正能够作战的禁卫军了。如果京西北方镇怀有不臣之心,倒戈入京,京城将毫无屏障和牵制力量。泾原兵变、朱泚之乱致使德宗仓惶出幸,殷鉴不远。其时,唐室之患不在吐蕃而在藩镇。吐蕃国力日衰,没有大规模入寇,唐政府边患较轻,而内地节度使拥兵自重,擅自继立,严重威胁中央的统治。宪宗的重点是降服藩镇,建立强有力的中央集权体制。自元和四年(809)征讨成德镇失利之后,宪宗忧虑倍增,宵衣旰食,一直在寻找革除诸藩擅自继袭的弊病的合适时机。京西北的神策镇兵,不仅可以防边,而且可以牵制、监视诸方镇,如同每军中有监军一样。加之,神策城镇兵不愿丧失优于边兵的地位与禀赐,不愿就近隶属当道节度使;宦官更不愿丧失这样一支强有力的后盾力量。最终,在宪宗、神策中尉及神策镇兵的反对下,李绛削夺神策中尉之权,防御吐蕃的策略没有得到实施,反而徒增宪宗猜疑之心。

敬宗宝历二年(826),在邠宁庆节度辖区内,节度使可以临时调动所部神策镇兵的策略曾短暂实行。邠宁庆节度辖区内"有神策诸镇,屯列要地,承前不受节度使制置,遂致北虏深入"①。宝历二年(826),邠州刺史、邠宁庆节度使柳公绰上疏论之。为了有效抵御吐蕃的入侵,敬宗下诏"神策诸镇在其部者,边上有警,尽得听节度使指挥"②。但是,不久之后,柳公绰入调京师为刑部尚书。神策城镇仍然内统于神策中尉,不受节度使制置。

德、宪之时,帝王能够通过神策中尉控制神策城镇军,神策中尉等权阉的势焰尚可遏制。宪宗对李绛云:"此家奴耳,向以其驱使之久,故假以恩私;若有违犯,朕去之轻如一毛耳!"③ 即是明证。穆

---

① 《旧唐书》卷165《柳公绰传》,中华书局1975年标点本,第4304页。
② 《册府元龟》卷406《将帅部·正直》,凤凰出版社2006年标点本,第4609页。
③ 《资治通鉴》卷238,唐宪宗元和六年十一月条,中华书局2011年标点本,第7809页。

宗以后，蕃患减轻，宦官权势凌驾于皇权之上，京师神策军与外镇神策军共同成为以神策中尉为首的宦官集团震慑帝王、废立君主的后盾力量。也正因为如此，唐后期每有诏赦，畿内、凤翔及京西北神策镇军必然受到丰厚赏赐。

僖宗时，黄巢军攻入长安，京师神策军不堪一击，僖宗仓皇幸蜀。京西北及畿内神策镇军数万人多持观望态度。郑畋"承制招谕，诸镇将校皆萃岐阳。畋分财以结其心，与之盟誓，期匡王室"①。于是，京西北神策城镇以奉天为中心重新整合成奉天节度，在抗击黄巢、收复京城的战争中起到一定作用。

昭宗时，京畿近藩如凤翔李茂贞、邠宁王行瑜、华州韩建及宣武朱全忠等专横跋扈，不断蚕食朝廷控制的神策城镇。如乾宁二年（895），华州韩建与邠宁王行瑜欲吞并畿内八镇中的鄜阳镇与良原镇②。由于神策中尉的反对，二人未能得偿所愿。李茂贞、王行瑜、韩建三人竟率精兵入朝，杀宰相韦昭度、李溪及枢密使康尚弼等宦官数人。不久之后，畿内的华原、美原等神策城镇被凤翔李茂贞攘夺。天复二年（902）十二月，朱全忠吞并凤翔李茂贞所控制的关中州镇及邠、宁、鄜、坊等州，这些州镇中的神策城镇亦被朱全忠兼并。天复三年（903）正月，朱全忠、崔胤逼迫昭宗尽诛宦官，停废神策军与神策中尉制度之后，神策城镇军事体系不复存在，长安彻底无屏障。

---

① 《旧唐书》卷178《郑畋传》，中华书局1975年标点本，第4634页。
② 《资治通鉴》卷260，唐昭宗乾宁二年五月条，中华书局2011年标点本，第8589页。

# 第四章　神策军的收入问题

神策军分为京师、城镇、采造三部分。德宗时，神策军额数有十五万人。"诸将务为诡辞，请遥隶神策军……由是塞上往往称神策行营，皆内统于中人矣，其军乃至十五万。"[1] 明代王祎的《大事记续编》卷六二，顺宗永贞元年（805）五月条下引《续通典》云：

左神策军六万二千四百四十二人，在城三万四千三百九十二人，外镇及采造二万九千六百三人。京西北普润镇、崇信城（在凤翔府西北二百二十五里，复改崇信军）、定平镇、□□□、归化城、定远城、永安城、邠阳县等八镇二万六千一百十七人。……右神策军四万六千五百二十四人，在城二万七千四十五人，外镇及采造一万九千四百七十九人。京西北奉天、麟游、良原、庆州镇、怀远城一万七千四百二十七人。[2]

王祎《大事记续编》将《续通典》的内容置于顺宗永贞元年（805）之下不妥当，实际上，宋白所录此条材料中的史实存在的年代应为元和三年（808）至八年（813）。[3] 据《大事记续编》引《续通典》的内容可知，在元和三年（808）至八年（813），神策军总人数约有11

---

[1] 《新唐书》卷50《兵志》，中华书局1975年标点本，第1334页。
[2] （明）王祎：《大事记续编》卷62，《文渊阁四库全书》第334册，台湾商务印书馆1986年影印本，第237页。
[3] 黄楼：《唐代京西北神策诸城镇研究》，《魏晋南北朝隋唐史资料》（第27辑），武汉大学出版社2011年版，第355页。

万人。其中左神策军共有62442人，右神策军共有46524人。元和末年，左军副使马存亮对左军进行了整顿，"备牙爪则数逾十万"①。较之元和初年，左军人数增加了近一半。穆宗时，左神策军有十万人。《何文哲墓志铭》："（长庆二年）三月，为左神策大将军，公控制十万。"② 长庆四年（824）正月，敬宗即位时，内库共拨给三百万匹绢用于军赏③，其中用于在城神策军与畿内诸军的赏赐有一百万匹，神策军人均受赏绢十匹，则京畿神策军约有十万人。会昌年间，"左右神策军者，天子护军也，每年有十万军"④。可见，武宗时期神策军额数有二十万。宣宗时，右军人数有十万。"今者十万全师，北落禁旅。"⑤ 总的来看，在田令孜建立五十四都之前，两军的军额数当不低于十万人。即使在强藩跋扈、凌辱朝廷的僖、昭时期，神策军仍然拥有不少兵力。田令孜在成都募集神策五十四都的兵额人数为5.4万人，昭宗被迫幸华州时，神策军仍然有两万人。

  朝廷采取何种方式来解决数量如此庞大的神策军的军费问题？除了朝廷供军之外，神策军的收入是否还有其他渠道？神策军的收入情况对于神策中尉的重要性以及在中晚唐政争中所起的作用如何？然而，令人遗憾的是，此前学界对这一系列问题的研究非常薄弱，鲜见专文付梓。为弥补此等不足，本章试从相关史实出发，拟围绕上述问题来探讨神策军的收入问题。

---

  ① （唐）李德裕：《李卫公会昌一品集》别集卷6《唐故开府仪同三司行右领军卫上将军致仕上柱国扶风马公神道碑铭并序》，《丛书集成初编》，商务印书馆1936年版，第219页。

  ② 卢兆荫：《何文哲墓志考释——兼谈隋唐时期在中国的中亚何国人》附录《何文哲墓志铭录文》，《考古》1986年第9期，收入《考古》1986年第1—12期合订本，第846页。

  ③ 《旧唐书》卷17上《敬宗纪》，中华书局1975年标点本，第507页。

  ④ ［日］圆仁：《入唐求法巡礼行记校注》卷4，白化文等修订校注，花山文艺出版社2007年标点本，第457页。

  ⑤ （唐）杜牧：《樊川文集》卷20《王元宥除右神策军护军中尉制》，上海古籍出版社1978年标点本，第302页。

# 第四章 神策军的收入问题

## 第一节 朝廷正常的军费拨支

早在春秋时期,军事家孙武就注意到辎重、粮食、财货对于军队的重要性。《孙子兵法·军争第七》:"军无辎重则亡,无粮食则亡,无委积则亡。"① 辎重、粮食、财货实际上就是军队的日常军需用品。据《太白阴经》记载,唐代军队日常军需用品有人粮马料(粮草)、军装、军资三类。其中,人粮的种类有米、粟、大麦、小麦、荞麦、各种豆类、食盐;马料的种类有粟、荛草、马盐、油药。军装类有驴、幕、锅、干粮、麸袋、马盂、刀子、锉子、钳子、钻子、药袋、火石袋、盐袋、解结锥、砺石、麻鞋、摊子、鞦䩚、溺子、袴袹、抹额、六带、帽子、氈帽子、氈床、皮裘、皮裤、柳罐、栲栳、皮囊、锹、锤、斧、凿、锯、镰、切草刀、布行槽、大小胡瓢、插楔、绊索、皮毛及连枝巾半中皮条、人药、马药等。马军又需要配备鞍辔、革带、披氈、披马氈、引马索等物品。军资包括有绢、布,作为赏赐用的金银器、精细丝绸品及其他器具等。② 其中,与军士(包括神策军)个人收入密切相关的是粮食、绢、布等国家定时拨发的军需物资。

朝廷正常的军费拨支是神策军最重要的收入来源,然而,史籍没有明确记载神策军人均得到的粮食、绢、布数量。鉴于此,笔者在这一部分拟对朝廷正常拨给神策军的粮、绢、布等军需物资情况进行考述。

《资治通鉴》卷二三二,唐德宗贞元三年七月条云:"今岁征关东卒戍京西者十七万人,计岁食粟二百四万斛。"③ 从中可以推知,

---

① (春秋)孙武:《孙子兵法新注》,中国人民解放军军事科学院战争理论研究部《孙子》注释小组,中华书局1977年标点本,第64页。

② (唐)李筌:《太白阴经》卷4《军装篇》,卷5《人粮马料篇》与《军资篇》,《文渊阁四库全书》第726册,台湾商务印书馆1986年影印本,第196、202—203页。

③ 《资治通鉴》卷232,唐德宗贞元三年七月条,中华书局2011年标点本,第7614页。

当时唐朝政府一年拨给每名军人粟12斛。又,《太白阴经》卷五《人粮马料篇》记载了每名士兵一天、一月、一年的粮食标准。"一军一万二千五百人,人日支米二升,一月六斗,一年七石二斗,一军一日支米二百五十石,一月七万五百石,一年九万石。以六分支粟,一人日支粟三升三合三勺三抄三圭三粒,一月一石,一年一十二石,一军一年二十万八千石。小月人支粟九斗六升六合六抄六勺六圭六粒。其大麦八分,小麦六分,荞麦四分,大豆八分,小豆七分,豌豆七分,麻七分,黍七分,并依分折米。"① 如果我们把军士得到的粮食折合成粟的话,亦可得知唐廷每年拨给每名军士粟12斛。又,《太白阴经》卷五《军资篇》载:"军士一年一人支绢、布一十二匹。"② 其中,绢、布各半。即是说,唐廷每年拨给每名军士绢、布各六匹。陆贽的《论缘边守备事宜状》云:"又有素非禁旅,本是边军,将校诡为媚词,因请遥隶神策,不离旧所,唯改虚名,其于廪赐之饶,遂有三倍之益。"③ 换言之,神策军所得供给是其他诸军的三倍。那么,按照朝廷的明文规定,唐朝政府每年拨给每名神策军士的军资平均数是:粮(以粟为标准)36斛、绢18匹、布18匹。在引言中,笔者已经根据相关资料的记载推断出了神策军在不同时期的总人数,由此,我们可以进一步推断出唐中后期国家在不同时期正常的神策军军费拨支情况。其中,德宗贞元年间,神策军大约有15万人,朝廷每年大约拨支粟540万斛、绢270万匹、布270万匹;宪宗元和三年(808)至元和八年(813),神策军约有11万人,朝廷每年大约拨支粟396万斛、绢198万匹、布198万匹。如果我们以左右神策军人数大致相等的标准进行估算,那么,自宪宗元和末年神策军扩军之后,直到田令孜建立神策五十四都之前,左右神策军额总数一直维持在

---

① (唐)李筌:《太白阴经》卷5《人粮马料篇》,《文渊阁四库全书》第726册,台湾商务印书馆1986年影印本,第202页。
② (唐)李筌:《太白阴经》卷5《军资篇》,《文渊阁四库全书》第726册,台湾商务印书馆1986年影印本,第203页。
③ (唐)陆贽:《陆贽集》卷19《论缘边守备事宜状》,中华书局2006年标点本,第622—623页。

20万人左右，朝廷每年大约拨支粟720万斛、绢360万匹、布360万匹；田令孜募集的神策五十四都的兵额人数为5.4万人，朝廷每年大约拨支粟194.4万斛、绢97.2万匹、布97.2万匹；昭宗被迫出幸华州时，禁军有2万人，朝廷每年大约拨支粟72万斛、绢36万匹、布36万匹。为了能更直观地显示朝廷在不同时期正常的神策军军费拨支情况，现根据上面的推论结果绘制成"朝廷在不同时期的神策军军费拨支情况简表"（见表4-1）。

表4-1　　朝廷在不同时期的神策军军费拨支情况简表

| 时间 | 人数 | 粮（万斛） | 绢（万匹） | 布（万匹） |
| --- | --- | --- | --- | --- |
| 贞元年间 | 15万 | 540 | 270 | 270 |
| 元和三年—元和八年 | 11万 | 396 | 198 | 198 |
| 元和末—神策五十四都建立 | 20万 | 720 | 360 | 360 |
| 神策五十四都时期 | 5.4万 | 194.4 | 97.2 | 97.2 |
| 昭宗出幸华州时 | 2万 | 72 | 36 | 36 |

但不可否认，在朝廷拨发神策军军费的过程中，存在将帅侵夺、克扣士卒军费的现象。另外，在唐后期，神策军中出现了粮饷供应不足的问题，比如黄巢之变后，朝廷国库虚竭，每年所收租税只局限于京畿、同、华、凤翔等关畿数州，河南、河北及江淮仅岁时贡奉，造成神策五十四都的粮饷短缺或发放不及时的情况。这些问题及其影响，笔者将在本章第五节进行讨论。

## 第二节　屯田、和籴供军及其限度

早在大历年间，神策军第一次外镇时，掌管屯田事务的神策将朱忠亮就在普润镇通过开垦屯田来解决军粮问题。

和籴亦乃一足食足兵之法，与屯田相辅相成。所谓和籴，"则官出钱，人出谷，两和商量，然后交易也。……有司出钱，开场自籴，比于时价，稍有优饶，利之诱人，人必情愿"①。早在玄宗时，因营田地租不足以供军费，就实行了和籴之法。②

德宗建中年间，先后发生了刘文喜泾州之叛、四镇之乱、梁崇义之叛、李希烈之叛，兴元年间又有朔方节度李怀光之叛。与此同时，京西北又面临吐蕃的威胁。德宗兴元回京之后，急于寻求一种能够确保京师长治久安的方略。在他看来，发生多次叛乱的主要原因是"兵不土著，又无宗族，不自重异"，但在府兵制下，将士"三时耕稼，一时治武，籍藏将府，伍散田亩，力解势破，人人自爱"。③可见，府兵制是防止叛乱的有效途径。贞元三年（787）七月，李泌为德宗谋划复府兵的方略。但李泌并非要完全重建府兵制，而主要是通过在边地进行屯田，使内地召募来的防秋御边之军在边地繁衍生息，形成新的宗族，最终使这些内地军卒在边地地著化，从而起到防止"下陵上替"的作用。④从这个意义上说，李泌所议府兵之法的实质是屯田法。

然而，李泌提倡的屯田法并没有大规模开展起来，绝大部分边军戍卒仍然三年一更代。贞元八年（792），宰相陆贽又提出通过屯田的方式来实现府兵制条件下"出则人自为战，处则家自为耕"的养军模式。⑤他请求德宗再行屯田之法，罢诸道防秋兵之制，将每年供应给防秋兵的粮赐分为三部分："其一，责本道节度，募壮士愿屯边者徙焉；其一，则第以本道衣廪，责关内、河东募用蕃、夏子弟愿傅军者给焉；其一，以所输资粮给应募者，以安其业。"⑥用于召募愿意常驻边地的士卒，唐廷赐予这些士卒耕牛、器具、种子，使其开垦

---

① 《白居易集》卷58《奏状一·论和籴状》，中华书局1979年标点本，第1234—1235页。
② 《新唐书》卷53《食货志三》，中华书局1975年标点本，第1373—1374页。
③ 《资治通鉴》卷244，唐文宗大和七年八月条，中华书局2011年标点本，第8010页。
④ 《资治通鉴》卷232，唐德宗贞元三年七月条，中华书局2011年标点本，第7614—7615页。
⑤ 《新唐书》卷157《陆贽传》，中华书局1975年标点本，第4931页。
⑥ 《新唐书》卷157《陆贽传》，中华书局1975年标点本，第4930页。

## 第四章 神策军的收入问题

屯田，收获的粟麦充作军粮，为了提高戍卒屯垦的积极性，若有余粮，政府以高于市价进行和籴。

政府以高于市价收购边地军卒屯田所获之粟麦的政策刚实行时，提高了边地戍卒屯垦的积极性，"人皆悦慕"，但不久之后弊端丛生，"有司竞为苟且，专事纤啬，岁稔则不时敛藏，艰食则抑使收籴。遂使豪家、贪吏，反操利权，贱取于人以俟公私之乏。又有势要、近亲、羁游之士，委贱籴于军城，取高价于京邑，又多支绨纻充直。穷边寒不可衣，鬻无所售。上既无信于下，下亦以伪应之，度支物估转高，军城谷价转贵。度支以苟售滞货为功利，军城以所得加价为羡余。虽设巡院，转成囊橐。至有空申簿帐，伪指囷仓，至有计其数则亿万有余，考其实则百十不足"①。为了改变这种情况，陆贽根据当时的情形调整了和籴策略。贞元八年（792）的前几年，关中地区年年丰收，米价极低，每斛0.7贯。贞元八年（792），江、湖、淮、浙每年要向朝廷输米110万斛，其中河阴仓40万斛，太原仓30万斛，东渭桥40万斛，其时从江淮运至东渭桥仓的雇佣之费是每斛0.86贯，基本上是"斗钱运斗米"了。从江淮运至关中后，时间较长，粮食变成陈粮，使得江淮之米在关东的价格更低，仅仅一斛0.37贯，相当于江淮之米无形之中损耗大半。其年，江淮一带遭受水潦之害，灾民众多，米价大涨，每斛1.5贯钱，而太原、河阴仓犹有存粮320余万斛，于是朝廷下令，江淮次年仅输米30万斛至东渭桥。政府将江淮平素本应输运的80万斛委转运使以低于江淮米价近一半的价格，即每斛0.8贯售出，可得钱64万贯，用于救济灾民，同时，又省掉了运送80万斛至关中的僦直钱69万缗。这样，度支在来年可少支出133万贯。然后，唐廷将这部分资金分作三份：其一，先预支拨给京兆府20万贯，用于和籴关中农民的粮食，以补足东渭桥仓每年40万斛的储粮数。根据陆贽的建议，来年江、淮输运30万斛至东渭桥仓，距东渭桥每年的定额储粮数还有10万斛的缺口。此时京兆米价每斛

---

① 《资治通鉴》卷234，唐德宗贞元八年八月条，中华书局2011年标点本，第7656—7657页。

0.7贯，官府以高于时价的每斛1贯为之和籴，故民乐为之和籴。20万贯可以和籴20万斛，比东渭桥仓所缺口的10万斛还多10万斛，同时不会因为谷贱伤农。其二，又以102.6万贯给边镇，可和籴十万人之军粮，根据当时军人人均一年消耗12斛粟的标准，可以推知，在边地和籴的价格是每斛0.85贯，高于关中米价，边地军戍卒同样乐于进行和籴。其三，剩下的10.4万缗则充来年和籴之费。这样循环往复，唐廷仓储将不成问题，边镇军的军粮亦将得到解决。贞元八年（792）九月，该政策正式实施，朝廷下诏"西北边贵籴以实仓储"，政府提前预支分配次年即贞元九年（793）节省下来的133万贯。《资治通鉴》卷二三四，唐德宗贞元八年（792）九月条下《考异》曰："《实录》云：'凡积米三十三万斛。'陆贽《论守备状》云：'坐致边储，数逾百万，诸镇收籴，今已向终。更经一年，可积十万人三岁之粮矣。'盖实录所言，今年之数，贽状通计来春也。"①可见，贞元八年（792）至贞元九年（793），陆贽建议的屯田、和籴之法实施顺利，成效显著，"边备浸充"，一改过去边上"空申簿帐，伪指囷仓"的乱象。贞元十年（794），陆贽被罢相。该项利国、利民、利军的政策因此而夭折，就太遗憾了。

但不可否认的是，部分京西北神策军镇在当时及以后或多或少受到李泌与陆贽提倡的"屯田法"的影响。他们在驻屯之地"自耕自战"，将屯田所获收入作为军粮来源的一种重要方式，效果也颇为显著。如贞元年间，吐蕃屡为边患，右神策行营、凤翔陇右节度使邢君牙镇守凤翔十余年，且耕且战，以为边备。又，贞元四年（788）春，德宗任命李元谅为陇右节度使，率华州兵移镇良原。我们知道，安史乱后，河陇陷于吐蕃，陇右暂附于扶风。李元谅任陇右节度使后，因良原乃"陇东要地，虏入寇，常牧马休兵于此"②，将行治所由扶风移于良原。元谅在良原"身执苦与士卒均，菑翳榛莽，辟美田

---

① 《资治通鉴》卷234，唐德宗贞元八年九月条，中华书局2011年标点本，第7658页。

② 《旧唐书》卷144《李元谅传》，中华书局1975年标点本，第3918页。

## 第四章 神策军的收入问题

数十里,劝士垦艺,岁入粟菽数十万斛,什具毕给。又筑连弩台,远烽侦,为守备,进据势胜,列新壁。虏至无所掠,战又辄北,由是泾、陇以安,西戎惮之"①。李元谅的华州兵在良原屯田树艺,实现了地著化。良原镇因屯田岁收粟菽数十万斛,按每名军人年食粟12斛的标准计算,加上军人的粮赐,良原镇军的军粮基本可以实现自给自足。同时,又减轻了唐廷的供军负担。贞元九年(793),李元谅卒于任,其部将阿史那叙继统其众,元和三年(808),良原隶属于神策,成神策城镇之一。又,贞元十三年(797),长武城镇兵因夏州"沙碛之地,无耕蚕生业"而不愿随城使韩全义赴镇夏州,说明神策军在长武城开垦有屯田。又,左右神策军在凤翔扶风县、斜谷、南山、吴山、宝鸡等地均有营田②,其营田收入主要作为公粮以充军费。

神策城镇拥有渚田牧地,用于供应马匹所需的刍粮,从而部分实现马料的自给自足。如宪宗元和四年(809)正月,驻守在河中的右神策军取得绛州龙门临河乡一带的无居人耕种的田地为牧地③;左神策郃阳镇军在同州韩城县有渚田④。

神策军有固定的采造场所。如"会昌开成中,含元殿换一柱。敕右军采造,选其材合尺度者。军司下螯屋山场,弥年未构"⑤。大和四年(830)六月,"左右神策军奏当军于凤翔扶风县营田采造,宝鸡县采造,斜谷、南山、吴山、宝鸡、扶风营田共四所"⑥。

有时朝廷会根据神策城镇兵的数量,从神策城镇所在州中划拨给

---

① 《新唐书》卷156《李元谅传》,中华书局1975年标点本,第4902—4903页。
② 《册府元龟》卷61《帝王部·立制度第二》,凤凰出版社2006年标点本,第646页。
③ 《册府元龟》卷621《卿监部·监牧》,凤凰出版社2006年标点本,第7197页。
④ 《册府元龟》卷153《帝王部·明罚第二》,凤凰出版社2006年标点本,第1713页。
⑤ (宋)李昉:《太平广记》卷84《会昌狂士》,中华书局1961年标点本,第547页。
⑥ 《册府元龟》卷61《帝王部·立制度第二》,凤凰出版社2006年标点本,第646页。

神策军一定数量的军田，使之自为耕种，从而部分解决神策军的军粮问题。若田地零碎不足，朝廷则从神策军所屯之县或州中加配百姓两税来充军费。如左神策郃阳镇驻有神策军，按照规定，同州每年需供给郃阳镇兵二千石田粟，"（朝廷下敕）令取百姓蒿荒田地一百顷，给充军田。其时缘田地零碎，军司佃田不得，遂令县司每亩出粟二斗，其粟并是一县百姓秋税上加配，偏当重敛，事实不均"。于是，监察御史里行元稹上奏朝廷，请将郃阳镇军所需的二千石粮食由同州治下的韩城、郃阳、澄城、朝邑、白水、河西、冯翊七县均摊。① 这样既保证了郃阳神策城镇的军粮供应，又相对减轻了郃阳编户的负担。但是，同州地力甚薄，民众多贫穷，"近河诸县，每年河路吞侵，沙苑侧近，日有沙砾填掩。……田地麟卤瘠薄兼带山原，通计十亩不敌京畿一、二"②。"春夏稍有水旱，（同州）公赋不齐。"③ 因此，即使同州诸县分摊郃阳镇兵的军粮供应，仍然加重了当州百姓的负担。

　　神策军为了减小耕作的难度，增加屯田产量，在屯田营种的过程中，存在直接侵占编户熟田的现象，这在一定程度上减少了唐廷财赋收入。敬宗曾颁发敕令命神策军在一个月之内将所占百姓田地归还州县④，但是这份诏令并没有得到认真实施，军屯侵占民田的现象仍然存在。"至如军屯侵占，颁宣未几，废格已多。或职司堕慢，而不能将明；或诰命才行，而下已不守。"⑤

　　神策城镇将领为了逢迎巡边的中使及御史郎官，又消耗了大量原本用于供军的军粮。穆宗长庆元年（821）正月"辛丑制"对这种积弊进行了整顿。其制文节文云："应京西京北边上诸军州镇，自今已后，如有中使及郎官御史，奉使到所管，并不得与人事。"⑥ 宝历元

---

① 《元稹集》卷38《同州奏均田状》，中华书局1982年标点本，第437页。
② 《元稹集》卷38《同州奏均田状》，中华书局1982年标点本，第435页。
③ 《册府元龟》卷696《牧守部·抑豪强》，凤凰出版社2006年标点本，第8041页。
④ 《全唐文》卷68《御丹凤楼大赦文》（敬宗），中华书局1983年标点本，第719页。
⑤ 《全唐文》卷68《御丹凤楼大赦文》（敬宗），中华书局1983年标点本，第720页。
⑥ 《全唐文》卷66《南郊改元德音》（穆宗），中华书局1983年标点本，第702页。

## 第四章 神策军的收入问题

年（825），敬宗又对长庆元年（821）正月"辛丑制"中相关的规定进行了重申强调。

为了防止神策城镇的将帅虚报边地储粮业绩，私卖军粮，中饱私囊，朝廷会对边地营屯所获军粮数量进行核查。如文宗大和四年（830）下诏云："比岁有司，屡以营屯奏报，约计诸镇储蓄，合支数年，尚恐主吏欺罔，未加约束。宜委度支与本道节度及营田使子细勘会，自营田已来，所贮粮见在仓者多少？支得几年军粮，具实闻奏。"①

德宗以后，京西北驻屯有大量的神策城镇兵，粮饷所费甚广，朝廷通过和籴的方式来筹集军粮。政府以高于市场价格和籴民众的粮食，同时派专门的人员将粮食运输至京西北，从而解决神策军的军粮问题。和籴供军效果颇为显著。如贞元八年（792）十月，德宗下敕，令"诸镇和籴贮备共三十三万石"②。但在和籴过程中，存在官家强买不给钱的现象，"先是，京畿和籴，多被抑配，或物估踰于时价，或先敛而后给直，追集停拥，百姓苦之"③。又如白居易《论和籴状》云："比来和籴，但令府县散配户人，促立程限，严加征催，苟有稽迟，则被追捉，甚于赋税，号为和籴，其实害人。"④ 甚至强令民众将所籴之粟运至京西北行营，加重了民众的负担，"动数百里，车摧牛毙，破产不能支"⑤。由于和籴使扰边民，穆宗长庆元年（821）二月下敕罢和籴使，"其京北、京西和籴使宜勒停，先是度支以近储无备，请置和籴使，经年无效，徒扰边民，故罢之"⑥。但是，文宗时，不仅通过带有强制性质的和籴方式来解决边地军粮，而且居

---

① 《全唐文》卷75《南郊赦文》（文宗），中华书局1983年标点本，第792页。
② （宋）王溥：《唐会要》卷88《仓及常平仓》，中华书局1955年标点本，第1615页。
③ （宋）王溥：《唐会要》卷90《和籴》，中华书局1955年标点本，第1636—1637页。
④ 《白居易集》卷58《论和籴状》，中华书局1979年标点本，第1234—1235页。
⑤ 《资治通鉴》卷233，唐德宗贞元三年十二月条，中华书局2011年标点本，第7629页。
⑥ （宋）王溥：《唐会要》卷90《和籴》，中华书局1955年标点本，第1637页。

人还要亲自运送粮食至边地，可谓劳民伤财。

## 第三节　军赏、救恤及其他供应军费的方式

### 一　军赏

朝廷对神策军的赏赐，一方面增加了神策军人的额外收入，另一方面是一种政治行为，对于联络君臣感情起着重要的作用。

《册府元龟》卷四八四《邦计部·经费》载："贞元元年，度支奏京师经费及关内外征讨士马，月须米、盐五十三万石，钱六十万贯、草三百八十三万围。春冬衣赐、元日、冬至立仗赐物，不在其中。"[1] 可见，将士所得赏赐一般有米、盐、钱、春冬衣、立仗赐物以及马匹所需的草料等军需物资。另外，茶叶尤其是贡茶，也成为皇帝赏赐将士的重要物品。如韩翃《为田神玉谢茶表》中载有代宗赐予将士紫笋茶的情况。[2] 显然，神策军作为唐廷直接控制的一支主要武装力量，他们得到的赏赐亦当包括这些钱物。

唐中后期的皇帝在许多场合以赏赐的方式来增加神策军的收入。《资治通鉴》卷二四九，唐宣宗大中十二年二月条胡注云："唐制：'凡御楼肆赦，六军十二卫皆有恩赉。'刘温叟曰：'故事，非肆大眚不御楼，军庶皆有恩给。'"[3] 可见，御楼赦所费甚广。自神策中尉制度确立以后，历代御楼赦文的节文均涉及对神策军赏赐的内容。神策军援例获得优赏，不仅加阶转勋，而且享有赐钱物的待遇。

帝王在宴会时对神策军将士进行赏赐，即宴赐。如代宗大历三年（769）五月，在三殿宴神策将士，并赐物有差。[4] 德宗贞元四年（788）四月，在玄英门宴六军及神策、神威诸将，根据品级，对诸

---

[1] 《册府元龟》卷484《邦计部·经费》，凤凰出版社2006年标点本，第5489页。

[2] 《全唐文》卷444《为田神玉谢茶表》（韩翃），中华书局1983年标点本，第4527页。

[3] 《资治通鉴》卷249，唐宣宗大中十二年二月条胡注，中华书局2011年标点本，第8190—8191页。

[4] 《册府元龟》卷110《帝王部·宴享第二》，凤凰出版社2006年标点本，第1200页。

## 第四章 神策军的收入问题

军将有丰厚赐物。① 贞元十一年（795）十二月，德宗于苑中畋猎之后，幸左神策军，劳飨军士。② 宪宗元和二年（807）七月，在晨辉楼举行宴享之会，与神策、神威六军合乐以乐之，与会之军得到赏赐。

帝王在节假日对神策军将士进行优赏。德宗非常重视"三节"（正月晦日、三月三日、九月九日三节日），自贞元四年（788）九月以后，在三节期间，他会赐予神策军一定数量的宴钱，以充过节之费，并形成了惯例。贞元四年九月"丙午诏"云："今方隅无事，烝庶小康，其正月晦日、三月三日、九月九日三节日，宜任文武百僚选胜地追赏为乐。左右神威、神策等军每厢共赐钱五百贯文。委度支每节前五日支付，永为例程。"③ 元和十五年（820）重阳节，穆宗御宣和殿，宴赐郭钊兄及贵戚、驸马、军使、左右中尉等人，并赏赐了大量的金银锦彩。④

唐中后期，神策军在帝王即位过程中起着决定性作用，故新帝即位之后会特别优待神策军。穆宗即位后，对神策、六军、威远及金吾军进行大肆赏赐，其中左右神策军在穆宗即位过程中发挥作用最大，故所获赏赐最优，人赐钱五十缗，神策镇兵平均每人赐绢帛5.79匹，可谓优赏。其《即位赦》云："京西、京北及振武、天德八道节度、都防御使下及神策一十二镇将士等，共一十八万六千七百余人，都赐物一百八万一千八百余匹。"⑤ 由于赏赐力度巨大，惠及的军士人数众多，为了防止军将官员中饱私囊，穆宗专门派监察御史杨虞卿、卢周仁、高铢、路群等人前往京西北进行监赏。敬宗即位时，频年发生

---

① 《册府元龟》卷110《帝王部·宴享第二》，凤凰出版社2006年标点本，第1201页。
② 《册府元龟》卷110《帝王部·宴享第二》，凤凰出版社2006年标点本，第1202页。
③ 《旧唐书》卷13《德宗纪下》，中华书局1975年标点本，第366页。
④ 《册府元龟》卷111《帝王部·宴享第三》，凤凰出版社2006年标点本，第1205页。
⑤ （宋）宋敏求：《唐大诏令集》卷2《穆宗即位赦》，商务印书馆1959年标点本，第12页。

旱灾，国库不充，神策军每人仍然获得赏钱十贯、绢十匹。中贵人及神策军、飞龙军拥立文宗有功，六军使段巘、左右神策军使何少哲等一十六人受到封赏。文宗宝历二年（826）十二月"乙巳诏"又对左右中尉与神策军进行优赏。其节文略云："赐左右军中尉、枢密使、供奉内官等锦彩银器有差。于槐林卓队左右军各五千人绢各十五匹、钱十五贯。左右三军长行绢各十匹、钱五贯。左右金吾、皇城、威远、飞龙官健等，各绢五匹、钱五百文。"① 赦文中提到的槐林卓队左右军或许指神策左右军立仗将士。②

帝王病情好转时会对神策军将士进行赏赐。长庆三年（823）正月，穆宗病情好转，其年二月，"赐统军、军使等绵彩、银器等各有差"③。

神策军将士平乱有功，朝廷会对之进行赏赐。长庆四年（824）四月，张韶之乱平定之后，敬宗厚赏两军立功将士，"赐康艺全、尚国忠等锦彩银器有差，并共赐左右殿前军官健钱一千贯文"④。甘露事变后，文宗下诏赏赐平定训、注之党的神策军将士，"官爵赐赍各有差"⑤。

神策军出征或扈随帝王时获得的赏赐优厚。光启三年（887）七月，僖宗还宫后颁发德音，对左右神策军诸都将士进行了赏赐。"左右神策及随驾诸部兵士等，荷戈负戟，侍卫勤劳，既效节以输诚，实竭忠而排难，宜有甄酬，其随驾诸部头，宜各与勋爵，未有功臣名号，其将士次第填补，不得虚被衣赐，有紊典章。……左右神策军及沿边诸镇将士或隄防蕃寇或控扼封陲、戴甲荷戈，有离乡去里之嗟，自乱离以来，衣粮多阙，宜委度支户部及盐铁使各委官吏催促江淮及

---

① 《册府元龟》卷81《帝王部·庆赐第三》，凤凰出版社2006年标点本，第887页。
② 贾志刚：《唐代军费问题研究》，中国社会科学出版社2006年版，第55页。
③ 《资治通鉴》卷243，唐穆宗长庆三年二月条，中华书局2011年标点本，第7946页。
④ 《册府元龟》卷128《帝王部·明赏第二》，凤凰出版社2006年标点本，第1402页。
⑤ 《资治通鉴》卷245，唐文宗大和九年十一月条，中华书局2011年标点本，第8041页。

## 第四章 神策军的收入问题

三川上供钱物充给两军及边镇将士衣赐。"①

### 二 对神策军将士的救恤

自天宝八载（749）以后，朝廷实行募兵制，"父子军"现象十分普遍，"不习农桑之业，一朝罢归垄亩，顿绝衣粮"。因此，朝廷对神策军人及其家属十分优待。如穆宗长庆二年（822）三月颁发"壬辰诏"：

> 官健有死王事者，三周年不得停本分衣粮，如有父兄子弟，试其武艺，堪在军中承名请衣粮者，先须收补。应军将及官健，有父母年及九十以上，委本道本州，每至节岁，量与酒面优养。其沿边镇戍烽子等，并委所管节度及城镇使量与优赏，仍与交番上下，使其劳逸得均。②

该诏令受惠群体是全部军人及其家属，当然包括朝廷最主要的禁军神策军及其家属。

朝廷还对神策军将卒实行诸如加官、赐勋、赐爵加阶、赠官等优待政策。这些精神赏赐也可以为神策将卒及其家人带来物质实惠。如贞元三年（787）七月，为了嘉奖神策大将孟日华的报国之功，朝廷特赠其一子八品官。朝廷对右神策军忻州行营兵马使杨玄谅等三十人进行加官，"咸列禁戎，远从征讨，临难有身先之勇，奔命无道弊之劳。宜以禄秩酬其忠效。所谓材不失选，赏不逾时，使为善者不疑，有功者速劝也"③。元和八年（813）四月，朝廷因故左神策兵马使严奉有平蜀之功，追赠为刑部尚书。④ 大和元年（827），文宗对拥立自

---

① （宋）宋敏求：《唐大诏令集》卷86《光启三年七月德音》，商务印书馆1959年标点本，第493—494页。
② 《全唐文》卷67《优恤将士德音》（穆宗），中华书局1983年标点本，第706页。
③ 《白居易集》卷51《中书制诰四·杨玄谅等三十人加官制》，中华书局1979年标点本，第1080页。
④ 《册府元龟》卷140《帝王部·旌表第四》，凤凰出版社2006年标点本，第1560页。

己为帝的神策军将卒加爵赐勋、官职改转。其年正月"乙巳诏"节文略云："其去年十二月九日立功将士，普恩之外，三品以上更赐爵一级，四品以下更加一阶。其赴难军使、兵马使、都虞侯、将士等，仍各与改转名衔闻奏。"①

另外，在灾害年代，唐廷有时会赈济神策军将士。如贞元十四年（798），唐廷发生大旱灾，德宗与宰相商议，赈济禁卫十军。②

## 三　其他供应军费的方式

百姓拾穗供军。广德二年（764），安史之乱刚刚被平定，关中粮食供应不足，粮价甚高，斗米值千钱，禁军军粮少缺，百姓拾穗来供应禁军的粮草。③

如果政府国库不足，朝廷有时会通过变相卖官来临时解决边地戍卒包括神策城镇军的军粮问题。如贞元三年（787），李泌建言："边地官多阙，请募人入粟以补之，可足今岁之粮。"④

关中、江南八道转输供军。李元谅的华州兵在良原有屯田产业，兵已土著化。由于良原镇的地位较高，华州每年仍要运输军粮至良原，加重了编民的负担。历来华州刺史深知其弊，皆隐而不报。直到宪宗元和初，华州刺史高郢方奏罢之。⑤唐中后期，江淮地区每年通过漕运向京师输送粮食、赋税、帛布绢绫等，在京神策军军费的很大一部分依靠江、淮地区的粮食和贡物。史载："唐廷用度尽仰江、淮，若阻绝不通，则上自九庙，下及十军，皆无以供给。"⑥康承训率领禁军救援安南，其军粮主要来自江西、湖南、福建、扬州的供馈，其

---

① 《册府元龟》卷81《帝王部·庆赐第三》，凤凰出版社2006年标点本，第887页。
② 《新唐书》卷165《郑余庆传》，中华书局1975年标点本，第5059页。
③ 《资治通鉴》卷223，唐代宗广德二年三月条，中华书局2011年标点本，第7283页。
④ 《资治通鉴》卷232，唐德宗贞元三年七月条，中华书局2011年标点本，第7615页。
⑤ 《新唐书》卷165《高郢传》，中华书局1975年标点本，第5073页。
⑥ 《资治通鉴》卷250，唐懿宗咸通元年三月条，中华书局2011年标点本，第8204页。

中江西供应切麦粥。①

战乱时，通过征榷税来供应军粮。如德宗朱泚之乱时，"争榷率、征罚以为军资，点募自防"②。

神策军对外征讨时，由当道及附近方镇供军，即"仰食县官"③。元和元年（806），高崇文以神策镇兵讨西川刘辟，占领东川后，为解决神策军及诸镇军在征讨过程中的粮草运输问题，朝廷任命他兼任东川节度使，使之能够更方便地征调东川的粮食来供军。然而，有的当道方镇节度则趁机哄抬粮价牟取利益。如元和四年（809），吐突承璀率京师神策军征讨成德王承宗，当时度支刍粟运输不给行营，昭义节度使卢从史在其境内抬高刍粟之价以牟利。④

## 第四节　神策军拓宽收入的渠道

神策军享有特权，他们通过回易、中纳、擅自征税、专卖酒曲与设官店沽酒、厚估衣粮赐、剽掠百官家财等方式来增加收入。

### 一　回易

又称捉钱。⑤《唐会要·内外官料钱上》："武德已后，唐廷仓库犹虚，应京官料钱，并给公廨本，令当司令史番官回易给利，计官员多少分给。"⑥唐太宗贞观年间，"大率人捉五十贯已下，四十贯已上，任居市肆，恣其贩易。每月纳利四千，一年凡输五万，送利不

---

① 《旧唐书》卷 19 上《懿宗纪》，中华书局 1975 年标点本，第 652 页。
② 《资治通鉴》卷 232，唐德宗贞元三年七月条，中华书局 2011 年标点本，第 7612 页。
③ 《资治通鉴》卷 244，唐文宗大和七年八月条，中华书局 2011 年标点本，第 8012 页。
④ （唐）权德舆：《权德舆诗文集》卷 47《山东行营以臣愚所见条件于后》，上海古籍出版社 2008 年标点本，第 755 页。
⑤ 李洪：《宋代军队回易述论》，《云南社会科学》2001 年第 4 期，第 79 页。
⑥ （宋）王溥：《唐会要》卷 91《内外官料钱上》，中华书局 1955 年标点本，第 1651 页。

违，年满受职。"① 从所引述的材料看，回易与捉钱均是官司用公款从事商业贸易活动或放贷业务取利的活动。可见，二者在本质上是相同的。神策中尉往往任命心腹经营回易。如神策军衙前正将贾温乃左军中尉马存亮的亲信，《贾温墓志》云："（贾温）之姊适党氏，党之表妹王氏，适前护军中尉开府马公（存亮）。"贾温专知回易期间，"能默记群货，心计百利，俾之总双鄽贾贸，未几禅军实十五万贯"②。从材料看，他通过回易活动使神策军在很短时间内获利十五万贯。可见，回易活动成为神策军收入来源的重要渠道。这些收入不计入朝廷的财政收支，一部分用来增加军队的粮食和器械，提高神策军将士的待遇；另一部分可能被中尉、将卒中饱私囊。

神策军是中尉的"命根子"，拥有特殊地位，在回易过程中，具有很大的优势。中尉作为神策军的护身符，为神策军提供保护伞。神策军利用自身的特权，与民争利，对商人和百姓进行压制，甚至出现强买强卖的行为，可以保证轻松获取巨额利润。可见，回易是一本万利的买卖。但这种行为严重地影响了府县的管理，而且导致唐廷财政收入减少。文宗开成三年（838），韦力仁上奏"军家捉钱，事侵府县"③。希望文宗下诏取消神策军的捉钱（回易）活动。但是，甘露事变之后，文宗成为"模范罪囚"，韦力仁的建议根本没有得到采纳。神策军仍然通过回易活动来增加自己的收入。

## 二 中纳

神策军为了增加收入，常假扮商人以中纳的名义为皇家采购，从而向度支支取巨额费用。实际上，神策军有时并没有中纳一物或中纳物品数目不足。度支、盐铁常引中尉为奥援，加之皇帝很少亲自过目

---

① （宋）王溥：《唐会要》卷91《内外官料钱上》，中华书局1955年标点本，第1651页。

② 周绍良、赵超主编：《唐代墓志汇编续集》大和052《贾温墓志铭序》，上海古籍出版社2001年版，第920页。

③ 《册府元龟》卷547《谏诤部·直谏第十四》，凤凰出版社2006年标点本，第6260页。

中纳之物，因此，他们对于神策军这种名为中纳，实则骗取唐廷钱财的行为进行庇护，往往通过拆东墙补西墙的方式，使采购之数量在账面上名副其实。如大和末，王涯掌利权，与王播受右军中尉王守澄请托中纳材木，"右神策军及诸色人假商人名中纳材木计支贾直三十三万二千四百余贯。所置材木并无至者"①。在时人看来，神策军以中纳材木的名义套取唐廷钱财的现象已是公开的秘密，只是后来亏空太大，度支不得不上奏神策中纳之弊。文宗开成元年（836）正月"戊辰敕"对这一现象加以禁止，其节文略云："度支自此后不得收贮材木。如或宣索，即以其直市供。诸色作料亦如之。"② 开成政局为权阉控制，敕文是否得到落实值得进一步考量。

### 三 擅自征税

长期以来，在京神策军通过在两市征收杂税，神策城镇则在关津要路置卡收税。"两神策军，先有两市杂税。畿内军镇，擅于要路及市井津渡，妄置率税杂物，及牛马猪羊之类。"这种方式导致了物品市价增高，影响了商人集团的利益，增大了百姓商贩的负担。直到昭宗天复元年（901）三月，崔胤为压制宦官，在草天复赦文时，才对此种积习加以禁止。"其有违犯者，有人纠告，以枉法赃论。切令两军差人觉察痛断。"③

### 四 专卖酒曲与设官店估酒

置榷曲与官店估酒本为解决军用不足。会昌六年（846）九月，宣宗颁发敕书云："扬州等八道州府置榷曲，并置官店沽酒，代百姓纳榷酒钱，并充资助军用，各有权许限。扬州、陈许、汴州、襄州、河东五处榷曲，浙西、浙东、鄂岳三处置官沽酒。"④ 结果却成为神

---

① 《册府元龟》卷510《邦计部·交结》，凤凰出版社2006年标点本，第5803页。
② 《册府元龟》卷160《帝王部·革弊第二》，凤凰出版社2006年标点本，第1782页。
③ 《全唐文》卷92《改元天复赦文》（昭宗），中华书局1983年标点本，第962页。
④ 《旧唐书》卷49《食货志下》，中华书局1975年标点本，第2130页。

策军从中渔利的重要途径。宣宗时，李珏为淮南节度使，"及疾亟，官属见卧内，惟以州有税酒直而神策军常为豪商占利，方论奏，未见报为恨"①。

唐末，两军军费不能济，中尉杨复恭暂借度支一年卖曲之利所得赡军。其后，神策军并未将专卖酒曲之权归还度支，而是据为己有，民间不能私造酒曲。若百姓商贩要酿酒，必须从神策军中购买酒曲，神策军则趁机抬高价格以获取厚利。天复元年（901），昭宗返正后，宰相兼户部、度支、盐铁三司使崔胤，为抑制权阉集团，以度支无法供给百官俸禄与朝廷的日常用度为由，剥夺了神策军的酒曲专卖权，民间酒坊、酒贩、酒商可以私造酒曲，并且只需每月向唐廷缴纳一定数量的榷酤钱。然后，朝廷将榷酤钱的一部分拨给神策军充作军费，其文略云：

> 朝廷向来旧例，止有榷酒，丧乱以来，遂行卖曲。本自度支营利，近年兼借两军，畿甸之人，皆言不便，所宜徇众，不废赡军。起今年五月已后，京畿内任自制造私曲，仰度支京兆府依旧例，于酒店量户大小，逐月纳榷沽酒，仍酌量随月依前借军诸司，充诸色支用。其两军元造曲，制下后便勒逐斤减价，六月三十日已前货卖官曲，其私曲不得更货卖，至七月一日已后不得更卖官曲之限。②

崔胤将卖曲的利权收归朝廷，在一定程度上控制了神策军的经济命脉，为从内部离间中尉与神策将士的关系提供了可能。

## 五 厚估衣粮赐

左右神策军廪赐优厚，每年会获得相当数量的军粮、衣赐、绢帛缣等物品，为表示对将卒的优恤，朝廷有时委度支以高于将卒所得衣

---

① 《新唐书》卷182《李珏传》，中华书局1975年标点本，第5362页。
② 《全唐文》卷92《改元天复赦文》（昭宗），中华书局1983年标点本，第962页。

赐或军粮的价值进行折价，并以钱币的形式直接发放给将卒。如元和十四年（819）七月二十三日，宪宗颁布《上尊号赦》云："缘边诸军，自今已后，所给衣赐及军粮价直，宜委度支稍加优恤。"① 此赦中所指缘边诸军当包括驻屯京西北之神策城镇兵。但是，在没有朝廷赦文的情况下，神策将士凭着特殊地位，依然常去度支折现衣粮赐。判使为巴结中尉，多所曲从，私自厚估衣物之价，从而变相增加了神策军的收入，也在无形之中增加了政府的财政负担。开成初年，文宗下诏禁止厚估神策衣粮赐的行为。但是，甘露事变后，中尉仇士良、鱼弘志专国政，欲通过攀附中尉求得迁升的投机分子并没有遵守文宗诏令。如户部侍郎判度支王彦威希求大用，"至是，彦威大结私恩，凡内官请托，无不如意"②。开成二年（837）四月，"（王）彦威奏左神策及左三军，共中纳衣赐紫绫二万二千五百匹，请与收纳"③。文宗无可如何，唯有曲从之，度支优估神策军衣粮赐的现象没有得到改变。

### 六　剽掠百官家财

甘露事变时，禁军借诛训、注之党，大肆掠夺财物。王涯等被诛十一家资财尽为两军将卒所分。"（王）涯积家财巨万计，两军士卒及市人乱取之，竟日不尽。涯家书数万卷，侔于秘府。前代法书名画，人所保惜者，以厚货致之；不受货者，即以官爵致之。厚为垣窍，而藏之复壁。至是，人破其垣取之，或剔取函奁金宝之饰与其玉轴而弃之。"④

## 第五节　神策军的收入情况在中晚唐政争中的作用和影响

代宗将神策禁军视为"自将"的亲军，十分重视其粮饷问题。大

---

① 《全唐文》卷63《上尊号赦文》（宪宗），中华书局1983年标点本，第677页。
② 《旧唐书》卷157《王彦威传》，中华书局1975年标点本，第4157页。
③ 《册府元龟》卷510《邦计部·交结》，凤凰出版社2006年标点本，第5803页。
④ 《旧唐书》卷169《王涯传》，中华书局1975年标点本，第4404页。

历四年（769）十月，代宗任命京兆尹孟皞充神策军粮料及木炭等使，具体负责供办在京神策军的粮饷及日常用度。①

及时发放禁军粮饷非常重要。德宗贞元元年（785），发生大蝗灾，关中仓廪虚竭，禁军粮赐无法及时发放，部分禁军"自脱巾呼于道，口出愤怨之语"。德宗对于泾原兵变一事心有余悸。因此，他忧虑万分，担心禁军哗变。不久，浙西节度使韩滉运米三万斛至陕州，禁军人心才得以安抚。我们从事后德宗对太子所言"米已至陕，吾父子得生矣！"②可以深深感受到，泾原兵变对于德宗的心理冲击是巨大的，保证禁军粮饷充足的重要性可见一斑。

有军将或倖臣利用神策军的粮赐问题来打击政敌。神策军士的廪赐优于其他禁军且三倍于普通边军，普通边军唯有常额衣赐，而且衣赐粮饷多不能及时到位，所得衣赐甚至存在陈腐不可服用的情况。这就成为出征方镇军与神策神将军队矛盾的诱因。当方镇军与神策军联营之时，为了排挤有勇有谋的神策将领，方镇节帅常借粮赐不均问题激怒将士，从而导致军心不稳。德宗出幸奉天，朱泚亲率大军围攻奉天。河北、河南战场的神策神将李晟、阳惠元及朔方军李怀光纷纷率众赴难勤王。李怀光率大军五万败朱泚军于澧泉（今陕西礼泉北），解奉天之围，因功被任命为副元帅，屯军于便桥，具有统领勤王诸军的大权。朝廷同时命李建徽、李晟及神策兵马使阳惠元等与之联营，共取长安。兴元元年（784），李怀光心生异心，意欲联合朱泚。怀光之军与李晟等神策军都曾在两河战场上奋力拼杀且立有战功，而神策军粮赐按旧例独为优厚。于是，怀光借粮赐问题上奏曰："贼寇未平，军中给赐，咸宜均一。今神策独厚，诸军皆以为言。"③当时内库不足，财用困窘，若诸军皆比照神策军粮赐之例，朝廷根本无力负担。怀光此举意欲将难题抛给李晟，使之自减神策军将士衣粮，从而

---

① 《全唐文》卷412《授孟皞京兆尹制》（常衮），中华书局1983年标点本，第4226页。

② 《资治通鉴》卷232，唐德宗贞元二年三月条，中华书局2011年标点本，第7589页。

③ 《旧唐书》卷133《李晟传》，中华书局1975年标点本，第3664页。

## 第四章 神策军的收入问题

激怒神策军士。李晟认为,军士粮赐增减问题的裁夺权在主帅。怀光无奈,此事不了了之。又,贞元十一年(795)春,时旱久,人情忧虑不安,宠臣裴延龄欲排挤政敌陆贽等人,上奏德宗:"陆贽、李充等失权,心怀怨望,今专大言于众曰:'天下炎旱,人庶流亡,度支多欠阙诸军粮草。'以激怒群情。"① 后来,德宗幸苑中,果有部分神策军士因度支拨付厩马刍草不及时而上诉。德宗思及延龄之语,认为陆贽等人欲激怒军情,造成人心恐慌,于是下诏贬陆贽为忠州别驾。

中尉与神策禁军形成紧密联系的原因之一,就是中尉能够为神策军将士争取优厚的待遇及更多的晋升机会。通过优厚的待遇养着这批不堪外战而唯能横行于宫廷的"寄生骄兵阶层",中尉才能够视帝王如木偶。因此,中尉十分关注神策军的衣粮赐问题,一旦风闻朝廷有减少禁军粮饷的措施时,他们就会先发制人,鼓动神策军人喧噪。如会昌二年(842)四月,武宗准备受尊号后大赦,有纤人向仇士良报告说,宰相李德裕与度支所议赦书节文中有削减禁军衣粮及马刍粟的内容。仇士良扬言于众:"必若有此,军人须至楼前作闹。"②

乾符元年(874)冬,南诏入寇黎州、雅州,成都惊扰,僖宗下诏令天平节度使高骈统率河东、山南西道、东川兵至西川防御南诏。次年春,南诏听闻高骈大军将至成都,急遣使求和退兵。与此同时,朝廷又征调长武、鄜州、河东等道兵士及前往灵武防秋的徐州感化军赴援成都。高骈认为再征发诸道兵赴西川有三不利:其一,粮饷的供馈将成为极大问题;其二,赴援西川的诸道边镇军各有统帅,易造成军令不能齐一,不利于战斗;其三,导致唐西北边境空虚,党项可能趁机扰边。朝廷接到高骈的奏报后,深知南诏必然退兵,成都可保无虞。然而,在第二次征调的援军中,朝廷仍然不惜虚费粮赐令左神策行营长武城之兵与驻屯于鄜坊的部分右神策城镇兵赴援成都,仅仅命河东节度使窦瀚停止差发河东军士一千二百人。最终,神策镇兵未

---

① 《旧唐书》卷135《裴延龄传》,中华书局1975年标点本,第3727页。
② 《旧唐书》卷18上《武宗纪》,中华书局1975年标点本,第590页。

到成都之时，南诏已退兵，故时人"惜其劳费而虚邀出入之赏"①。笔者以为，朝廷此举有两个原因：其一，南诏退兵已成必然之势，此次使神策城镇兵赴援，没有战败的风险即可成虚功，得厚赏，变相增加了神策军的收入，对于巩固中尉与神策军将士的关系，提升神策中尉的威望，保证中尉的权势大有裨益。其二，朝廷选择长武兵与田令孜好邀虚功有关。长武城作为唐后期防御党项的重镇，其兵有一定的战斗力。长武兵在赴援成都之时，即使遇到南诏残部，亦可以立功，不至于发生大溃败的情况。

　　黄巢之变之前，神策军衣粮赏赐短缺的现象实属罕见。自黄巢之变后，唐廷乱离，朝廷号令所行之地仅有河西、山南、剑南、岭南数十州，度支所收租税只局限于京畿、同、华、凤翔一带关畿数州。河南、河北及朝廷的经济命脉所在地江淮均自专租赋，不复上供，仅仅岁时贡奉而已。光启元年（885）三月，僖宗还长安后，国库虚竭，神策五十四都共五万多人出现了衣粮赐短缺或发放不及时的情况，引起了士卒怨言，严重地影响了神策军内部的稳定，使得中尉田令孜非常不安。我们知道，田令孜能够维系与神策军将士的关系，就是尽其所能地为神策军争取丰厚的赏赐并兑现。

　　光启还宫后，田令孜欲以河中安邑、解县的两池盐利来供应神策军的军费。安邑、解县有五处盐池，年收入盐课150余万贯，朝廷专门置有榷盐使管理两池盐务。宣宗时裴休上盐法八事之后，两池盐课大增，成为朝廷经济的重要来源。②自中和以来，内外百官诸司各失其职守，河中节度使王重荣专有两池盐利，河中军的军资全赖两池盐课。光启元年（885）四月，由于僖宗的诏令，田令孜以两池榷盐使的身份在名义上取得了对两池盐的管理权，但是，王重荣仍然是两池盐的实际控制者。田令孜为了实现真正控制两池盐的目的，其年五月，他对方镇进行了人事变动，将王重荣调任为泰宁节度使，以原义武节度使王处存为河中节度。王处存世隶神策军，以之为河中节度

---

① 《旧唐书》卷19下《僖宗纪》，中华书局1975年标点本，第692—693页。
② 《新唐书》卷54《食货四》，中华书局1975年标点本，第1377—1380页。

使,将减少掌控两池盐的阻力。王重荣不受诏,上表数田令孜十罪。田令孜以神策军及邠宁节度使朱玫、凤翔节度使李昌符并合鄜、延、灵、夏之师三万人讨王重荣。神策军与朱玫之军被王重荣与李克用之兵阻击,大败于沙苑,李克用趁机逼京师,神策军溃逃回长安。其年十二月,田令孜以黄门神策军卫士数百人挟僖宗再次播迁。

田令孜为了获得足够的租赋收入来维持神策军的巨额军费开支,从而稳定军心,使自己能够有专权的资本,他不惜向方镇发动战争。神策军之于神策中尉的重要性,可不言而喻。

# 第五章　神策军的职能与任务

军队是唐廷实现其权力最重要的工具，神策禁军作为唐代军队的主要组成部分，是唐中央控制的主力部队，他们的职能与任务实有探讨的必要。何永成先生在前引《唐代神策军研究——兼论神策军与中晚唐政局》一书第四章第二节"神策军之职任"中，初步探讨了神策军不事征战时的职任。[①] 张国刚先生的《唐代的神策军》一文，在研究神策军担负保卫京师及其附近地区安全任务的问题方面具有开创性的成就。[②] 鉴于此，本章拟在前人研究的基础上，通过勾稽、排列、考释零散无序的史料，全面、系统、深入地探讨神策军在平素与战时的职能与任务。

## 第一节　神策军对内担负的职能与任务

经爬梳传世文献与碑志资料，可将神策军平素对内担负的职能与任务分为八类，即（1）扈从迎卫，（2）献符瑞，（3）从事劳役工程，（4）迎献、防押俘馘及斩囚徒，（5）击鞠角抵与百戏，（6）神策中尉与神策军使的宗教职任，（7）告变、防止"盗贼"窃发、平

---

[①] 是书从"卫从""迎献俘馘""构筑""修作""浚淘""角抵击鞠与杂戏""特殊差遣"等方面探讨了神策军不事征战时的职任（何永成：《唐代神策军研究——兼论神策军与中晚唐政局》，台湾商务印书馆1990年版，第83—91页），虽然论述简略，但在神策军职能与任务问题的研究方面具有发凡起例之功，为笔者详尽、系统地讨论神策军平素对内担负的职能与任务提供了重要参考。

[②] 张国刚：《唐代的神策军》，《唐代政治制度研究论集》，台北文津出版社1994年版，第134—136页。

第五章　神策军的职能与任务

定内乱，（8）其他任务与工作。其中《唐代神策军研究——兼论神策军与中晚唐政局》①一书探讨了扈从迎卫这一项职能与任务中的卫从皇族，卫护将相大臣，迎护佛骨、佛像、迎卫碑额、军额牌匾等内容，从事劳役工程这一职能与任务中的修宫殿、屋宇、楼亭台阁、球场、营垒，筑城、墙，修筑建造寺观、仙台，浚池淘渠等内容，并且该书简单概述了神策军迎献、防押俘馘，击鞠角抵与百戏这两大类职能与任务。为避免重复，笔者拟在何著的基础上，进一步探索神策军平素对内担负的职能与任务。

一　扈从迎卫

1. 侍卫皇帝。神策军平素负责宿卫皇宫和京城、立仗、保卫皇帝安全。"左右神策军者，天子护军也。自古君王频有臣叛之难，乃置此军以来，无人敢夺国位。"②元和十五年（820）十一月，穆宗由复道幸华清宫，"中尉、神策六军使帅禁兵千余人扈从，晡时还宫"。③懿宗常游幸曲江、昆明、灞浐、南宫、北苑、昭应、咸阳等地，每行幸，"内外诸司扈从者十余万人，所费不可胜纪"④。

唐后期，"皇帝坐朝百越，祈福六宗，或登坛礼天，或端扆纳贡"。神策军往往"交戟百重，军卫千列"⑤。如会昌元年（841）与五年（845），武宗两次南郊，"诸卫及左右军廿万众相随"⑥。

---

① 何永成：《唐代神策军研究——兼论神策军与中晚唐政局》，台湾商务印书馆1990年版，第83—91页。

② ［日］圆仁：《入唐求法巡礼行记校注》卷4，白化文等修订校注，花山文艺出版社2007年标点本，第457页。

③ 《资治通鉴》卷241，唐宪宗元和十五年十一月条，中华书局2011年标点本，第7908页。

④ 《资治通鉴》卷250，唐懿宗咸通七年十二月条，中华书局2011年标点本，第8240页。

⑤ 卢兆荫：《何文哲墓志考释——兼谈隋唐时期在中国的中亚何国人》附录《何文哲墓志铭录文》，《考古》1986年第9期，收入《考古》1986年第1—12期合订本，第846—847页。

⑥ ［日］圆仁：《入唐求法巡礼行记校注》卷3，白化文等修订校注，花山文艺出版社2007年标点本，第364页。

2. 护帝王灵驾。如开成五年（840）八月十七日，葬文宗于章陵，"知枢密刘弘逸、薛季棱率禁军护灵驾至陵所"①。

3. 守卫酿造御酒的水源。如浐水东白鹿半原，"有泉涌出，水味甘冽，酿酒香美。唐时以神策军禁守，谓之神谷，日以骆驼运水入大明宫，酝造御酒"②。

## 二 献符瑞

符瑞又称祥瑞，有上瑞、中瑞、下瑞之分。③ 神策军有时向朝廷进献符瑞。如贞元二年（786），神策将温嘉顺献刻有"天子之宝"的白玉印。④ 贞元十二年（796）十二月，左神策军进白鹊。贞元十三年（797）十月，右神策军进白雀。⑤

## 三 迎献、防押俘馘及斩囚徒

朝廷常以神策军迎献、防押俘馘。如元和二年（807），张子良、裴行立等擒浙西观察使李锜，并将之械送京师，"神策兵自长乐驿护至阙下，帝御兴安门问罪，锜不能对。以其日与子师回腰斩于城西南"⑥。元和十二年（817）十月，淮西平，吴元济被押解进京，"帝御兴安门受俘，文武百官分序衔之左右，六军备卫。逆贼吴元济见于楼下"⑦。

大和三年（829）八月，太常礼院制定了一套迎献俘馘的仪式，将神策军参与迎献、防押俘馘的活动以律文的形式固定下来。⑧ 此后，

---

① 《旧唐书》卷18上《武宗纪》，中华书局1975年标点本，第589页。
② （元）骆天骧：《类编长安志》卷9《胜游·神谷》，三秦出版社2006年标点本，第274页。
③ 《新唐书》卷46《百官一》，中华书局1975年标点本，第1194页。
④ （宋）李昉：《太平御览》卷682《仪式部三》，中华书局1960年影印本，第3044页。
⑤ 《册府元龟》卷25《帝王部·符瑞第四》，凤凰出版社2006年标点本，第251页。
⑥ 《新唐书》卷224上《叛臣上·李锜传》，中华书局1975年标点本，第6383—6384页。
⑦ 《册府元龟》卷12《帝王部·告功》，凤凰出版社2006年标点本，第124页。
⑧ 《旧唐书》卷28《音乐一》，中华书局1975年标点本，第1053—1054页。

神策军迎献、防押俘馘成为常态。

神策军还负责斩杀俘囚。会昌四年（844）七月，诸道讨潞州叛将刘稹不胜，在潞州界首捕捉牧牛人、耕田夫送往京师以充叛卒。神策两军将送来的"俘囚"全部斩杀，而且还将被斩之人的眼肉割而食之，以致当时长安盛行"今年长安人吃人"的谣谶。①

### 四 神策中尉与神策军使的宗教职任

朝廷设置左右街功德使之前，神策军使及监勾当左右神策军并不具有宗教职任，他们只是偶尔奏请度人为僧、护送经卷等。例如明演曾为濮阳丞，愿为僧人，时任神策都知兵马使的王驾鹤为之上奏："前件人舍官入道，乐在法门寺，因章敬皇后忌辰，伏请度为僧。"②

贞元四年（788），德宗下诏罢崇玄馆大学士，置左右街大功德使，其后神策中尉及其前身监勾当左右神策军通常以左右街功德使的身份管理僧尼、道士女官之籍及相关功役。③ 神策中尉与神策军使管理宗教事务遂成为制度。

其一，负责组织译写经卷，与神策大将军护送、进呈佛经。贞元十一年（795），中印度人释莲华携带梵夹本《华严经》至长安，贞元十二年（796）六月，德宗下诏令般若、广济、圆照等高僧大德于崇福寺翻译，梵夹本《华严经》译成后，"神策军护军中尉霍仙鸣、左街功德使窦文场写进"④。

其二，奏请度人为僧。新乡人郑常俨幼年时即有志于出家，贞元六年（790）四月，左神策军将军知军事符璘上奏朝廷，请度郑常俨

---

① ［日］圆仁：《入唐求法巡礼行记校注》卷4，白化文等修订校注，花山文艺出版社2007年标点本，第441页。
② （清）陆心源：《唐文续拾》卷4《唐故禅大德演公塔铭并序》，《续修四库全书》第1652册，上海古籍出版社2002年影印本，第246页。
③ 《资治通鉴》卷237，唐宪宗元和四年六月条下胡注，第7783页。
④ （宋）赞宁：《宋高僧传》卷3《译经篇第一之三·唐莲华传》，中华书局1987年标点本，第47页。

为僧,居于福田寺。①

其三,接见外国僧侣,安抚僧众。如会昌三年(843)正月,武宗灭佛政策引起众多僧侣的不安情绪,仇士良下帖召见左街诸寺外国僧侣,"青龙寺南天竺三藏宝月等五人,兴善寺北天竺三藏难陀一人,慈恩寺师子国僧一人,资圣寺日本国僧三人,诸寺新罗僧等,更有龟兹国僧不得其名也,共计廿一人,同集左神策军军容衙院。吃茶后,见军容。军容亲慰安存"②。

其四,条流僧尼。会昌年间,武宗对僧尼不满,进行了灭佛运动,下诏令中尉兼左右街功德使条流京师诸寺僧尼。其中左街条流出还俗僧尼共1232人,右街还俗僧尼共2259人。③

其五,掌管朝廷用于赏赐寺庙的寺钟。神策军中有寺钟,以备皇帝对寺庙进行赏赐。对于寺庙来说,能得到神策军中的寺钟,是一种莫大的荣誉。如大中时,越州诸暨保寿院释神智入京,"相国(裴休)女郎鬼神所被,智持呪,七日平复。遂奏请院额曰大中圣寿,仍赐左神策军钟一口、裴君为书殿额"④。

其六,神策中尉兼任功德使,其办公地点通常设在神策军衙内。对于犯禁的僧侣道士,神策中尉常派遣神策军对其进行抓捕。如会昌元年(846)六月,南天竺三藏宝月等僧人住青龙寺,未经右街功德使审批,越级上书武宗,请求归国。唐制:"凡诸辞诉,皆从下始,从下至上,令有明文。"⑤神策中尉鱼弘志派遣神策兵以"越官罪"

---

① (清)胡聘之:《山右石刻丛编》(第2册)卷9《唐六·福田寺置粥院碑》,山西人民出版社1988年版。
② [日]圆仁:《入唐求法巡礼行记校注》卷3,白化文等修订校注,花山文艺出版社2007年标点本,第409页。
③ [日]圆仁:《入唐求法巡礼行记校注》卷3,白化文等修订校注,花山文艺出版社2007年标点本,第409页。
④ (宋)赞宁:《宋高僧传》卷25《读诵篇第八之二·唐越州诸暨保寿院神智传》,中华书局1987年标点本,第639页。
⑤ (唐)长孙无忌:《唐律疏议》卷24《斗讼·越诉》,中华书局1983年标点本,第447页。

之名将宝月及弟子等人收禁在神策军衙内，并处以棒刑。①

其七，上表神异事件。敬宗尊崇道教，神策中尉兼功德使刘弘规向皇帝上表一些与道教有关的神异事件，以悦媚敬宗。如宝历元年（825），"上（敬宗）有事于南郊，将谒太清宫。长安县主簿郑蒚时主役于御院，忽于县之西隅，见一白衣老人，云：'此下有井，正道真皇帝过路。'蒚惶惧，领役人修之，其处已陷数尺，命发之，则古井存焉。始悟神告，默不敢告，展转传布。功德使护军中尉刘宏规，以事上闻"②。

### 五 告变、防止"盗贼"窃发、平定内乱

贞元三年（787），妖僧李广弘与市人董昌阴结殿前射生将韩钦绪、李政谏、南珍霞，神策将魏循、李偆等人，同谋为乱，约以十月十日举事，事前，神策将魏循、李偆将此事密告给德宗，德宗令右神策军监勾当王希迁率军捕李广弘等人。最后三司审讯，由于事连北军，故遣禁军抓捕乱党，与此事有关的北军有八百多人被处死。③ 魏循因功擢为左神策军衙将。此后，德宗对神策军更加看重。贞元八年（792），左军监勾当窦文场奏贬大将军柏良器为右领卫大将军后，魏循又以衙将的身份代柏良器为左军大将军。④

协助京兆府及京畿诸县捕盗贼，维护京畿社会治安。如贞元四年（788）四月，韦士元与卢宁等四人白昼挟弓操剑为盗于万年县，县吏捕贼不利，仅抓获韦士元一人。其余三人仍继续劫抢居民，射杀捕贼吏。德宗于是"发神策善弩骑，与长安万年县官率人吏，具器械，急捕之。"诸盗"又射伤神策将及县吏二十余人，以刃杀一人，夺弩犯围而逸。"德宗又加派"神策兵二百人助之"。但最终仅获偷长梁

---

① ［日］圆仁：《入唐求法巡礼行记校注》卷3，白化文等修订校注，花山文艺出版社2007年标点本，第388—389页。
② （宋）王溥：《唐会要》卷50《尊崇道教》，中华书局1955年标点本，第868页。
③ 《旧唐书》卷144《韩游瓌附李广弘传》，中华书局1975年标点本，第3920页。
④ 《全唐文》卷638《唐故特进左领军卫上将军兼御史大夫平原郡王赠司空柏公（良器）神道碑》（李翱），中华书局1983年标点本，第6447页。

剑尸首，其他盗贼竟不知所终①。

元和十年（815）六月，盗杀宰相武元衡，"左神策将军王士则、左威卫将军王士平以贼闻，捕得张晏等十八人，言为承宗所遣，皆斩之"②。

敬宗即位后，昼夜击球畋猎，多不在宫中。长庆四年（824）四月丙申，染坊供人张韶与卜者苏玄明结染工百余人作乱，攻禁庭。时敬宗在清思殿击球，闻张韶等人为乱，欲幸右军。因为敬宗宠幸右军中尉梁守谦，两军角戏时多护佑右军，左军军士有妄言。但右神策军屯营于九仙门之西，离清思殿远，而左神策军屯于东内苑，距清思殿近。于是，在群臣的建议下，敬宗狼狈幸左军。左军中尉马存亮十分受宠若惊，"捧足涕泣"，亲自将敬宗背入军中，然后遣神策大将军康艺全，将军何文哲、宋叔夜、孟文亮将骑卒入宫讨贼，又遣五百骑迎两宫太后入左军。此时右军中尉梁守谦得知张韶之乱后，亦遣右军大将军康志睦、将军尚国忠引兵讨贼。日暮，神策军平定张韶之乱。

### 六　其他任务与工作

1. 有的神策将卒参与调解民间纠纷，甚至帮民众断家务事。在《剧谈录》卷下《张季弘逢恶新妇》中，记载了关于左神策军将张季弘帮一母子断家务事的内容。咸通中，有左军将张季弘，勇而多力，能掷驴，在赍文牒往襄州的路途中，暮投逆旅，闻一母子为新妇所凌侮，季弘许诺为这对母子质问新妇，"俄妇人自外至，状无异常人，季弘取骡鞭置坐下呼语。妇再拜曰：'自是大家憎嫌过甚。'因引季弘手至大石上历数平日事，每陈一事以指于石上搯上画，每搯辄入寸余，季弘汗落神骇，但称道理不错，其夜不能寐，翌日亟行"。季弘因勇力不敌妇人，并没有成功调解该对母子与媳妇之间的矛盾。③ 但至少可以说明，在日常生活中，神策军将会在民间家庭纠纷中扮演着

---

① 《册府元龟》卷930《总录部·寇窃》，凤凰出版社2006年标点本，第10776页。
② 《新唐书》卷152《武元衡传》，中华书局1975年标点本，第4834页。
③ （唐）康骈：《剧谈录》卷下《张季弘逢恶新妇》，古典文学出版社1958年标点本，第37—38页。

仲裁者的角色。

2. 经商。不少神策军将卒是商贾能手，如右神策军衙前正将贾温"能默记群货，心计百利，俾之总双鄘贾贸，未几神军实十五万贯"①。

3. 采办与放牧。神策军有相当数量的采造军，他们主要是奉命为官家采办用于修筑宫殿、寺庙的优质木材和石料。如白居易元和四年（809）所写的《宿紫阁山北村》云："中庭有奇树，种来三十春。主人惜不得，持斧断其根。口称采造家，身属神策军。"②

神策军中的群牧小将主要是在政府划给神策军的渚田里放牧，并禁止普通百姓在渚田内擅自牧马。如左神策军在同州韩城县拥有放牧的渚田，宝历元年（825）闰七月，韩城县百姓王文秀在渚田内放牧，群牧小将刘兴裔对其进行鞭扑。③

4. 饲养鹰鹞。唐代诸帝多有畋猎之好，唐中后期，部分神策军卒会专门饲养、训练用于畋猎的鹰鹞。《咸通八年五月德音》云："鹰鹞之设，本为畋游。朕不好驰骋，所宜解放，以遂物情。左右神策军各放二十联，五坊放三十九联，飞龙十一联。其左右神策军，每年进鹰鹞于数内停减春秋二社两进，九月十五日各停进鹰二联。共停一十四联。"④据《德音》可知，左右神策军中应当喂养了不少鹰鹞。

## 第二节 神策军的对外征讨

神策军成为禁军之后，仍然具有野战军的战斗力，经常奉命对外征伐。德宗贞元年间重建神策军之后，直到黄巢之变之前，神策军的人数基本上保持在十万人以上。即使在强藩跋扈、凌侮朝廷的僖昭时

---

① 周绍良、赵超主编：《唐代墓志汇编续集》大和052《贾温墓志铭》，上海古籍出版社2001年版，第920页。
② 《白居易集》卷1《讽谕一·宿紫阁山北村》，中华书局1979年标点本，第10页。
③ 《册府元龟》卷153《帝王部·明罚第二》，凤凰出版社2006年标点本，第1713页。
④ （宋）宋敏求：《唐大诏令集》卷86《咸通八年五月德音》，商务印书馆1959年标点本，第491页。

期，神策军仍然拥有不少兵力。田令孜在成都募集神策五十四都的兵额人数为5.4万人，昭宗面对近藩跋扈，又对禁军进行了扩编，其被迫出幸华州时，禁军仍然有2万人。单就兵力人数这一点上，可以说神策军已经确立了在关中地区居重驭轻、威慑叛藩的军事态势。因此，自贞元以来，他们对外征伐的职能与任务也得到更充分的体现。本节主要讨论的是，神策军作为中央直辖的唯一一支主力部队，为了维护唐王朝统治秩序的稳定，对外征伐叛藩及民变军的职能与任务，以及他们在征伐过程中的战斗力情况等问题。至于神策城镇兵配合方镇军与吐蕃军队进行的多次战争，黄巢之变期间神策军的表现，昭宗时期神策军与骄藩之间进行的战争，笔者已在前文进行了论述①，故不再赘述。

## 一 代、德时期神策军参与军事行动

在武将文臣担任神策军使的代宗大历年间与德宗建中、兴元年间，神策军常出征助讨、平叛。大历二年（767），淮西节度使李忠臣与神策将李太清讨平同华节度使周智光之乱。② 建中、兴元年间，神策禁将大规模征战于两河战场和参与收复京师的军事行动。③

贞元十五年（799），陈许节度使曲环卒，淮西吴少诚遣兵攻掠临颍，进围许州。德宗下诏削夺吴少诚官爵，遣十六道兵马讨淮西。"（韩）弘喜获节钺，立出军三千，助禁军共讨少诚。"④ 可见，神策禁军亦参与了此次军事行动。由于诸道军各有监军，"军无统帅，兵无多少，皆以内官监之，师之进退不由主将"⑤。十二月，联军败于小溵河。贞元十六年（800）二月，德宗任命与左神策中尉窦文场关系密切的左神策行营、银夏节度等使韩全义为蔡州四面行营招讨使，

---

① 具体请参见本书第一章第四节"神策五十四都的建立与溃散"及第三章"神策城镇问题"。
② 《旧唐书》卷145《李忠臣传》，中华书局1975年标点本，第3941页。
③ 详见本书第一章第三节第一部分"德宗建中、兴元年间神策禁将的对外征讨"。
④ 《旧唐书》卷156《韩弘传》，中华书局1975年标点本，第4134页。
⑤ 《旧唐书》卷162《韩全义传》，中华书局1975年标点本，第4248页。

以贾良国为行营都监，希望调和监军与统帅的关系，从而使指挥调度能够统一。韩全义任招讨使后，监军妄议军政的现象没有得到改善。《新唐书》韩全义本传载："全义无它方略，号令悉禀监军，每议攻战，宦竖十数纷争帐中，小人好自异，互诋訾不能决。"① 其年七月，韩全义败于五楼，与监军贾英秀、贾国良等保溵水县。汴宋、河北之军闻韩全义五楼大败，私归本镇。唯神策都将苏光荣与陈许将孟元阳、宣州都将王干率所部军破贼二千余众于溵水。朝廷所遣神策军虽非作战主力，但与诸镇兵溃还本镇相比，显示了强大的战斗力。

## 二　宪宗时期神策军两次作为征伐叛镇的主力军

宪宗时，为了重振皇权，更是大规模派出神策军对外征伐叛镇。其中最为典型的战例有二：其一，元和元年（806）以京西北神策城镇兵讨伐西川刘辟；其二，元和四年（809）至元和五年（810），以京师神策军征讨河北成德王承宗。

（一）讨伐西川刘辟

西川事件是宪宗即位后面临的第一个重大政治军事考验。永贞元年（805）八月，西川节度使韦皋去世，朝廷为实现对西川的实际控制，下诏征调副使刘辟入京，同时命宰相袁滋节制西川，但是刘辟不受征，宪宗迫不得已，元和元年（806）正月，授刘辟西川节度使旌节。不久，刘辟又求兼领三川，这一次，宪宗断然拒绝了他的无理请求。刘辟恃西川兵强马壮，公然与朝廷对抗，擅自发兵取东川。宪宗诏公卿议方略，议者多认为蜀地险固不易攻取，而宰相杜黄裳、翰林学士李吉甫坚决支持宪宗派兵讨伐西川。杜黄裳认为，刘辟本狂妄戆直之书生，不精军事。西川人心不一，随同叛乱之军多为胁从者，多数文武将官反对刘辟叛乱的举动，例如当时刘辟推官林蕴即力谏刘辟举兵，西川运粮使崔从以书谏刘辟举兵。只要朝廷独任稍有将才之将帅，罢中人监军，使事有专任，将命专一，人心齐一，刘辟必败无疑，将平西川之功记在功劳簿上只是时间问题。在杜黄裳与李吉甫的

---

① 《新唐书》卷141《韩全义传》，中华书局1975年标点本，第4659页。

支持下，宪宗决意伐蜀。当时颇有威名的将领均希望担任讨伐西川的统帅，从而捞取物质利益与仕途资本。其中，威名素著的京西北猛将刘澭是公认的征蜀之帅的不二人选。然而，半路杀出的"黑马"——长武城使高崇文取得了讨伐刘辟的统帅之权。其主要原因是，他向杜黄裳行贿了四万五千贯。另外，他自身颇有将略，勤于军政。他在长武城辅助韩全义时，功效甚著，为长武城使后，所练精兵五千，军纪严明，战斗力强。最终，杜黄裳力排众议，举荐左神策行营长武城使高崇文为征讨统帅。杜黄裳担心高崇文骄兵或者出现作战不力的情况，为使讨平刘辟的军事行动万无一失，由于高崇文素悻刘澭，在助高崇文取得征蜀统帅之权后，又采用激将法，遣人告诉高崇文，若出军无功，当以刘澭代之，从而激发其军在收复成都过程中奋力作战。

宪宗对于讨伐刘辟是否能够胜利，没有绝对把握。因此，在元和元年（806）正月颁发"戊子制"时，没有立即彰明刘辟反叛之罪，而是留有回转余地。待高崇文占领梓州并收复东川后，才下诏正式宣告刘辟叛逆之罪并削夺其在身官爵。此次出兵共一万五千人[①]，神策行营节度使高崇文率五千兵马为左军出斜谷路[②]，神策京西行营兵马使李元奕统左右神策、奉天麟游诸镇兵二千人为次军出骆谷路，二军与山南西道节度使严砺、东川节度使李康会于梓潼，然后合兵进讨刘辟。从兵力数量看，神策军系统的军队有七千人，与方镇兵力相当。在征伐过程中，联军仅设一总监军使刘贞亮，这在一定程度上能够使将命专一，人心齐一。

诸军尚未到达梓潼，刘辟已陷东川，执东川节度使李康。朝廷担心高崇文及兴元兵马不足以抗衡刘辟，又下诏发太原、凤翔及神策诸镇兵赴剑南、东川。李元奕上奏宪宗，认为高崇文所将一万五千人足以平叛，多发兵马无益于征伐。最后，朝廷综合各方面因素，只增调了太原军及部分神策军，这部分军应该另有统帅。七月，高崇文取得

---

① 《全唐文》卷626《代李侍郎论兵表》（吕温），中华书局1983年标点本，第6323页。

② 《旧唐书》卷14《宪宗纪上》，中华书局1975年标点本，第416页。

第五章 神策军的职能与任务

西川继援之兵的统领权。① 此时,收复成都指日可待。九月,高崇文率军进入成都,西川平。

此次征伐,作战的主力部队是以高崇文所将长武城神策军卒五千人。《旧唐书》卷一五一《高崇文传》云:"崇文在长武城,练卒五千,常若寇至。及是,中使至长武,卯时宣命,而辰时出师五千,器用无阙者。军至兴元,军中有折逆旅之匕箸,斩之以徇。"② 可见,这五千人军纪严明,训练有素,有较强的对外作战能力。李元奕所将两千神策镇兵在征讨中也发挥了重要作用。此役之后,这种任用神策军系统的军将统领神策军并与方镇兵联动的作战模式,既能代表中央平叛的决心,又展现了中央军队实力,起到了威慑藩镇的作用。其后,宪宗执浙西李锜,缚昭义卢从史,服镇冀王承宗,诛淄青李师道五世之袭,平淮西吴元济,相继降服诸叛镇,可谓盛烈一时。

(二)征伐成德王承宗

宪宗为政的宗旨是革除大历、贞元年间姑息之政的积习。元和初年,西平西川刘辟,东取浙西李锜于反掌之间,朝廷"速胜论"十分盛行,宪宗及朝中好战派大臣均认为河北诸镇不足虑。元和四年(809)三月,成德节度使王士真薨,其子王承宗自为留后,代领军中事务。宪宗趁王士真死,欲将成德纳入中央的统辖范围,若王承宗不从,即兴师讨伐,从而彻底革除河北诸镇世代为帅之弊。关于是否发兵成德,朝廷意见并不统一。宪宗实际是想以武力革除河北之弊,速至太平。左军中尉吐突承璀希旨,请自将兵征讨,但裴垍、李绛等认为不宜兴兵讨伐。于是,出兵讨伐之事遂至迁延。王承宗代理成德事务后,担心军中不服,当宪宗遣使裴武至成德谕旨后,当即表示愿割德、棣二州,并输二税,请官吏。于是,朝廷在九月下制,正授王承宗为成德节度使,并以薛昌朝为保信军节度使和德、棣二州观察

---

① 《资治通鉴》卷237,唐宪宗元和元年七月条,中华书局2011年标点本,第7757页。

② 《旧唐书》卷151《高崇文传》,中华书局1975年标点本,第4051—4052页。

· 205 ·

使。魏博田季安闻王承宗输土地于朝廷，不欲成德坏河北故事，遣人诱说承宗，河北诸镇素相表里，约为婚姻，世袭节帅。承宗遣兵至德州擒昌朝归真定，遂举兵反。此时，吐突承璀揣宪宗必出兵讨成德王承宗，故又请自将神策军讨伐成德。宪宗见其果敢，且深得己意，于是任命吐突承璀为左右神策、河中、河阳、浙西、宣歙等道赴镇州行营兵马招讨处置等使，率左右神策军会诸军进讨成德。宪宗给予了吐突承璀节制诸道兵马的权力，所加职名不可谓不重。有学者认为，吐突氏为代北胡姓，吐突承璀应出自北方胡族，多少带有尚武习气。①这是宪宗任命承璀为诸道统帅的一个重要原因。这一观点值得商榷。《新唐书》卷二〇七《宦者上·吐突承璀传》中明确指出，吐突承璀是闽人。②陈寅恪先生对唐代阉寺的籍贯进行过专门的研究，认为："唐代阉寺多出自今之四川、广东、福建等省……疑多是蛮族或蛮夷化之汉人。"③笔者认为，宪宗任命承璀为征伐统帅更重要的原因，即宪宗欲以承璀为代言人来宣扬皇权。如所周知，宪宗对吐突承璀深信不疑，具有很强的信赖心理。史载："（吐突承璀）自春宫侍宪宗，恩顾莫二。"④可见，他们之间关系非同一般，完全主命奴从的模式。因此，元和五年（810）九月，当吐突承璀征讨王承宗无功，率残军回京之后，没有受到责罚，仍然担任左军神策中尉，在裴垍、李绛、段平仲、吕元膺等人力谏下，宪宗不得已，才降吐突承璀为军器使，但他仍没有脱离军事系统。而且为了安抚承璀，宪宗将其作为领取俸禄的职事官提升到左卫上将军，仍知内侍省事。元和六年（811）十一月，羽林大将军孙璹赂弓箭库使刘希光二万贯求方镇，事发，牵连承璀。宪宗又将其出为淮南监军，但这只是权宜之计。宪宗的目的是让吐突承璀避风头，持两端观朝廷臣僚的意见，为恢复承璀的神策中尉作准备。当宪宗欲将承璀召回长安为左军中尉时，逼迫宰相李绛辞

---

① 黄楼：《中晚唐宦官政治研究》，博士学位论文，武汉大学，2009年，第81页。
② 《新唐书》卷207《宦者上·吐突承璀传》，中华书局1975年标点本，第5869页。
③ 陈寅恪：《唐代政治史述论稿》上篇《统治阶级之氏族及其升降》，载《隋唐制度渊源略论稿·唐代政治史述论稿》，商务印书馆2011年版，第209页。
④ 《旧唐书》卷148《裴垍传》，中华书局1975年标点本，第3990页。

## 第五章 神策军的职能与任务

位。可见，吐突承璀实际上是宪宗的代言人。任命制书一下，朝臣反对声一片。翰林学士白居易上奏以为，镇州行营不置节度使，吐突承璀以行营兵马招讨使的身份行都统之权，诸军之进退皆受其节制，职权与职名均太重，吐突承璀作为宠臣，虽忠谨可佳，帝王使之富贵即可，不应使之掌军甚至带兵出征，请改承璀职名为都监。① 其他翰林学士以"古无令中人统各镇师徒，诸道受其节制者"为由，先后十八次上疏论谏吐突承璀职名太重。② 宪宗不得已，改任吐突承璀为招讨宣慰使。但是，宪宗对于论谏之人心里是不满的，部分谏辞极切者受到了处罚。如穆质因此事而改官为太子左庶子，孟简被出为常州刺史。

以吐突承璀为行营统帅，表明征讨成德实际上是宪宗本人的想法，显示了宪宗必平成德、威慑河北、重振中央集权的决心。正如范阳节度使牙将谭忠为魏博节度使田季安分析当时局势时所云："今王师越魏伐赵，不使耆臣宿将而专付中臣，不输天下之甲而多出秦甲……此乃天子自为之谋，欲将夸服于臣下也。"③

吐突承璀的职名改为招讨宣慰使后，其唯一优势是可以代表朝廷宣达旨意，而其实际与诸镇兵节帅等夷不存在上下级关系。他所能直接指挥的军队仅有左右神策军，故在征讨王承宗的过程中，面对诸镇迁延不进的情况，亦无能为力。

与征讨刘辟时宪宗所表现出来的谨慎不同，此次征讨，宪宗骄兵之心十分明显，采取了积极进攻的策略。在委任吐突承璀出兵之时，就下制削夺了王承宗官爵，以明其反状。可见，宪宗速平河北，使唐廷归于太平之心迫切。

为防御吐蕃、回鹘的侵扰，宪宗没有抽调京西北神策城镇兵及邠

---

① 《白居易集》卷59《奏状二·论承璀职名状》，中华书局1979年标点本，第1247页。

② （唐）蒋偕编：《李相国论事集》卷2《论中尉不当统兵出征疏》，《文渊阁四库全书》第446册，台湾商务印书馆1986年影印本，第222页。

③ 《资治通鉴》卷238，唐宪宗元和四年十一月条，中华书局2011年标点本，第7791页。

宁、泾原、鄜坊、灵盐、凤翔等京西北方镇兵出兵关东进行征讨，而是大规模动用在京神策兵及关东诸镇兵进行征讨。其时，在京的左右神策军共有61437人，其中左神策军有34392人，右神策军有27045人。此次征讨成德，宪宗抽调了约2.67万京师的神策军出征河北。[①]仅就出征神策军人数而言，这或许是神策军最大规模的一次对外征讨。另外，还命令河中、河阳、浙西、宣歙、河东、魏博、范阳、淄青、义武、振武等方镇兵会攻成德。

为了增加胜利的保障，宪宗又任命"习知镇冀事"、学得军民之心的成德旧将赵万敌为神策先锋兵马使，以及征蜀擒刘辟有大功的左神策大将军郦定进随吐突承璀出征成德。但在京神策军鲜衣美食，待遇优厚，不事征战，纳课户常常隶籍其中；反观成德，军队经常训练且多马匹。对此，部分朝臣有清醒的认识。例如太常卿权德舆就上言，在京神策军讨伐成德可能会遇到很多阻力："神策等兵在城中，多是市井屠沽，庇身军籍，未经战阵，难以成功，经途既远，所虞非细，或中路溃扰，结为萑蒲，未至交锋，别有此虑。况恒冀马军素劲，兵数颇多，倘淹时月，则损威重。"[②]可见，神策军中虽有良将，但京师神策军的整体战斗力已经相当衰弱，可谓"巧妇难为无米之炊"。

元和五年（810）正月，范阳节度使刘济亲率大军七万征讨王承宗，陷饶阳、束鹿。此时，河东范希朝、河阳卢从史、振武李光进、义武张茂昭方会军于定州。吐突承璀所将神策大军亦至镇州行营，然承璀御军无方，神策军刚与王承宗的军队接战，由于战术失误，左神策大将军郦定竟战死沙场，官军势气大挫。

---

① 元和五年（810），朝廷复王承宗官爵后，诸道兵归镇，朝廷共出布帛28万端匹用于赏赐。四面诸道出兵共二十万，若按唐代罢军归镇的兵士人均一匹布帛的赏赐惯例推算，诸镇兵应该获得共计20万匹布帛，余下的8万端匹将用于赏赐神策军，神策禀赐三倍于他军，故可得出，此次用于征讨的在京神策军的理论人数大约有2.67万人。[《资治通鉴》卷247，唐武宗会昌三年（843）十月条，中华书局2011年标点本，第8114页：唐武宗会昌三年十月，石雄破潞州，"诏赐雄帛为优赏，雄悉置军门，自依士卒例先取一匹，余悉分将士"。]

② （唐）权德舆：《权德舆诗文集》卷47《恒州招讨事宜状》，上海古籍出版社2008年标点本，第753页。

## 第五章　神策军的职能与任务

到元和五年（810）三月，兴师半年，劳师费财，已费五百余万贯，诸军攻讨王承宗仍没有大的胜利。河中军卢从史与神策军联营，同时进军至成德界，竟不能下营；刘济取得饶阳、束鹿两镇后，七万大军久攻乐寿不下；河东、义武军引兵刚至成德界，竟不能过新市镇；魏博、淄青与成德暗相交结，取一城即迁延不进。诸军各务完军，不愿力战，往往避重就轻，奏报不实，坐食度支之粮，虚邀出入之赏，唐廷疲弊不堪。唯有神策将高霞寓击王承宗略有微功。其时，唐廷财赋仰给之地江淮发生了严重旱灾，朝廷面临军费不给的危险。并且"天时已热，兵气相蒸；至于饥渴疲劳，疫疾暴露，衣甲暑湿，弓箭疮痍；上有赤日，前有白刃……"① 对于不常训练的神策军来说，很难适应如此艰苦的作战环境，故朝臣多有请罢兵的疏奏。可以说，当时战争局势对于朝廷极为不利。

卢从史利用当时度支刍粟运输不给行营之机，在昭义境内抬高刍粟之价以牟利。又暗与成德王承宗通谋，逗留不进军。于是，宪宗与宰相裴垍定计，令吐突承璀缚送阴持两端、无心讨贼的卢从史至京师，从而消除昭义与河朔方镇合势的可能性。元和五年（810）四月甲申，镇州行营招讨使吐突承璀与行营兵马使李听相谋，拉拢昭义兵马使乌重胤，诱缚卢从史并将其押送至京师。其后，乌重胤戒严，总体上稳定了昭义军士之心，但仍然有三千人昭义兵溃奔到魏博。此时，若再继续攻讨王承宗，胜算无几。于是，吐突承璀许诺为王承宗求成德旌节。七月，王承宗上表请自新，愿输贡赋。朝廷亦以师久无功，下制曲赦王承宗，复其官爵，以之为成德军节度使。至此，宪宗发动的欲以京师神策军为主力平定成德的战争，最终以曲赦王承宗宣告结束。

吐突承璀所将二万六千多神策军在河北战场几乎屡战屡败，没有取得如高崇文平西川那样的骄人战绩，但是，出征的京师神策军亦未经大战，主力犹存。然而，在奉命回师之时，竟惧怕魏博田季安邀

---

① 《白居易集》卷59《奏状二·请罢兵第二状》，中华书局1979年标点本，第1251—1252页。

击，不敢过魏博，而不得不绕道回京。① 可见，由于京师神策军少经战阵，在讨伐王承宗的战争中胆气已消耗殆尽。京师神策军的战斗力已不堪外战。

讨伐成德的失败标志着宪宗欲倚靠神策军来解决河北诸藩问题的策略破产了。河北藩镇世袭的传统没有被改变：范阳刘济死后，其子刘总专领军务；魏博田季安卒，其子田怀谏继立。

### 三 元和中叶以来神策军征伐方式的转变

元和四年（809）至五年（820），神策军讨伐成德失败之后，神策军不再是朝廷对外平叛时所倚靠的主力部队。在对外征伐中，朝廷几乎不再大规模地派出神策军特别是京师神策军，只是偶尔征调小规模神策兵进行应援或者任命神策系统高级将领为行营都统。"故讨淮西、青、冀、沧德、泽潞之叛，以至四征夷狄，大率假外兵以集事，朝廷所出神策禁军，不过为声援而已。"② 朝廷又回归到"兴衰救难，常倚镇兵扶持"的制藩道路上来。③

元和九年（814），淮西吴元济反，朝廷此次征讨征调的几乎是方镇之兵，仅命左神策郓阳镇遏将索日进将泾原兵六百人会同李光颜讨伐吴元济。元和八年（813），普润镇归隶泾原，其下四千兵马转变为方镇兵，同时以忠于朝廷、颇立勋效的普润镇使苏光荣为泾原节度使。这六百泾原兵有可能是元和八年（813）以前隶属于神策系统的普润镇兵。吴元济反叛之时，普润镇兵转隶为泾原兵的时间尚短，从成分与战斗力来看，可将这六百泾原兵视为神策城镇兵。然而，索日进将略不足，在讨吴元济的战争中，作战策略出现重大失误，"蔡贼寇潋水，镇兵不能支，部将死者三人，焚刍藁而去。初，裴度遣使间入蔡州，得元济状。元济此密有降款，而日进隔河大呼之，遂令三军

---

① 周绍良、赵超主编：《唐代墓志汇编续集》大和038《柏元封墓志铭》，上海古籍出版社2001年版，第910页。
② 《宋史》卷442《文苑四·尹源传》，中华书局1977年标点本，第13048页。
③ 《新五代史》卷60《职方考三·序》，中华书局1974年标点本，第713页。

## 第五章 神策军的职能与任务

防。元济由是不果降"①。另外,元和五年(810)征讨成德失败后,京师神策军实战能力脆弱不堪,已是不争的事实,故此役京师神策军没有承担出征的任务。到了战争关键阶段,宪宗才以京城神策兵骑三百人护送诸军宣慰处置使裴度前往郾城行营,这三百兵马完成护送任务后,是作为裴度的私人保镖继续待在郾城还是返回京师,不得而知。总的来看,神策军在平淮西之役的军事行动中所起作用甚微。反倒是陈许军经此一役后,奠定了其强藩精兵的地位,在此后的对外征讨中,多见其身影。

夏州自田缙为节度使以来,边境主帅多扰党项居民,党项迫不得已,为了生存,常引吐蕃袭扰唐边境。元和十五年(820)正月,穆宗即位,秘书少监充入蕃告哀使田洎擅自主张,同意与吐蕃盟于长武城。于是,吐蕃以党项为向导,率大军入侵泾州,连营十五里,兵势甚盛。朝廷以右军中尉梁守谦为左右神策、京西、京北行营都监行营都监,将神策兵四千人前往救援,同时征调京西北的八个方镇前往救援。胡三省认为朝廷此次征发的八镇兵为长武、兴平、好畤、普润、邠阳、良原、定平、奉天等分屯近畿的左右神策城镇兵。② 实际上,此次所征调的是京西北地区的凤翔、邠宁、泾原、鄜坊、灵盐、夏绥、振武、天德八个藩镇之兵。这一点张国刚先生已有辨明。③ 此次征讨没有任命行营招讨使,而是以地位很高的右神策中尉梁守谦为都监,临时统领征调的神策军与京西北八镇军前往救援。然而,梁守谦真正能够指挥的唯有四千神策兵,方镇兵中也只有濒临泾原的邠宁真正出兵,而且邠宁军还不服从其指挥。穆宗即位之时,神策军人赏五十缗,而作为边军的邠宁军不但只获得六匹布帛,而且常额衣赐还没有到位。所以,当梁守谦率神策军与邠宁军会师之后,邠宁军内部发生了喧噪,幸赖邠宁节度使李光颜深明大义,劝谕众军,才平息军队

---

① 《册府元龟》卷445《将帅部·无谋》,凤凰出版社2006年标点本,第5018页。
② 《资治通鉴》卷241,唐宪宗元和十五年十月条下胡注,中华书局2011年标点本,第7906页。
③ 张国刚:《唐代的神策军》,《唐代政治制度研究论集》,台北文津出版社1994年版,第122页。

怨言，使联军顺利进军。在两军到达泾州之前，渭州刺史兼泾原行营节度使郝玼已多次突袭吐蕃营垒，杀获甚众。此时，吐蕃闻邠宁出军，仓皇退军。因此，此次征讨，神策军与邠宁军并没有与吐蕃接战，仅起到助援作用。

　　文宗大和三年（829），南诏入寇西川，节度使杜元颖不能抵御。朝廷任命右领军大将军董重质为左右神策及诸道剑南西川行营节度使，统东川、兴元、荆南、鄂岳、襄邓、陈许等兵救援西川。此役，朝廷仅调发了邠阳都将刘士和等少量神策禁军参与救援西川的战争，而董重质作为诸道行营节度使，却带有左右神策之号，殊不可解。对此，笔者提出一种可能的解释：文宗深知神策军不堪外战，在对外征战中，为了使藩镇军听命于朝廷，防止其发生喧噪，所采取的一种权宜之计。其时，中央没有派出直属军队参与作战，以董重质为行营统帅并加以神策之号，诸道军在名义上暂隶神策，就可以名正言顺地享有跟神策军一样的粮赐待遇，从而提高诸道军的战斗积极性。虽然朝廷在待遇方面已尽可能优待诸道军，但董重质深知，自己孤身一人前往行营充当诸道大军的统帅，仅是一光杆司令，诸道将帅未必会服从将命，甚至可能出现诸道节将暗中掣肘的情况。为了保证军令畅通，增加孤身为帅的砝码，于是，他上奏请朝廷置行营节度使印一面。朝廷深知其意，特赐印一纽来加强其行营统帅的地位。

　　会昌三年（843），昭义刘从谏薨，其侄刘稹欲效河北藩镇，继袭节度使。武宗与李德裕决意讨之。初，朝廷本欲调发神策军会同诸道镇兵讨伐泽潞。《韦温墓志》云："刘稹继以上党叛，东征天兵，西出禁兵，陕当其冲。"[①] 其实，李德裕心里很清楚，在京神策军及神策城镇兵为骄兵阶层，怯于应敌，实不堪外战。而且在没有神策中尉的首肯之下，朝廷根本不可能调动神策军。武宗于是取消了派遣神策军征讨泽潞的想法。武宗朝，河北诸镇在名义上效顺朝廷，李德裕以"今朝廷将加兵泽潞，不欲更出禁军至山东。其山东三州隶昭义者，

---

[①] （唐）杜牧：《樊川文集》卷8《唐故宣州观察使御史大夫韦公（温）墓志铭》，上海古籍出版社1978年标点本，第129页。

## 第五章 神策军的职能与任务

委两镇攻之"之辞,说服了成德、魏博二镇出兵攻取昭义的山东三州。① 会昌三年(843)五月,朝廷命成德节度使王元逵、魏博节度使何弘敬、河中节度使陈夷行、河东节度使刘沔、河阳节度使王茂元出兵约五万合力攻讨刘稹。神策军并没有参与讨伐泽潞的军事行动,反而成为斩杀诸道兵马所捉泽潞界首的牧牛儿、耕田夫等无罪人的刽子手。

懿宗咸通二年(861)九月,林邑蛮寇安南府,朝廷命神策将军康承训为诸道行营统帅,率禁军及江西、湖南等方镇之兵赴援岭南。康承训所率禁军人数不多,仅是象征性地代表中央出征,以表明中央的态度,此役作战主力仍为方镇军。咸通三年,康承训至邕州,虚张功状,杀虏不满三百级,征讨无功,反而增大了南诏势焰。宰相夏侯孜又举荐出身神策禁军系统且有将才的高骈经略安南。高骈所率的禁军有丰富的实战经验。咸通初年,高骈以禁军万人戍长武城,与党项进行多次战斗,屡战屡捷。后来,高骈迁为秦州经略使,这万人禁军又随之赴秦州防御西蕃,军队性质转变为藩镇军,但军人及战斗力仍是在长武城期间积渐形成的。仍然享有神策军的待遇,并不因为高骈由禁军城使变为方镇节帅,长武城军士转变为方镇军而降低待遇。故高骈赴安南时,所率五千禁军即后来转隶为方镇军的原镇戍于长武的一部分精锐神策军。高骈的禁军与诸道兵配合,于咸通七年十月收复交趾城。这是唐末神策军在对外征讨时所取得的少有胜利。

咸通九年(868)九月,庞勋陷徐州。咸通十年(869)正月,朝廷以右神策大将军康承训为徐州行营都招讨使,率诸道兵七万三千一十五人会攻徐州。此役,朝廷没有征调直属的神策军参战,诸道兵马均各有统帅,康承训只是名义上的行营招讨使。若他手中没有一支自己可以调动的且具有一定战斗力的兵马,诸道方镇兵可能不会悦服,而他深知神策军不堪外战,于是奏请"沙陀三部落使朱邪赤心及

---

① 《资治通鉴》卷247,唐武宗会昌三年四月条,中华书局2011年标点本,第8102页。

· 213 ·

吐谷浑、达靼、契苾酋长各帅其众以自随"。① 沙陀军是一支劲旅，自内附后显示了强大的战斗力，在对外征讨时，十分勇悍，常为前锋。沙陀军统领虽为酋长朱邪赤心，但朝廷按神策军之例给予其粮赐待遇，使之愿意服从康承训的指挥。这样，就可以提高康承训在联军中的威望。另外，神策中尉在军队的后勤保障上做了不少努力，"属徐方用兵，两中尉讽诸藩贡奉助军"。山南西道节度使牛蔚尽索军府之财，才得三万端匹进纳。中尉十分不满，以亲信神策将吴行鲁代牛蔚为山南西道节度使进行搜刮军实，② 康承训得以无后顾之忧地专心平叛。沙陀军在平庞勋之乱时显示了比神策军更强大的战斗力。四月，凭借沙陀军的英勇作战，康承训拿下了庞勋的战略重地柳子寨。朝廷见神策大将军康承训有功；六月，又任命神策将军宋威代讨庞勋不利的曹翔为徐州西北面招讨使，统率三万方镇兵马屯于丰、萧之间。康承训攻下徐州后，又以沙陀兵千骑为前锋，追击庞勋。

　　从整体上看，特别是唐后期，神策军的对外作战能力不高，这与军中存在大量滥竽、芜杂的神策士卒有很大关系。但不可否认，神策军中吸收了不少英勇善战的良将。如何文哲、陈士栋、李孝恭、荆从皋、康承训等人。他们试图扭转神策军中某些固有的弊病，并在作战时表现了军人应有的忠贞和英勇。

## 四　神策军战斗力下降原因管窥

　　《册府元龟》云："古者，戎马车徒素具，因搜狩以习之，皆于农隙以讲武焉。《汉仪》：'立秋之日，始扬威武，魏晋而下，历代因之。'"③ 可见，中国古代历来有"三时务农，一时讲武"的传统。讲武对于保持军队战斗力起着极为重要的作用，故唐高宗云："讲阅者，安不忘危之道也，兵不可弃。"④ 玄宗在颁发的制书中亦云："讲武功

---

① 《资治通鉴》卷251，唐僖宗咸通九年十一月条，中华书局2011年标点本，第8253页。
② 《旧唐书》卷172《牛僧孺附牛蔚传》，中华书局1975年标点本，第4474页。
③ 《册府元龟》卷124《帝王部·讲武》，凤凰出版社2006年标点本，第1350页。
④ 《册府元龟》卷124《帝王部·讲武》，凤凰出版社2006年标点本，第1353页。

## 第五章　神策军的职能与任务

以振国威，用搜军实，故披坚执锐，干戈有容；练卒陈师，金鼓有节。"[1]

然而，到了唐中后期，皇帝很少亲阅禁军讲武。当然，这可能与唐后期史料大量散佚有一定关系。但就现存史籍来看，仅有武宗在会昌二年（842）七月与僖宗在广明元年（880）十一月对左神策军进行了讲武教阅。会昌二年（842）七月，武宗"幸左神策军阅武"[2]。该次阅军并非大规模的讲武，其主要目的是伴尊仇士良左中尉良及慰劳左神策军，并赐予《皇帝巡幸左神策军纪圣德碑》，以纪功德。广明元年（880）十一月，僖宗"幸左神策军阅武"[3]。这次阅武完全是被动的。其时，黄巢军已攻陷汝州、洛阳、华州，进逼潼关之际，田令孜请自将神策军出讨黄巢之军，僖宗为激励神策军士出征守御潼关而被迫幸左军阅武。

太宗曾言："今朕不使汝等穿池筑苑，造诸经费，农民恣令逸乐，兵士唯习弓马，若无贼来，我则为汝博士，教汝弓射，庶使汝等武艺优长。若有贼来，我即为汝将帅，领汝斗战，亦望使汝前无横敌。"[4]这一观点是唐代前期诸帝重视军事训练的集中体现。唐中后期，作为皇帝亲军的神策军没有固定的讲武训练，多从事击鞠、拔河、斗鸡、角抵、翘木扛铁及乐舞之戏，虽然，击鞠、拔河、角抵等武戏可以使军人个人身体素质和格斗技能在一定程度上得到提高，并活跃军营气氛，特别是击球运动可以提升兵士骑术，但这些武戏根本无法取代正规的军事训练。至于承担修筑、浚淘等力役工程，更是于战法、阵法、作战技能的提升无一利之处。

唐代诸帝喜好畋猎，唐前期诸帝狩猎具有军事训练和娱乐的双重目的。如太宗狩猎于骊山等地，见围有断处，怪其不整，说"不刑则堕军法"，可见在太宗看来，狩猎实乃习武备的一种灵活方式。正如太宗曾说："上封事者皆言朕游猎太频。今天下无事，武备不可忘，

---

[1] 《册府元龟》卷124《帝王部·讲武》，凤凰出版社2006年标点本，第1354页。
[2] 《新唐书》卷8《武宗纪》，中华书局1975年标点本，第241页。
[3] 《新唐书》卷9《僖宗纪》，中华书局1975年标点本，第270页。
[4] 《册府元龟》卷124《帝王部·讲武》，凤凰出版社2006年标点本，第1353页。

朕时与左右猎于后苑，无一事烦民，夫亦何伤？"开元三年（715）十月，玄宗皇帝在狩猎前颁发的制书亦云："昔周有岐阳之搜，汉有扶风之命，或讲师习武。王者狩必以时。间者四方无事，百谷有成，因孟冬之月临右辅之地，戒兹五校，爰备三驱，非谓获多，庶以除害。"①可见，唐前期诸帝在狩猎时奉行"冬狩，盖所以习军旅。王者奉而行之，简车徒，修卒伍，行三驱乎中轨"的原则。②到中后期，帝王畋猎娱乐恣欲成分更多，背离了唐前期诸帝利用畋猎以习军旅的宗旨。他们有时并不遵循固定的狩猎仪式、时间、地点，完全凭个人兴趣所致。如敬宗在深夜带一部分神策军卒捕狐狸，谓之"打夜狐"③。武宗颇好田猎与武戏，曾于苑中、咸阳、泾阳、云阳、鄠等地校猎，群臣多有劝谏武宗游猎无度的谏疏，但武宗不为之改。于是在雕坊、鹘坊、鹞坊、鹰坊、狗坊五坊及左右神策军、飞龙院中驯养了不少鹰鹞之类的猛禽，以备帝王畋猎之用。

因此，神策军战斗力下降是势所必然，以至于遇到战事突发，却不能披甲上阵应敌。黄巢军攻陷洛阳，进逼潼关，朝臣及权阉田令孜欲劝僖宗发神策兵守潼关，然僖宗深知"侍卫将士，不习征战，恐未足用"④。而重新召募的神策军士，"皆长安富族，世籍两军，丰给厚赐，高车大马，以事权豪，自少迄长，不知战阵。初闻科集，父子聚哭，惮于出征"⑤。最终，黄巢攻破潼关，占领长安，僖宗播迁于西蜀。不仅如此，唐末，神策内外八镇也逐渐为藩镇势力蚕食，神策中尉虽然掌握神策军，但不得不以藩镇为城社。神策中尉掌军制度在被崔胤及朱全忠废除之后，唐朝也随之而亡。

---

① 《册府元龟》卷115《帝王部·搜狩》，凤凰出版社2006年标点本，第1260页。
② 《册府元龟》卷115《帝王部·搜狩》，凤凰出版社2006年标点本，第1256页。
③ 《新唐书》卷208《宦者下·刘克明传》，中华书局1975年标点本，第5884页。
④ 《资治通鉴》卷254，唐僖宗广明元年十一月条，中华书局2011年标点本，第8356页。
⑤ 《旧唐书》卷200下《黄巢传》，中华书局1975年标点本，第5392—5393页。

# 第六章　神策中尉掌军制度与中晚唐政局演变

## ——兼论神策军的"特权"

我们探索某一具体制度的目的是发掘历史线索，揭示历史变迁的过程。因此，在厘清神策军与神策中尉的具体内容之后，将要把落脚点放在神策中尉掌军制度与中晚唐政局演变的关系上。为了揭示这一关系，本章主要探讨四个问题：其一，中晚唐帝位的更迭；其二，文、武、宣、懿、昭五朝皇权与宦官权势的博弈；其三，神策军的"特权"及朝廷与地方政府的应对举措；其四，神策中尉掌军制下宦官专权的原因。

## 第一节　弑君、立君、废君
### ——中晚唐帝位更迭

**一　弑君、立君、废君的概况及原因**

（一）永贞内禅

贞元二十一年（805），德宗弥留之际，太子李诵因病不能侍药，"德宗弥留，思见太子，涕咽久之"①。贞元二十年（804），李诵染疾中风，口不能言。他有子二十七人，女十一人。德宗幸奉天时，他亲率禁军为殿。由此两点可证，李诵并非体弱之人。在此易代的关键时刻，应该不至于像外间传言那样不能探望侍疾。因为，顺宗即位后，

---

① 《旧唐书》卷14《顺宗纪》，中华书局1975年标点本，第405页。

人情忧疑,他不得不勉强支撑病体出内西苑东北角之九仙门召见诸军使,不少卫士以至"企足引领而望之",人心得以粗安。可见,李诵在德宗弥留之际不能亲侍汤药,实际上是被宦者壅遏的结果。对此,吕思勉先生有精辟的见解:"发丧后既能力疾而见百僚,弥留时何难自强一视医药?……太子之不得见,殆有壅遏之者,德宗之涕咽,不惟其疾之忧矣。"① 德宗驾崩后,诸宦者与翰林学士在皇位的继承人选上产生了分歧。宦官集团欲广陵王李纯(即宪宗)为帝,而翰林学士卫次公与郑絪主张拥立冢嗣李诵。故诸宦者以商议未定为由试图阻止卫次公、郑絪草拟遗诏。卫次公认为:"皇太子虽有疾,地居冢嫡,内外系心。必不得已,当立广陵王。若有异图,祸难未已。"② 郑絪亦表示赞同。此语正中宦官集团要害。最终南衙与诸宦者相互妥协,共同立李诵为帝。

在顺宗即位的过程中,左右神策中尉杨志廉与孙荣义率领神策军勤于拥戴。左中尉杨志廉"与二三元臣翊戴嗣位,是有特进国公之拜"③;右中尉孙荣义"整训爪牙,勤宣翼戴。进骠骑大将军,益封乐安县公"④。

虽然,顺宗最终得以顺利即位,但是宦官集团与朝臣已达成共识:一旦顺宗因疾病故,双方将共同援立广陵王为帝。这就为以后宦官与朝臣共同实施抛弃顺宗而援立宪宗的"永贞内禅"计划埋下了伏笔。

顺宗即位之后,宠臣王叔文、王伾等人大规模兴利除弊的举措触动了宦官集团与朝中重臣等当权派的利益,而"上(顺宗)疾久不愈,时扶御殿,群臣瞻望而已,莫有亲奏对者,中外危惧"⑤。于是

---

① 吕思勉:《隋唐五代史》(上册),上海古籍出版社2005年版,第287—288页。
② 《旧唐书》卷159《卫次公传》,中华书局1975年标点本,第4179页。
③ 周绍良、赵超主编:《唐代墓志汇编续集》元和002《杨志廉墓志》,上海古籍出版社2001年版,第800页。
④ (唐)权德舆:《权德舆诗文集》卷18《孙荣义墓志》,上海古籍出版社2008年标点本,第285页。
⑤ 《资治通鉴》卷236,唐顺宗永贞元年三月条,中华书局2011年标点本,第7735页。

## 第六章 神策中尉掌军制度与中晚唐政局演变

诸宦者如俱文珍、刘光琦、薛盈珍等人与朝中大臣郑絪、卫次公、李程、王涯等再次联合,胁迫有重疾且不能自主的顺宗立长子李纯为太子,从而达到抑制二王之权、维护既得利益的目的。太子立后,二王之党势屈,迫使王叔文不得不尽快通过掌握兵权来保卫顺宗帝位,从而巩固自己的政治地位。

其时,吐蕃强大,随时有可能趁唐王朝更代之际大举扰边,朝廷需要元老将领率京西北神策城镇兵防蕃。为了不引起宦官的怀疑,王叔文借防御吐蕃、控扼西陲的名义讽顺宗下诏,任命有戎功的名将范希朝为神策京西诸城镇行营兵马节度使。范希朝早年曾为左神策军将,与神策军有渊源,此时已年耄易制。王叔文表面上是以威望素著的范希朝为京西行营节度使,总领诸神策镇军防蕃①,实际上是以亲信韩泰为行军司马负责实际军务,从而趁机夺取神策军权。当范希朝持节前往奉天的路途中,同时遣人传令京西北神策城镇将领至奉天受诏。由于神策军与中尉之间是相互依存的关系,中尉失去神策军,等于失去权势;神策军倚靠中尉能够享受优厚的粮赐待遇及晋升的优先权。因此,神策城镇诸将纷纷状称军权已属范希朝。中尉杨志廉、孙荣义等方悟兵权为王叔文所夺,大怒,密令神策诸城镇将不奉诏书。希朝至奉天,见无兵而至,无奈返还京师。不久之后,王叔文以母丧去职归第,俱文珍等宦者趁机解除了他的一切职务。

宦官集团怒二王党人谋夺神策兵权,与朝臣及西川韦皋、荆南裴均、河东严绶等藩镇节帅联合起来加快了废黜顺宗的步伐。由于李纯为顺宗长子,他们决定以"禅让"为名,废黜有疾的顺宗。韦皋、裴均、严绶三人均与宦官集团关系密切。韦皋与俱文珍、吐突承璀等人早为旧识。"大唐贞元十年□□□□九月二十日,云南宣慰使内给事俱文珍、判官刘幽岩、小使吐突承璀、持节册南诏使御史中丞袁滋……同奉恩命赴云南,册蒙异牟寻为南诏。其时节度使尚书右仆射成都尹兼御史大夫韦皋,署巡官监察御史马益统行营兵马,开路置

---

① 韩愈:《韩昌黎文集校注》文外集下卷《顺宗实录》卷3,马其昶校注,上海古籍出版社1986年标点本,第707页。

驿。故刊石记之。袁滋题。"① 其后，韦皋求领三川不得，转而投靠俱文珍等宦官集团。裴均、严绶二人均依宦官而为方镇节帅。宦官集团密使西川、河东、荆南三镇上表历数二王之罪，请皇太子监国逼迫顺宗交出帝位；朝臣杜黄裳、袁滋等人亦上表请皇太子监国。贞元二十一年（805）七月，顺宗被迫下制以太子李纯勾当军国政事。其后，李纯以太子监国的身份见百僚于朝堂，百官拜贺，而"太子涕泣，不答拜"②。可以想见，李纯在取得太子监国之权的过程中经历了多么复杂的政治斗争。八月，李纯受内禅，是为宪宗，即位后，立即贬黜了二王党人，并将顺宗幽禁起来。由于没有武力支持，二王党人的新政亦宣告流产。其时，顺宗不仅疾病缠身，而且心理上也备受折磨。可见，永贞内禅实际上是宪宗与诸宦者及南衙诸重臣自导自演的一出夺权的宫廷政变。正如陈寅恪先生所云："永贞内禅为内廷阉寺与外朝士大夫党派勾结之一显著事例。"③

在援立宪宗即位的整个过程中，起主导作用的是俱文珍、薛盈珍、刘光琦等非掌军的宦官。然而，两中尉杨志廉与孙荣义掌控的左右神策军对二王党人起着明显的震慑作用。宪宗即位后，军国重事常访于杨志廉，又拜孙荣义为开府仪同三司。

"永贞内禅"不久之后，永贞元年（805）十月，顺宗东宫旧党罗令则等人试图营救顺宗。罗令则自长安亲赴普润，策反与宦官集团无关联的秦州刺史刘澭，劝其兵发长安以行废立之事。其时宪宗大位已定，刘澭押解罗令则至京师并将其杖死。宪宗嘉赏刘澭之功，赐其军额曰"保义军"。罗令则事件后不久，宪宗为绝人望，施商臣之手将顺宗杀害于兴庆宫。④ 如果此时公布顺宗已崩的消息，不免引起群

---

① （唐）樊绰：《蛮书校注》卷1《云南界内途程》，向达校注，中华书局1962年标点本，第26页。
② 《资治通鉴》卷236，唐顺宗永贞元年七月条，中华书局2011年标点本，第7741页。
③ 陈寅恪：《唐代政治史述论稿》中篇《政治革命及党派分野》，载《隋唐制度渊源略论稿·唐代政治史述论稿》，商务印书馆2011年版，第285页。
④ 陈寅恪：《〈顺宗实录〉与〈续玄怪录〉》，载《金明馆丛稿二编》（文集本），生活·读书·新知三联书店2009年版，第81—88页。

### 第六章　神策中尉掌军制度与中晚唐政局演变

臣的疑虑。为粉饰罪行，宪宗封锁了顺宗已崩的消息，直到元和元年（806）正月改元后才公布，从而给群臣造成一种顺宗是因疾而终的假象。这或许是史籍中顺宗崩于元和元年（806）正月甲申的真正原因。

（二）穆宗即位

元和四年（809）三月，宪宗下制立纪美人之子宁为太子。传统中国社会，立皇太子有两种原则：立嫡与立长。如果嫡子年幼，不是长子，且与庶长子年纪相差过大，考虑到政局稳定，帝王可能会立长不立嫡。然而，宪宗为了平衡后宫关系及维护李唐皇室统治，违背皇太子册立原则，选择了仅比嫡子李宥大两岁的庶长子宁为太子。我们知道，宪宗的贵妃郭氏出身名门，家世显赫，她是汾阳王郭子仪的孙女，而惠昭太子之母纪美人的地位类似于后宫侍婢。若立李宥为太子，母以子贵，郭贵妃的地位将更加崇高，宪宗担心郭妃凭借家世声望干预朝政。

元和六年（811）惠昭太子宁薨，朝廷再现储位之争。澧王恽在贞元九年（793）至贞元十一年（795）之间出生，比嫡子李宥大两岁左右，此时，澧王就顺理成章地成为庶长子。但按照立嗣原则，李宥应该被册立为太子。然而，左中尉吐突承璀知道宪宗不欲使郭贵妃专政后宫，为固恩宠，"威权自树"，不惜与郭妃对立。"吐突承璀恩宠特异，惠昭太子薨，议立储副，承璀独排群议，属澧王。"但是，以翰林学士崔群为代表的大多数朝臣则力劝宪宗立嗣以嫡不以长。[①]由于此时吐突承璀已出为淮南监军，身不在内廷，他或许只能通过已从淮南入朝为相的李吉甫来间接支持澧王，这样支持澧王的影响力就大打折扣了。最终嫡子李宥取得了储君之争的胜利。元和七年（812）七月乙亥，宪宗立遂王宥为太子，更名恒。

随着吐突承璀回归中央，重掌左军大权，又试图谋立澧王恽为太子。如果说第一次谋立澧王是为了固权宠，那这次完全是自保。元和十五年（820）正月，宪宗因服金丹过量，时常烦躁愤怒，左右侍从宦

---

① 《旧唐书》卷175《宪宗诸子·澧王恽传》，中华书局1975年标点本，第4534页。

官常无故获罪，至有被处死者，宦者人人自危。此时，吐突承璀明白，李恒即位后，必然嫌己曾不助其为太子，于是加快了谋立澧王的节奏。太子之位岌岌可危，李恒遂与其母郭贵妃及舅郭钊谋保太子之位。元和朝，诸宦者不满左中尉吐突承璀独得宪宗宠幸之恩。因此，李恒及郭太后以郭钊为中间人，收买了反吐突承璀的宦官集团，如陈弘志、王守澄等人。元和十五年（820）正月庚子，陈弘志弑宪宗于中和殿。在宪宗死后不久，李恒为绝人望，又将吐突承璀及澧王杀害。宦者及朝臣对于"元和逆党"弑宪宗一事均讳莫如深。"宪宗英武，威德在人，内官秘之，不敢除讨，但云药发暴崩。"[①] 随后中尉梁守谦与宦官马进潭、刘承偕、韦元素、王守澄等援立李恒为帝，是为穆宗。

　　宪宗被弑，虽为宦者陈弘志、王守澄等元和逆党所为，但穆宗及其生母郭太后才是背后真正的主谋。我们从穆宗即位不久后的举措可以窥知一二。其一，陈弘志作为弑宪宗的实际执行者，事后非但没有被诛，反而上奏请列门戟。刘承偕还被郭太后收为养子。其二，允许左右神策军护军中尉马进潭、梁守谦、左右监门卫将军魏弘简列门戟，又于元和十五年（820）四月颁发"丁亥敕"提高诸宦者待遇。[②] 可见，此次宫廷政变，除少数吐突承璀的心腹外，其余宦者基本站在了穆宗一边，特别是中贵人梁守谦、马进潭等人利用手中所掌握的神策军权对朝臣进行威慑，充当了政变的实际执行者。另外，从宣宗对郭太后不满及罢光陵朝拜二事亦可以推知穆宗与郭太后实乃宪宗之死的背后推手。《东观奏记》上云："宪宗晏驾之夕，上（宣宗）虽幼，颇记其事，追恨光陵商臣之酷，即位后，诛锄恶党无漏者。郭太后以上英察孝果，且怀惭惧。时居兴庆宫，与一二侍儿同升勤政楼，倚衡而望，便欲殒于楼下，欲成上过，左右急持之。即闻于上，上大怒，其夕太后暴崩，上志也。"[③] 大中十二年（858）二月，宣宗下诏废穆

---

　　① 《旧唐书》卷184《宦官传·王守澄传》，中华书局1975年标点本，第4769—4771页。
　　② 《旧唐书》卷16《穆宗纪》，中华书局1975年标点本，第477页。
　　③ （唐）裴庭裕：《东观奏记》上卷，载《明皇杂录·东观奏记》，中华书局1994年标点本，第85—86页。

## 第六章　神策中尉掌军制度与中晚唐政局演变

宗忌日，停穆宗光陵朝拜及守陵宫人。①

穆宗即位之初，对神策中尉控制的左右神策军心怀畏惧，担心亲王联合宦者谋夺帝位。若没有可靠的亲军，自己甚至有性命之忧。于是，为了牵制神策军，穆宗企图亲自简选武士，重建天威军作为自己的心腹之军。但朝中首辅裴度认为，中尉势力正是如日中天之时，若重建亲军，必定引起中尉疑虑，甚至可能造成朝中动乱。最终，穆宗重建禁卫亲军的设想没有实施，从此开启了宦官集团通过神策军挟制皇帝而行宦官政治的局面。正如《资治通鉴》云："自元和之末，宦官益横，建置天子在其掌握，威权出人主之右，人莫敢言。"②《新唐书》卷九《僖宗纪》赞曰："唐自穆宗以来八世，而为宦官所立者七君。"③

（三）敬宗、文宗之立

长庆四年（824）正月，穆宗大渐，命太子李湛监国，而中贵人以太子年幼，欲矫遗诏请郭太后临朝称制。郭太后决断不惑，说服中贵人拥立太子即位。可见，敬宗能够顺利即位离不开中尉及神策军的拥护。正如敬宗在长庆四年（824）正月颁发的"丙子诏"云："羽卫爪牙，禁营师旅，昼巡夜警，协力悉心。至于践祚，忠勤匪懈。"④神策六军以援立之功获得了丰厚的赏赐。

宝历二年（826）十二月八日夜，刘克明、田务澄与打球将苏佐明、石定宽等人弑敬宗于更衣室，然后刘克明之党矫诏召翰林学士路隋入禁中拟立绛王为帝的遗诏，翌日，绛王即位，见宰相百官于紫宸。刘克明等人恃拥立之功欲削夺"四贵"之权。神策中尉梁守谦、魏从简与枢密使王守澄、杨承和为了维护既得利益，就在绛王即位当天，与裴度、翰林学士密谋定策，调发神策军以武力诛讨刘克明党，同时迎江王入宫。神策中尉等权阉集团向翰林学士韦处厚征询意见，

---

① 《新唐书》卷8《宣宗纪》，中华书局1975年标点本，第251页。
② 《资治通鉴》卷243，唐文宗大和元年三月条，中华书局2011年标点本，第7978页。
③ 《新唐书》卷9《僖宗纪》，中华书局1975年标点本，第281页。
④ 《全唐文》卷68《赐将士钱绢诏》（敬宗），中华书局1983年标点本，第715页。

试图为江王以藩王的身份即位寻找到合法性。可见，此时以神策中尉为首的宦官集团凭借武力拥立皇帝是在一定范围内进行的。文宗之立，宰相及朝中重臣尚能起到一些作用，不似甘露事变之后，外朝士大夫完全成为宦官中贵人之应声虫、附属品。①

（四）武宗、宣宗之立

1. 仇士良、鱼弘志拥立武宗

开成五年（840）正月，文宗疾甚弥留，命枢密使刘弘逸、薛季稜召杨嗣复、李珏入禁中，以为顾命大臣，奉成美为太子监国。由于成美尚未行册立之礼，谁来继承文宗大统，当时朝中有两种声音。其一，宰相李珏、知枢密刘弘逸遵文宗遗旨，认为应该拥立成美监国。其二，杨贤妃、杨嗣复、枢密使薛季稜志在援立安王。最终，左右军中尉仇士良、鱼弘志以神策军为武力后盾，援立颍王为帝。在笔者看来，他们选择颍王的原因有三。第一，在文宗立嗣问题上，杨妃与杨嗣复曾力主立安王为皇太弟。若中尉以神策军强立安王为帝，杨妃与杨嗣复将居元谋之功，中尉此举相当于助杨妃一臂之力。对于试图控制朝局的左右中尉来说，显然是不愿意接受的。第二，太子成美之立乃文宗与李珏私议而定，中尉并未参与其中。若太子即位，则功不在己。中尉仇士良、鱼弘志虽有神策军作为强有力的武力后盾，但"挟天子"把控朝政将面临更多阻碍。第三，颍王与安王异于诸王，皆为文宗所厚②，当时朝中及后宫中没有拥立颍王的声音。仇士良等拥立颍王为帝，可以居定策首功，对于宦官集团控制朝局相当有利。

因此，仇士良、鱼弘志等以太子成美年幼且有疾，废文宗遗诏，率左右神策军诣十六宅，迎颍王瀍赴少阳院，并以之为皇太弟并勾当军国事。《资治通鉴》卷二四六，唐文宗开成五年（840）正月条下《考异》引《唐阙史》详叙了仇士良等迎立颍王为皇太弟的全过程。

---

① 陈寅恪：《唐代政治史述论稿》中篇《政治革命及党派分野》，载《隋唐制度渊源略论稿·唐代政治史述论稿》，商务印书馆2011年版，第313页。

② 《资治通鉴》卷246，唐文宗开成五年正月条下《考异》引《唐阙史》，中华书局2011年标点本，第8065页。

## 第六章　神策中尉掌军制度与中晚唐政局演变

　　文宗于十六宅西别建安王溶、颍王瀍院……中贵主禁掖者，以安王大行亲弟，既贤且长，遂起左、右神策军及飞龙、羽林、骁骑数千众，即藩邸奉迎安王。中贵遥呼曰："迎大者！迎大者！"如是者数四，意以安王为兄，即大者也。及兵仗至二王宅首，兵士相语曰："奉命迎大者，不知安、颍孰为大者？"王夫人窃闻之，拥髻襄裙走出，矫言曰："大者颍王也。大家左右以王魁梧顾长，皆呼为大王，且与中尉有死生之契，汝曹或误，必赤族矣！"时安王心云其次第合立，志少疑懦，惧未敢出。颍王神气抑扬，隐于屏间，夫人自后耸出之。众惑其语，遂扶上马，戈甲霜拥，前至少阳院。诸中贵知已误，无敢出言者，遂罗拜马前，连呼万岁。寻下诏，以颍王瀍立为皇太弟，权勾当军国事。①

　　唐代阉寺拥立新帝的经过，在史籍中多为公式化的记载。《唐阙史》所载武宗被立为皇太弟的过程，是神策中尉拥立帝王唯一一次有详细过程的记载，虽几近荒唐，但可以一窥唐代宦官权势凌驾于皇权之上的情状。根据这一记载，可以更为直观地体认神策中尉的权势及唐后期天子乃神策中尉掌军制下牺牲品的悲剧。

　　武宗即位之初，皇位并不稳固。安王溶与陈王成美被杀后，素为文宗知奖的枢密使刘弘逸、薛季稜对于仇士良等人不满，企图进行反扑。开成五年（840）八月壬戌日，文宗葬于章陵，仇士良等分拨一部分禁军用于护灵驾，以文宗生前信任的枢密使刘弘逸、薛季稜率领至陵所。"二人素为文宗奖过，仇士良恶之，心不自安，因是掌兵，欲倒戈诛士良、弘志。"② 然而，此时神策中尉权力至大，迈于皇权，神策禁军与神策中尉之间的关系正处于牢不可破的蜜月期。南衙朝臣对于甘露事变中禁军大肆屠杀朝臣的阴影尚未散去，惧怕中尉权势以及其手中所掌握的神策禁军，怯于与中尉发生冲突。卤簿使兵部尚书

---

① 《资治通鉴》卷246，唐文宗开成五年正月条下《考异》引《唐阙史》，中华书局2011年标点本，第8065页。
② 《旧唐书》卷18上《武宗纪》，中华书局1975年标点本，第589页。

王起、山陵使崔棱担心二枢密政变失败而波及自己，他们不想成为又一个贾悚①，为了自保，向神策中尉告密，刘弘逸、薛季稜伏诛，二宰相李珏、杨嗣复被窜逐。

2. 杨钦义、马元贽等援立宣宗

自会昌六年（846）正月十三日至三月二十日，武宗患重疾不视朝。禁中局势为宦官集团控制，武宗不能随意见群臣。此时诏书的下发全凭宦者之意，而武宗在病中唯有点头而已。以左军中尉杨钦义为首的宦官集团在禁中反复考量了近三个月，胁迫武宗下诏立光王为皇太叔。"左神策军中尉杨公讽宰相百官迎而立之。"② 会昌六年（846）三月"辛酉诏"云："皇子冲幼，须选贤德，光王怡可立为皇太叔，应军国政事令权勾当。"③ 杨钦义在谋定后即去世，继任的左军中尉马元贽，实施了拥立光王的全部计划，成为援立宣宗功劳最大之人。其年三月甲子，光王即位，是为宣宗。

笔者认为，神策中尉集团选择拥立光王而不是武宗诸子为帝，其因有二。第一，会昌朝，宰相李德裕权势甚大，宦官集团深受打压。监军之权被收，朝中枢密使杨钦义、刘行深等人不敢参与政事，继仇士良为左军中尉的杨钦义甚至愿意交出中尉之印，若不是右军鱼弘志以武力相威胁，神策军权几为武宗所夺。此时，杨钦义等若拥立武宗之子为帝，由于其子年幼，李德裕必然以帝师自居，将武宗的治国理念灌输于新帝。这对于在会昌朝深受打压的宦官集团极为不利。第二，武宗深忌光王，宦官集团于光王有保护之恩。光王为宪宗第四子，其母郑氏为武宗的祖母郭太后侍儿，得宪宗宠幸而生光王，欲专后宫的郭太后对郑氏非常不满，遂有宿怨。郑氏为保护光王，告诉光王装傻。"幼时，宫中皆以为不慧，大和以后，益自韬匿，群居游处，

---

① 在甘露事件中，贾悚虽中立自持但仍被赤族。
② （宋）赞宁：《宋高僧传》卷11《习禅篇第三之四·唐杭州盐官海昌院齐安传》，中华书局1987年标点本，第262页。
③ 《资治通鉴》卷248，唐武宗会昌六年三月条，中华书局2011年标点本，第8145页。

## 第六章　神策中尉掌军制度与中晚唐政局演变

未尝发言，文宗幸十六宅宴集，好诱其言以为戏笑。"① 武宗即位后，忌光王，将之沉于宫厕，左军中尉仇士良"潜施拯护，俾髡发为僧，纵之而逸。周游天下，险阻备尝"②。若拥立长期生活在民间且无党援的光王，可以使宦官集团更好地挟天子以行宦官政治。另外，光王深恨武宗，宦官集团可以趁机压制武宗朝深受信任的李德裕并将其排挤出中枢，从而重振宦官集团的权势。我们从宣宗即位之初时对李德裕的态度，亦可见中尉集团谋立光王的原因。《资治通鉴》卷二四八，武宗会昌六年（846）三月条，载："丁卯，宣宗即位。宣宗素恶李德裕之专，即位之日，德裕奉册，既罢，谓左右曰：'适近我者非太尉邪？每顾我，使我毛发洒淅。'"③ 宣宗深知宦官集团拥立自己的目的，故即位之初，即将李德裕贬黜。

（五）懿宗、僖宗、昭宗之立

1. 王宗实以强兵援立懿宗

宣宗时，诛宦官骄横颇甚者，但没有从根本上动摇中尉制度，宦人仍然握有兵权。其时，宦官拥立皇帝、太子已成惯例，"累朝人君不欲人言立储贰，若非人主己欲，臣下不敢献言"。④ 宣宗不喜长子郓王温，欲使第三子夔王为嗣，这有违立长、立嫡的建储原则。宣宗在大中朝实施打压左军举措的同时，又极力笼络其他三贵。在他看来，只要得到内廷的支持，夔王就能够顺利即位。故在疾甚之时，密以第三子夔王托付于枢密使王归长、马公儒以及分管内廷诸事务的宣徽南院使王居方。三人担心左军为变，又以宣宗之意密说右军中尉王茂玄，希望右军能够拥护夔王即位。

宣宗崩后，二枢密与宣徽南院使增诸门守备，又出左中尉王宗实为淮南监军。左军副使亓元实认为："圣人不豫逾月，中尉止隔门起

---

① 《资治通鉴》卷248，唐武宗会昌六年三月条，中华书局2011年标点本，第8144页。
② （宋）赞宁：《宋高僧传》卷11《习禅篇第三之四·唐杭州盐官海昌院齐安传》，中华书局1987年标点本，第262页。
③ 《资治通鉴》卷248，唐武宗会昌六年三月条，中华书局2011年标点本，第8145页。
④ 《旧唐书》卷176《魏謩传》，中华书局1975年标点本，第4570页。

· 227 ·

居,今日除改,未可辨也。何不见圣人而出!"① 遂护卫宗实至寝殿。在此关键时刻,右军中尉王茂玄处于中立,没有出兵与左军对抗,使得枢密使与宣徽南院使三人空无一兵,无力抗左军。面对王宗实的斥责,三人唯"捧足乞命"。王宗实命宣徽北院使刘元简迎郓王,矫诏为皇太子,权勾当军国政事。虽然中尉有援立帝王之绝对权力,但是按照惯例,皇帝即位需要有合法之程序,即中书、门下两省官员在册书上署名。② 其时,两省官员对于左军中尉王宗实以强兵矫诏另立郓王有不同意见。宰相夏侯孜害怕中尉大杀群臣的惨剧再现,以"李氏子孙,内大臣定,外大臣即北面事之"为由,统一了外朝的意见。③ 可见,此时朝臣士大夫面对神策中尉的武力——神策军,已然成为中尉的附属品。

笔者以为,右军中尉王茂玄选择不出兵的原因有二。其一,当时右军的军事实力不敌左军,若和左军直接冲突,将可能对自己不利。在策略得当的情况下,左右军交兵也会造成两败俱伤,即使右军获胜,最多也是惨胜。在夔王即位后,定策首功当归于枢密与宣徽使,由于实力受到极大削弱,自己的权力可能被枢密使所夺,中尉的位置有可能不保。其二,当时宣宗将夔王托于四人,事出机密,外人皆不得预知。在枢密与宣徽南院使出王宗实为淮南监军时,若王宗实遵守敕命,右军不出兵即可坐享定策之功。若王宗实不从诏令,加之夔王即位非顺,以左军之实力,可以轻易立新君。新君即位后,由于自己掌握着军队,实力没有被削弱,亦可以坐享援立之功。

2. 刘行深、韩文约立僖宗

咸通十四年(873)七月戊寅,懿宗病危,第三天即庚辰,左军中尉刘行深、右军中尉韩文约立懿宗第五子普王俨为太子,并权勾当

---

① 《资治通鉴》卷249,唐宣宗大中十三年八月条,中华书局2011年标点本,第8198页。
② 《资治通鉴》卷246,唐文宗开成五年十一月条,中华书局2011年标点本,第8069页。
③ (宋)王谠:《唐语林校正》卷7《补遗》,周勋初校证,中华书局1987年标点本,第659页。

军国政事。辛巳即二十日，僖宗即位，时年十四。刘行深与韩文约以定策功皆封为国公。两中尉因僖宗年少而援立之，这样可以利用神策军居中执军政，稳定朝局，进而巩固和加强宦官权势。

3. 杨复恭定策立昭宗

文德元年（888）三月壬寅，僖宗大渐，群臣以吉王保年纪在诸王之上，且贤而有人望，欲立之。但是，掌握神策军权的左军中尉观军容使杨复恭却选择了寿王作为僖宗的继任者，史载："唯十军观军容杨复恭请以寿王监国。"① 三月六日，宣遗诏立寿王杰为皇太弟，监军国政事。杨复恭令右军中尉刘季述率兵迎寿王于六王宅。八日即位，是为昭宗。在笔者看来，杨复恭拥立寿王为帝的原因主要有两点。其一，杨复恭欲独占定策之功，便于新帝登基之后，从容控制朝中政局；其二，寿王（昭宗）、杨复恭二人与田令孜有隙。《资治通鉴》卷二五七，僖宗文德元年（888）五月条云：

> 初，黄巢之变，上为寿王，从僖宗幸蜀。时事出仓猝，诸王多徒行至山谷中，寿王疲乏，不能前，卧磻石上。田令孜自后至，趣之行，王曰："足痛，幸军容给一马。"令孜曰："此深山，安得马！"以鞭抶王使前，王顾而不言，心衔之。②

《旧唐书》卷一八四《宦官传·杨复恭传》云：

> 时黄巢犯阙，左军中尉田令孜为天下观军容制置使，专制中外。复恭每事力争得失，令孜怒，左授复恭飞龙使，乃称疾退于蓝田。③

---

① 《旧唐书》卷20上《昭宗纪》，中华书局1975年标点本，第735页。
② 《资治通鉴》卷257，唐僖宗文德元年五月条，中华书局2011年标点本，第8500页。
③ 《旧唐书》卷184《宦官传·杨复恭传》，中华书局1975年标点本，第4774—4775页。

若寿王即位，杨复恭便能从容培植自己的势力，彻底清除在僖宗朝得宠的田令孜之党。而事实亦是如此，杨复恭掌权后，将神策诸都中田令孜的亲信如王建、晋晖、张造、李师泰等人悉数贬斥。

（六）刘季述、王仲先废昭宗事件

昭宗驻跸华州之时，宦官势力暂衰。光化还宫之后，中尉景务修、宋道弼又开始利用神策军及"迷龙术"专权。光化三年（900）六月，崔胤以王抟与宋道弼里外相应，将王抟及中尉景务修、宋道弼诬杀。宰相杀中尉，自有中尉制度以来实属罕见，这导致了宦官集团集体的不安与愤怨。此后，崔胤又兼领三司使务，掌控唐廷财权，从经济利益上切断了中尉与神策军士之间的纽带，使之不能结成牢固的利益共同体。

昭宗专任崔胤，左中尉刘季述、右中尉王仲先、枢密使王彦范、薛齐偓等不自安，为求自保，开始谋废昭宗，另立太子裕为帝。其时，朝廷势衰，藩臣强悍，神策军实力弱小，宰相崔胤以宣武朱全忠为外援，权势熏人。三贵在刘季述的建议之下，决定引凤翔李茂贞、华州韩建为外援。光化三年（900）十一月，昭宗猎于苑中，醉杀黄门、侍女数人，次日至午漏，宫门未开。中尉刘季述、王仲先与枢密使王彦范、薛齐偓率禁兵千人破门入，得宫中情状，然后出宫陈兵殿廷，请宰官崔胤等南衙百官署立太子监国的连名状，并派兵迎皇太子。十一月六日，刘季述、王仲先率禁军千人入宣化门至思政殿前，矫诏废昭宗，夺传国宝，立皇太子为帝。刘季述深怨昭宗，数其罪状，极度悖逆。[1] 昭宗此时的处境和一狱囚无别。[2]

由于神策军的特殊地位，存在不少积弊。当崔胤杀景务修、宋道弼之后，新任的右军中尉王仲先希望在神策军中培养一部分可堪任用的将士，于是在神策军内部进行了整顿。但是，他对于隐没军中资财的现象查处力度过大[3]，造成了军中将士的不安，使得左神策指挥使

---

[1] 《旧唐书》卷184《宦官传·刘季述传》，中华书局1975年标点本，第4776—4777页。

[2] 《新唐书》卷208《宦者下·刘季述传》，中华书局1975年标点本，第5892页。

[3] 《资治通鉴》卷262，唐昭宗光化三年十二月条，中华书局2011年标点本，第8663页。

第六章　神策中尉掌军制度与中晚唐政局演变

孙德昭等人对于中尉十分愤怨。另外，对于刘季述、王仲先等废昭宗一事，孙德昭等颇为愤恨。因此，崔胤决定从神策军内部着手，策反神策军将。崔胤割衣带通手笔之书给孙德昭，劝其杀两中尉，迎昭宗返正以建不世之功。孙德昭又结同因盗没军中钱物而被王仲先严惩的右军清远都将董从实、周承诲。天复元年（901）正月，孙德昭擒斩王仲先于安福门，周承诲擒刘季述、王彦范等。刘季述为百官乱梃杖死，参与刘季述、王仲先废立之事的神策军使李师虔、徐彦孙赐自尽。昭宗返正后，倾府库之珍宝赏赐孙德昭、周承诲、董从实，三人留禁中宿卫十日，朝廷政事，多所参预，近代以来罕有比拟者，时人称为"三使相"。

## 二　中晚唐皇位更迭的特点

德、宪之时，帝王尚能对神策中尉进行实质控制，这时以神策中尉为首的宦官集团的权力表现出对皇权的依附性，他们的权力来源于君主的信赖，即皇帝的支持。在顺宗即位的过程中，左右神策中尉杨志廉与孙荣义二人起了重要作用，他们率神策军勤于拥戴。永贞内禅实质上是宪宗与诸宦者及南衙诸重臣自导自演的一出夺权的宫廷政变，两中尉杨志廉与孙荣义掌控的左右神策军对二王党人起着明显的震慑作用。宪宗被弑，虽为宦者陈弘志、王守澄、梁守谦等元和逆党所为，但穆宗及其生母郭太后才是背后真正的主谋。此次宫廷政变，除少数吐突承璀的心腹外，其余宦官基本都站在了穆宗一边，特别是中贵人梁守谦、马进潭等人利用手中掌握的神策军权对朝臣进行威慑，充当了政变的实际执行者。神策中尉梁守谦与宦官马进潭、刘承偕、韦元素、王守澄等援立穆宗之后，神策中尉集团的权势逐渐凌驾于皇权之上，没有神策中尉的同意，帝王不再能够凭一纸诏书随意调动神策军，加之，神策中尉能够为神策军将士争取优厚的待遇及更多的晋升机会。因而，神策军反而成了神策中尉摆脱对皇权的依附，窃取皇权，凌驾于皇帝之上，左右弑君、立君、废君的宫廷政变及挟制群臣的私兵。

长庆时，神策中尉通过依附的外朝宰相来援立符合己意的太子。文

· 231 ·

宗之立，宰相及朝中重臣尚能起到一些作用。也就是说，这一时期，神策中尉废立帝王是在一定范围之类进行的。然而，甘露事变之后，皇位继承权几乎完全受以神策中尉为首的宦官集团操纵，皇帝、太子的废置全凭其己意，外朝士大夫惧怕中尉权势及其手中所掌握的神策禁军，怯与和中尉发生冲突，已然沦为宦官中贵人的应声虫、附属品。

在皇位继承中首建定策之功成为宦官集团获得或保持权势最有效的手段。神策中尉在定策拥立几朝皇帝之后，已经树立起了群体自信。在他们看来，只要利用神策军权掌握皇帝的拥立权，宦官权势对皇权的影响力就会始终存在。

中晚唐的皇位更迭，一方面，充分反映了中唐以后皇帝废立之权归于阉寺，皇帝居中实乃"广义之模范监狱罪囚"的现状，刘季述囚昭宗于少阳院，不过是"执行故事之扩大化及表面化耳"①。另一方面，基本反映了左中尉与右中尉、中尉与枢密使、新进宦官与旧宦官之间的矛盾与竞争。穆宗即位反映了左右军之间矛盾和斗争的真相。敬宗及绛王被弑，文宗之立，本质上是元和朝旧宦官与新进宦官竞争下的牺牲品。武宗之立的前前后后，体现了两军中尉仇士良、鱼弘志与枢密使刘弘逸、薛季稜的矛盾。虽然枢密使宣达诏命，能近距离影响皇帝决策，操控政治的机会更多，影响更大，但在中尉强有力的武装力量面前，枢密亦无能为力也。若中尉与枢密形成群体自觉，则宦官权势几成不可动摇之势。王宗实以强兵援立懿宗，体现了左中尉与右中尉、二枢密之间的矛盾。不可否认，宦官集团内部存在矛盾，有时甚至可能会激化，但维护神策中尉掌军制却是他们的共识。

## 第二节 文、武、宣、懿、昭五朝皇权与宦官权势的博弈

新君虽为神策中尉拥立，但强势的君主不甘愿做宦官集团的木

---

① 陈寅恪：《唐代政治史述论稿》中篇《政治革命及党派分野》，载《隋唐制度渊源略论稿·唐代政治史述论稿》，商务印书馆2011年版，第319页。

## 第六章 神策中尉掌军制度与中晚唐政局演变 ◀●

偶。为了重振皇权,帝王企图通过夺取神策中尉兵权,重建属于自己的禁卫军,限制枢密使的权力等方式来与以神策中尉为首的宦官集团进行博弈。本节主要探讨文、武、宣、懿、昭五朝的皇权与宦官权势的博弈过程及结果。

### 一 文宗与宦官集团的矛盾——甘露事变再探索

（一）文宗重用李训、郑注等人的原因

文宗命宋申锡与外臣谋议诛除宦官,"几成反噬"。宋申锡获罪之后,宦官愈骄横。文宗虽外示姑息,内心却始终想着寻找合适的时机来诛除权阉。于是,他在暗中寻找着能够诛除元和逆党等掌权宦官的合适人选。

中晚唐时期,帝王对外朝大臣多存有戒心。他们除了信任不会篡夺天下的宦官外,还特别信任以各种伎艺或艺术而受到宠幸之人,这种人组成的集团可以称作近倖集团。当神策中尉权势凌驾于皇权之上,宦官政治成为皇权政治对立面之后,帝王往往依靠此类近倖集团来对抗宦官集团,而宦官集团每每拥立新君之后,就会对前朝近倖集团进行诛杀或放黜。李训、郑注集团属于文人近倖集团。[1] 这个集团有一个共同特点：他们主要来自社会底层,精通某种伎艺,资历浅,有一定的政治抱负。如李训"既见擢识,志望不浅"[2]。他们为了获取高位,乐于依靠皇权,打击专横的宦官集团,从而进行政治投机。

文宗为何不与当时朝中元老重臣如裴度、李德裕、韦处厚、郑覃等人谋议,而是任用因宦竖而进的李训、郑注等人来诛除宦官集团？我们知道,文宗之时,朋党之争严重,当时朝中几乎所有重臣均有党派门户。元和末年,中兴名臣裴度竟对陈弘志弑宪宗一事讳莫如深,后又与元和逆党谋立文宗,贵为四朝元老,甘露事变后,面对"阉竖擅威,天子拥虚器,搢绅道丧"的政治环境,他"野服萧散,与白

---

[1] 黄楼：《中晚唐宦官政治研究》,博士学位论文,武汉大学,2009 年,第 221—227 页。

[2] 《新唐书》卷 179《李训传》,中华书局 1975 年标点本,第 5309 页。

居易、刘禹锡为文章、把酒，穷昼夜相欢，不问人间事"。① 可见，裴度对于宦官之祸深有体会，对于宦官集团势力心知肚明。李德裕为中人王践言等人所誉，被文宗召入京师为宰相。李宗闵、元稹、牛僧孺更是引权阉为奥援。史载："文宗自德裕、宗闵朋党相倾。大和七年以后，宿素大臣，颖而不用。意在擢用新进孤立，庶几无党，以革前弊，故贾𫗦、舒元舆骤阶大用。"② 文宗以二人孤寒无党，故擢升为相，若有党派，则诛宦官之谋略又恐败露。可见，当时的政治环境决定了文宗不敢也不能与朝中重臣谋议。文宗虽知郑注、李训怀有政治投机心理，但训、注二人均为右军中尉王守澄之"座上宾"。宋申锡获罪后，权阉集团对文宗的举动多所疑惧，文宗周围均有宦官耳目，为了根除骄纵擅权之权阉，他唯有与不为两党所推且与权阉有密切关系的训、注等文人近倖集团密谋，方可以打消王守澄等人的疑惧之心。因此，李训、郑注是通过捭阖之术因某种机缘而得到文宗皇帝的重用。

（二）"元和逆党几尽"

文宗大和年间左中尉是韦元素，右中尉是王守澄。他们同为弑宪宗、拥立穆宗的元和逆党。但是，自穆宗以来，王守澄一直在中央担任枢密使一职，干预朝政，权势薰炙，任右中尉之后，对左军进行压制。因此，左军中尉韦元素与枢密使杨承和、王践言结成联盟。

大和七年（833）九月，邠宁行军司马郑注入京。郑注倚右军中尉王守澄而致富贵，权势薰炙，朝官多与之交结。侍御史李款弹劾郑注"内通敕使，外连朝士"，旬日之间，劾郑注之奏章数十。王守澄将郑注置于右军，时任左军中尉的韦元素、枢密使杨承和、王践言皆恶郑注。特别是左军中尉韦元素欲徇群情将郑注诛杀，从而实现打压右中尉王守澄的目的，这也反映了左军与右军之间的矛盾。左军将李弘楚为韦元素献策：请设鸿门宴，使郑注离右军赴左军，于宴会上伺机杀之，然后向文宗请罪，密请枢密为之进言，则可以免罪。但韦元

---

① 《新唐书》卷173《裴度传》，中华书局1975年标点本，第5218页。
② 《旧唐书》卷172《李石传》，中华书局1975年标点本，第4483页。

## 第六章　神策中尉掌军制度与中晚唐政局演变

素为郑注佞词所欺，错过了诛杀郑注的绝好机会。李弘楚自解军职而去，背发疽而卒。不久，王守澄荐郑注为右神策判官，充当自己的心腹，使其处理右军实际事务。以韦元素为首的三贵与王守澄之间矛盾加深了。

李训因与郑注相善，得以结交王守澄。后经王守澄的推荐，得到觐见文宗的机会。文宗将其视为奇士。也就是在这时，文宗认为李训是谋诛除宦官的合适人选，欲任之为谏官兼翰林学士。宰臣李德裕极言李训天资奸邪，不宜引致左右。而同列宰相的王涯以李训由中尉王守澄引荐，王守澄亲党郑注又曾于己有恩，畏其党盛，故私授意，令给事中不用封敕。因此，文宗任用李训之意已定。为了平息人心，文宗先以李训为四门助教，官从八品。其年九月，昭义节度副使郑注入京为文宗疗疾有效，愈加受宠。其时李德裕、李宗闵各有朋党，互相挤援。因此，王守澄、李训、郑注三人请求文宗下诏将李德裕的政敌李宗闵征调入京，以抗衡李德裕。十月庚寅，三人将李德裕排挤出中枢。同一天，李训顺利担任翰林侍讲学士。李训成为翰林学士后，进入禁中为文宗讲《易》之际，言及巷伯暴横陵主之事。文宗见其言论纵横，而且训、注二人均因守澄而进，通过委任训、注二人可以减少宦官集团疑虑。文宗遂倾诚与二人谋。实际上，训、注二人实乃政治投机分子，他们欲通过除宦官而得到地位的超升。因此，文宗与训、注有共同的利益诉求——诛除权阉。此后，训、注二人频繁出入禁中，密谋诛除权阉。文宗为麻痹宦官，乃出《易》疏六条，请百官说《易》，有能出于李训之上者，就重赏，从而给百官群臣、权阉造成李训因师友之谊而得宠的错觉。

如上所述，阉寺之中自分党派，王守澄与左军及枢密存在矛盾。李训、郑注采取的方略是运用捭阖之术使宦官对抗宦官。即利用王守澄与三贵的矛盾来实施除诛元和逆党的谋略，从而步步为营、渐进式地除掉权阉。文宗则在训、注执行策略的过程中，对其提供制度上的支持。

其一，二人均由王守澄而进，为取得王守澄的进一步信任，他们帮助王守澄打击政敌。

· 235 ·

王守澄厌恶当时颇具实权的宦官如田全操、刘行深、周元稹、薛士干、似先义逸、刘英誗等人，李训将这些人分别遣往盐州、灵武、泾原、夏州、振武、凤翔等京西北诸方镇巡边，实则是密命诸道节度使将田全操等人杀死。

左军韦元素曾欲通过诛郑注来打击右军。训、注得到文宗信任后，开始拿与王守澄争权的左军中尉韦元素及枢密使杨承和、王践言等开刀。实际上这是训、注为了打消王守澄的疑虑而实行的瞒天过海的策略。正如吕思勉《隋唐五代史》云："守澄之进训、注，实所以图左军，文宗及训、注，乃克以毒攻毒，尽去杨承和等，且因守澄之不疑而反图之也。"[1] 文宗深患朋党之弊，常叹曰："去河北贼易，去朝廷朋党难！"[2] 训、注二人借朋党事帮王守澄打击政敌。韦元素、王践言与李宗闵、李德裕交结，受其重赂。由于女学士宋若宪及知枢密杨承和等人的称荐，宗闵得以为相。大和九年（835）七月，郑注、李训以此事将当时与王守澄争权不和的左军中尉韦元素、枢密使杨承和、王践言等人出为监军。不久，又以杨承和庇护宋申锡及牛李党争，讽文宗下诏，将三人远贬，李宗闵、李德裕二人亦被罢相。最终，韦元素、杨承和、王践言竟被李训、郑注设计贬黜赐死。

其二，实行以宦官制宦官之法。以仇士良为左军中尉，使之分王守澄之权，从而牵制王守澄及右军，"使相糜肉"[3]。

韦元素死后，李训、郑注为文宗谋议，请任用仇士良为左军中尉。仇士良，宝历末年拥立文宗有功，但为王守澄所忌，一直不能进入宦官集团的权力中枢。仇士良与吐突承璀均是宪宗东宫旧人，有一定的军事谋略。吐突承璀任左军中尉后，率军征讨成德，仇士良甚至作为宦官代表随军出征，并与吐突承璀密谋缚昭义节度使卢从史。据《仇士良神道碑》载："元和中，卢从史倚上党兵劲，阴结叛臣。宪宗皇帝命护军中尉吐突公统戎专征，密勿神算，诱至幕下，缚送阙

---

[1] 吕思勉：《隋唐五代史》（上册），上海古籍出版社2005年版，第336页。
[2] 《资治通鉴》卷245，唐文宗大和八年十一月条，中华书局2011年标点本，第8021页。
[3] 《新唐书》卷207《宦者上·仇士良传》，中华书局1975年标点本，第5872页。

· 236 ·

## 第六章 神策中尉掌军制度与中晚唐政局演变

庭。是时公适在军,助成丕绩。"① 可见,仇士良与吐突承璀是同一阵营。以王守澄为首的元和逆党诛除吐突承璀后,一直对马存亮和仇士良等左军旧人怀有疑忌。他们掌握朝权之后,始终对马存亮和仇士良等吐突承璀之党进行压制排挤。马存亮平张韶之难,论功为第一,却被迫出为淮南监军。仇士良与元和逆党援立文宗有功,但在文宗即位后,他并没有得到超升,"位未通显",仍为"宣徽供奉官,转内坊典内侍省"。大和元年(827)末,王守澄代梁守谦控制右军后,为了更好地监视控制仇士良,将他置于自己的右军之中,以之为右军中尉副使。然而仇士良没有像马存亮那样为自保而避贤路,他反而在右军中通过其他方式来树立自己的威权,"端肃以贰戎政,廉让以播军声。屏卫益严,暴悍知禁"。仇士良的做法使王守澄感到不安,不到一年的工夫,王守澄讽文宗下诏,以擢升的名义,任命他为右领军将军充任诸如闲散无实权的五坊使、染坊使。仇士良在染坊使任上勤勉,被陟为飞龙使。飞龙使虽为宦官诸使中颇有实权的使职,但对于有援立之功且属于元老级宦官的仇士良来说,飞龙使与其功劳不相匹配。二人矛盾亦越积越深。

韦元素之后,仇士良因资历、威望俱佳而成为左中尉的不二人选。大和九年(835)五月,文宗擢仇士良为左军中尉,王守澄无可奈何。其年八月,文宗幸左军龙首殿,以表示对左军的重视。我们知道,自元和弑逆之后,右军地位一直高于左军,左右军角戏时,皇帝多庇护右军。文宗重视左军具有相当强的政治目的,即在诛除王守澄一事上,争取得到左军的支持。

其三,夺王守澄兵权,诛除元和逆党。文宗取得左军支持后,进一步采取孤立王守澄的计划。操刃弑宪宗的陈弘志在文宗朝仍为山南东道监军。大和九年(835)九月,李训为文宗谋,在青泥驿将陈弘志杖杀,同时又将另一已故权阉崔潭峻剖棺鞭尸。其后,李训开始对王守澄下手。其年九月,任命王守澄为左、右神策军观军容使,兼十

---

① 《全唐文》卷790《内侍省监楚国公仇士良神道碑》,中华书局1983年标点本,第8273页。

二卫统军，以虚名尊之，实际上是夺其兵权。为何一纸诏书能轻易削夺王守澄多年控制的神策兵权呢？笔者以为原因有二。其一，王守澄之党几尽，此时已是强弩之末；其二，仇士良与王守澄势如水火，左军对其形成威慑。其年十月，李训、郑注密言于文宗，遣中使李好古鸩杀王守澄。后又杀其弟徐州监军王守涓于中牟。自此，元和逆党几尽。史书云："守澄豢养训、注，反罹其祸，人皆快其受佞，而恶训、注之阴狡。"① 这里史书在书写时，采取了为尊者讳的手法。因为，诛元和逆党实乃文宗的本意。

王守澄被罢兵权第二天，御史中丞兼刑部侍郎舒元舆与兵部郎中知制诰、充翰林侍讲学士李训同时为宰相。李训为相后，其权势迈于四贵。李训此时为何不建议文宗下诏罪诛逆党，将神策军权收归宰相呢？其原因大致如下。

第一，中尉对李训的礼敬与畏惧实乃表面现象。我们知道，仇士良虽因李训而升任宦官集团首脑，如同训、注因王守澄而进，却终助文宗除掉王守澄一样，仇士良在掌握神策军权，自为羽翼后，遂与李训等近倖集团分为二途。李训为相不久，即与中尉仇士良因鄜坊节度使萧洪事件而进行了明里暗里的博弈。最后李训与仇士良两大阵营的棋子二萧及其相关人士受到贬黜惩罚，不过此事并没有触及两大集团的根本利益。

第二，若暴扬王守澄等人罪行，文宗帝位的合法性将受到质疑。如前所述，穆宗为太子时，曾联合元和逆党施商臣之手，即位之后，元和逆党控制朝局。宝历末年，元和逆党与仇士良又援立文宗。若文宗此时公布元和逆党罪行，实际上是否认了其父穆宗即位的合法性，也间接否认了自己即位的合法性。同时可能造成左中尉仇士良心有不安。因此，文宗必为其父讳，诛除王守澄之党时不敢暴扬其罪。

后来宣宗治弑宪宗之党，停光陵朝拜，对宦官、外戚及东宫官属尽行诛窜。其中一个重要原因，宣宗不为元和逆党拥立，下诏尽诛元和逆党，反而能体现自己帝位的合法性。

---

① 《旧唐书》卷184《宦官传·王守澄传》，中华书局1975年标点本，第4770页。

## 第六章　神策中尉掌军制度与中晚唐政局演变

第三，神策中尉控制神策军已成为一种常态。换言之，皇帝可以任命神策中尉，但神策中尉必须由宦官担任。这种制度，不仅得到帝王的认可，而且多数大臣亦习以为常。不可否认，宦官集团内部存在矛盾，有时甚至可能会激化，但维护神策中尉掌军制度却成为他们的共识。在元和逆党几尽的情况下，中尉仇士良、鱼弘志等人分别控制着左右军，地位已经稳固。更为重要的是，二人是文宗与训、注集团为抑制王守澄而新进提拔上来的，他们又无明显过错，若立即对二人进行处置，会有损朝廷威严。

### （三）甘露之变

文宗本意只是想铲除威权逼己的权阉，而非想从根源上废除中尉典军制度。这也是唐后期诸帝对宦官的基本态度，他们非对全体宦官失去信赖之心，只是诛除少数权阉以后，将中尉给予其他值得信赖的宦官，因此，我们可以看到，当朱温与崔胤大肆诛灭宦官后，昭宗甚至为文祭之。训、注集团为了助文宗重振皇权，采取了"擒贼先擒王"的策略，首先通过武力彻底铲除中尉仇士良、鱼弘志等权阉，然后夺神策兵权，扭转宦官政治凌驾于皇权政治之上的格局，使文宗能够按照皇权的意志，重新任命一些受帝王控制的新进宦官为中尉，从而将中尉制度重新纳入皇权体制之下。如前所述，顺宗时，王叔文集团欲以一纸诏令削夺中尉的神策军军权的企图失败，"二王八司马"被远贬。训、注集团深知直接削夺中尉军权的危害，因此，他们吸取了王叔文集团失败的教训。他们采取了先诛权阉再夺兵权的策略。即在神策禁军之外寻求有持有兵器之权的武装力量的支持，然后通过计谋利用这部分军队将中尉等权阉诛除，然后再夺神策兵权。为了实现这一目的，训、注集团进行了周密的部署。

首先，掌握除北军之外可资利用的京城军队。除北军之外，当时京城拥有一定兵力且是正规军队的只有南衙左右金吾军。中唐以后，左右金吾卫仍然担负着宫中及京城昼夜巡警的职能，是十二卫中唯一保留职事和军队的南衙卫军。另外，御史台要处理案件，有相当数量的狱卒；京兆府要负责京畿地区的事务及皇家的部分事务，故捕盗官及胥卒较多。为了控制这些武装力量，李训任用自己的亲信韩约为左金吾卫大将军,李孝本权知御史中丞事,罗立言为京兆少尹知府事。

其次,取得近藩力量的支持。元和逆党诛除殆尽时,训、注开始在外镇部署军队。王守澄被鸩杀后四天,即大和九年(835)十月乙酉日,李训讽文宗下诏,出郑注为凤翔节度使,掌握凤翔镇兵。其目的是在实施诛除宦官行动之时,可以内外合势。郑注为王守澄心腹,此时出镇,可以给人造成一种因失去靠山而受到排挤的假象,起到掩人耳目的效果。然而,李训出郑注于外,又怀有私心。李训因郑注而进,此时二人权势位望等夷,可谓"势侔则衅生"①,李训心忌郑注,俟诛除宦官之后,又将其除掉,从而达到一箭双雕的目的。其年十一月,李训又以亲党郭行余为邠宁节度使,王璠为河东节度使。另外,刘从谏的昭义军实力颇强,兵强马壮,且与左军中尉仇士良有隙。李训、郑注等人秘密联结河中昭义节度使刘从谏为外援。

李训与郑注最初的计划是,郑注赴凤翔后,选壮士数百为亲兵。郑注为王守澄亲党,至其年十一月戊辰,即王守澄下葬日,可以名正言顺地奏请入京奔丧,趁此机会,顺理成章地将在凤翔所选亲兵带入京师,并预先埋伏于浐水之旁。王守澄在宦官集团中的地位极高,训、注奏请文宗下诏,令诸内官中尉均至浐水为王守澄送葬。由于送葬之地的灵堂不可能容纳大量军队,神策军虽然也参与护丧,但人数有限,且不能近距离接近灵堂,只能在外围护卫。待中尉等权阉进入凤翔兵埋伏之地时,郑注将门一关,刀斧手齐发,即可一举诛灭中尉等权阉。训、注集团在诛除宦官后,以京兆府、御史台及金吾军来维护京畿秩序。由于神策军不堪外战的缺陷在宪宗元和年间已充分暴露,他们又外引河东、昭义、邠宁三军对在京神策军进行威慑,使之不敢妄动,从而使此次诛除权阉的行动不致演变为大规模的战争或宫廷大屠杀、大动乱。在浐水计划行动之前的这段时间里,郑注的妻兄魏逢在长安与凤翔之间充当了联络人。

前文已揭,李训出郑注于外有双重目的:其一,内外联合诛除宦

---

① 《资治通鉴》卷264,唐昭宗天复三年二月条,中华书局2011年标点本,第8725页。

## 第六章 神策中尉掌军制度与中晚唐政局演变

官；其二，待除掉宦官后，又将郑注除掉，从而独占朝权。按照浐水计划的部署，若郑注以亲兵诛除权阉成功，李训将不能独占朝局，其地位还将受到郑注的威胁。因此，在郑注出镇凤翔之后，李训暗地里放弃了浐水计划，临时制订了甘露计划，即以伪甘露祥瑞之事行诛权阉之谋。他并没有将新的甘露计划告诉魏逢。按照浐水计划，郭行余与王璠均要离京赴镇去控制邠宁军与河东军。但李训将郭行余、王璠留在京师，使之募壮士豪侠为部曲，作为赴镇之护卫军。唐制规定，新任节度使可以"具帑抹，带器仗"至尚书省参谢。所以节度使能携兵器，部曲能入阙廷。故在甘露事变后，为避免大规模宫廷流血事件的重演，令狐楚奏请，节度使服公服参谢，禁带兵器入内。加之前期李训的亲党已掌握了金吾军及御史台、京兆府吏卒，郭行余、王璠的直接加入，增加了在京与神策军对抗的武装力量。

李训甘露计划的行动日期是十一月壬戌，左金吾大将军韩约奏左金吾厅事石榴树夜降甘露，群臣齐贺。文宗恐非真甘露，命左、右中尉仇士良、鱼弘志率诸宦者前往临视。待中尉等权阉至左金吾厅观甘露之时，韩约下令锁金吾厅事之门，宦者即成瓮中之鳖，坐待金吾将士处置。根据李训的布置，待金吾将士诛除仇士良等人后，利用含元殿中河东、邠宁二镇节度的部曲、京兆府、御史台吏卒控制殿内诸内侍官，护卫文宗。我们知道，神策军没有中尉印信，不能随意入宫禁，中尉被诛杀后，神策军无主，李训所掌握的武装力量人数在局部范围内多于权阉及在殿神策军，这样就可以在一定程度上控制住局面。然后文宗亲下敕旨安抚群臣及神策军，从而使神策军重新成为天子禁军。

李训的甘露计划比浐水计划提前了六日。① 凤翔至京师三百一十五里。② 《资治通鉴》卷二五九，昭宗乾宁元年（894）十二月条下胡

---

① 《新唐书》卷179《郑注传》谓提前五日举事（中华书局1975年标点本，第5316页），有误。根据《资治通鉴》所载的确切天干地支纪日，应提前了六天。壬戌、癸亥、甲子、乙丑、丙寅、丁卯、戊辰。请参看《资治通鉴》卷245，唐文宗大和九年十一月条，中华书局2011年标点本，第8032—8041页。

② 《旧唐书》卷38《地理一》，中华书局1975年标点本，第1403页。

注云："唐制：陆行之程，马日七十里，步及驴五十里，车三十里。"①郑注以护丧的名义率兵入京，为掩人耳目，行军速度当不至过快，可能为正常行军速度，即每天行进五十里。这样，郑注抵达长安大约需要五天时间。按李训的设想，甘露计划成功之后，自己有五天时间稳定朝廷局面，待郑注率亲兵到京师之时，又可趁势控制郑注及其亲兵，从而实现独占朝政的伟业。

但是，李训所用非人。当仇士良等至左金吾厅时，韩约"变色流汗"，神色慌张，引起仇士良的疑虑。仇士良等闻有兵器之声，此时风吹帷幕起，又见金吾厅中兵士甚多。仇士良等惊骇，知韩约有诈，斥守门军士，军士惊惧而不敢闭门，诸宦者急速退出金吾厅，免于屠戮。可见，韩约所任守门卫士非其人也。韩约及守门的金吾卫士的胆怯彻底打乱了李训的部署。李训见仇士良等奔回，知计划败露。此时唯一能做的，是防止宦官挟制文宗。于是，李训以人赏百缣的厚赏，令在殿的金吾将士护卫文宗。其时，罗立言以京兆吏卒三百余人自东来，李孝本率御史台众人二百余自西来，全力阻击宦官挟持文宗入宫，李孝本众人杀宦官十余人。然而，邠宁与河东二镇部曲并没有直接参与这场宫廷内斗。甘露事变后，为稳定京师秩序，文宗颁发的大和九年（835）十二月"丁亥诏"云："郭行余、王璠潜领所部将健持兵上殿，叶谋不轨，倾覆社稷，谋害中外。"②这里明确说，郭行余、王璠在甘露事变时率军上殿与宦官进行搏击。实际上，在宦官离开含元殿前去察看甘露真伪之后，李训即召郭行余、王璠等人入内受敕旨，同时讽文宗下敕召二人部曲入殿。但是河东帅王璠"股栗不敢前"，唯邠宁帅郭行余拜于殿下。当时二人部曲数百人执兵立于丹凤门，然而只有王璠河东兵入内，郭行余的邠宁兵竟不至。在危急关头，兵将意见不统一，定难以成事。当李训之谋败露后，郭行余孤身一人，为自保而与诸宦搏斗，但力不逮而束手被擒；王璠率其入殿部

---

① 《资治通鉴》卷259，唐昭宗乾宁元年十二月条下胡注，中华书局2011年标点本，第8580页。

② 《册府元龟》卷91《帝王部·赦宥第十》，凤凰出版社2006年标点本，第1004页。

## 第六章　神策中尉掌军制度与中晚唐政局演变

曲自卫逃跑，归长兴里私第。可见，郭行余与王璠并没有以部曲与宦官集团发生直接冲突。而是仇士良等人在甘露事件后将"领所部将健持兵上殿，叶谋不轨，倾覆社稷"的罪名强加于二人身上。

此时，在仇士良、鱼弘志及大盈库使宋守义的指挥下，侍卫与身旁的宦官已挟制文宗急回宣政殿。李训被有勇力的宦官郗志荣拳殴及胸致扑于地。文宗唯有心恨李训谋事不密。宦者拥文宗入宣政门后，遂闭门。文宗遂被宦人控制。仇士良等人知文宗参与甘露计划，十分怨愤，对之有不逊之语。文宗为求自保，一言不语，这实际上是纵容了中尉派遣神策军大肆屠杀群臣的行为。仇士良、鱼弘志在控制文宗后，即命左右神策副使陈君弈、刘泰伦、魏仲卿等各率神策禁兵五百人，出阁门讨李训诸臣。金吾士卒及台府吏卒根本不是神策军的对手。神策军捕训党、掩宰相、歼金吾，如猎狐兔，两省及金吾吏卒千余人唯有争门而出，不得出者六百余人全死于神策军之手。与此同时，仇士良又令神策军分兵闭宫门，全力擒斩与甘露计划有关的所有人。神策军又杀诸司吏卒及商人千余人，并将诸司印及图籍、帷幕、器皿俱收归神策。李训外逃，为盩厔镇遏使宗楚擒杀。宰相舒元舆、王涯、王璠、罗立言、郭行余等人均被系于左右两军。乙丑日，左军兵马以李训首引王涯、王璠、罗立言、郭行余，右军兵马三百人领贾餗、舒元舆、李孝本赴郊庙，徇两市，然后腰斩于子城西南隅独柳树下。

再来看郑注此时的行动。壬戌日即甘露事变当天，按照与李训事先约定的计划，郑注将亲兵五百从凤翔出发前往京师护丧。如果按每天五十里的正常行军速度推算，甘露事变第二天即癸亥日，郑注当行军至扶风。[①] 此时，李训提前举事失败，神策军大诛朝臣的消息已传至扶风。扶风令韩辽认为，李训、郑注同为文宗宠臣，甘露之事必与郑注有关，对于郑注此时派兵前往京城为王守澄护丧的行动有所怀疑，故不供应粮草，率吏卒携印奔武功。郑注在扶风得知李训之败

---

① 《九域志》：凤翔府东至扶风有八十里。(《资治通鉴》卷245，唐文宗大和九年十一月条下胡注引宋白曰，中华书局2011年标点本，第8040页。)

后，为防凤翔内部有变，率私兵火速归凤翔稳定局势。其时政治形势十分紧迫，郑注加快了行军速度，或许在当天即癸亥日至迟不会超过第二天即甲子日，就回到了凤翔。

仇士良为了擒诛郑注，一方面，在控制京师局势后，即矫文宗敕旨，令使者赍密敕乘驿骑加急至凤翔，密令监军张仲清杀郑注。当时驿骑的速度明显要快于郑注回军的速度，即是说，在郑注回凤翔之前，监军已得到诛郑注的密令。另一方面，令与神策军有渊源的泾原节度使王茂元、鄜坊节度使萧洪勒兵备非常，又令诛训党有功的左神策大将陈君弈为凤翔节度使。郑注回凤翔之后，出入以私兵严卫，但他在凤翔最多待了两天，丁卯日，就被押牙李叔和与凤翔监军张仲清诱杀。此时，郑注被诛的消息尚未传至长安，仇士良为了昭示郑注之奸谋，在丁卯日，迫胁文宗下诏削夺郑注官爵。第二天夜，即戊辰夜，李叔和献郑注首于朝廷，仇士良枭其首于兴安门，此时京城方知郑注已死。诛郑注后，人情稍安，神策军方各归其营。李叔和因斩郑注之功，获得庄宅各一区、银三千两、绫绢七十匹的丰厚赏赐。十分巧合的是，戊辰这一天恰好是郑注原计划在浐水谋诛宦官的日子。

文宗对于李训运用捭阖之术诛除元和逆党的政治手腕深表佩服，他认为李训的甘露计划可以顺利拿下仇士良、鱼弘志。但是，文宗疏于考量，诛除元和逆党与实施甘露计划群诛宦官的条件不一样。除元和逆党之时，宦官内部存在党派对立。李训利用了宦官集团的内部矛盾对元和逆党分化瓦解，各个击破，但这并没有触动整个宦官集团的利益及中尉典军制度。元和逆党殆尽后，左右中尉不存在根本矛盾，宦官集团又合为一体，其时没有利用宦官集团内部矛盾使之自相糜肉的条件。文宗与训、注集团欲尽诛权阉，扭转中尉凭借神策军左右皇权的局面，使中尉制度名存实亡，成为皇权之下的一部分，这必然要触及宦官政治赖以存在的神策禁军军权问题，宦官集团是不可能束手就擒的。

笔者以为，训、注二人诛除宦官的浐水计划及甘露计划在谋划之时并没有引起宦官集团的怀疑，而且甘露计划实施过程中，只是由于李训所用之人决断力和勇气不够，临阵慌张才导致计划失败。但就其

## 第六章　神策中尉掌军制度与中晚唐政局演变

方略来看，训、注二人为文宗谋诛宦者所费心力之巨，其谋略十分精慎。他们不愧为旷世奇才。然而，史书多称李训、郑注为乱政的奸邪小人。如司马光在《资治通鉴》的"臣光曰"中，斥李训、郑注为反复小人，所得方略为"谲诈之谋"①。而清人王鸣盛在其代表作《十七史商榷》中为训、注进行了翻案。王鸣盛认为李训、郑注实乃奇士，"但当惜之，不当复恶之"②。笔者对此观点深表赞同。更难能可贵的是，他注意到王叔文集团与训、注集团前后相承之关系。我们认为，考察王叔文集团与训、注集团的关系可以更加深刻地理解中晚唐时期中下层文士的政治社会地位以及他们为了实现自己的政治理想所做出的努力。

在这里，笔者并不打算详细分析甘露之变的经验教训及失败原因，而仅仅是通过训、注集团与神策中尉集团之间的军事力量对比，试图反映中尉所掌握的神策禁军对于中晚唐政局之影响。笔者以为，训、注集团失败的根本原因，是没有掌握真正的军队，南衙金吾兵、台府吏卒与神策军实力相差过大，而且金吾兵在谋略的执行力方面存在极大的问题，最终导致了"血溅黄门，兵交青琐"③。李德裕对神策军的重要地位看得很准。他认为，神策军是在政治斗争中能否取胜的关键所在，训、注集团"以台、府抱关游徼抗中人以搏精兵"，失败在所难免。训、注集团应该"以中旨谕之，购以爵赏"，待说服神策诸将之后，控制神策中尉易如反掌，所谓"势如风靡矣"④。但笔者以为，李德裕此说有失偏颇。其时神策中尉权势薰炙，干预朝政，能给予神策诸将士优厚利益，禁军诸将官唯畏伏神策中尉，前有王叔文以顺宗诏旨，举用范希朝、韩泰，欲通过和平方式谋夺京西北神策军权而失败的教训，李训不可能不知道通过无实权的文宗下诏夺取宦

---

① 《资治通鉴》卷263，唐昭宗天复三年正月条下臣光曰，中华书局2011年标点本，第8718页。
② 王鸣盛：《十七史商榷》卷91《新旧唐书二十三·训注皆奇士》，上海书店2005年标点本，第829页。
③ 《旧唐书》卷169《李孝本传》，中华书局1975年标点本，第4411页。
④ （唐）李德裕：《李卫公会昌一品集》外集卷3《奇才论》，《丛书集成初编》，商务印书馆1936年版，第274页。

官集团的神策军权是不现实的,因此,训、注集团不得不冒险借用其他武装力量,通过合理谋划,先将权阉诛除,再夺取可以改变朝局的"天下大势"——神策军。但是,由于仇士良等宦官集团觉察到李训之谋,遣神策军大肆屠戮朝官,从而酿成甘露事变的大悲剧。李德裕言甘露事变之后,"天下大势不可用",此语过于武断。因为,此后诸帝与宦官集团围绕神策军军权进行了明里暗里的斗争,只是通过诛除权阉而夺神策兵权的方式行不通。昭宗时,宰臣张濬为昭宗谋划新的方略来夺取神策军兵权,即趁左中尉杨复恭势屈之时,利用宰臣暂时率神策军讨伐李克用之机,从神策军内部着手,笼络神策军士,使之脱离神策中尉,从而将神策军收编为皇帝直接控制的亲军,然后再对宦官势力进行排挤打击。这种方式与训、注集团先诛宦官再夺神策兵权的方式相反。但是,张濬之师大败,谋夺神策军权的努力彻底失败。

自甘露事变之后,仇士良辈恨文宗入骨,欲将其废掉而另立新帝。仇士良竟将文宗软禁于一小殿,随意登阶数其过错,而文宗唯俛首而已。幸赖崔慎由不草废帝之旨,文宗才勉强得保帝位。开成四年(839)十一月,文宗召当值学士周墀于思政殿,泣言受制家奴,不如周赧、汉献。文宗竟以挹郁感疢而弃天下。可见,自甘露事变之后,文宗实乃"广义之模范监狱罪囚"[①]。其后,唐代帝位的废立完全操控于宦寺之手,宰相唯有依附于宦寺。

甘露事变后,神策中尉对军权看得更紧,对于文宗与朝臣来往过密心存疑忌。如前所述,李训通过讲《易》的名义入禁中而得宠幸,从而与文宗密谋了诛宦官夺神策军权的计划。若非所用武力非当或提前举事,宦官几遭诛灭,神策军权险被易主。开成初年,文宗屡召李石、郑覃入禁中论诗文,仇士良等恐文宗与宰相再次实施对宦官集团不利的计划,于是先下手为强,制造文宗欲令宰臣掌禁军的讹言,使得中外猜阻,人情不安,从而震慑文宗与宰臣。《资治通鉴》卷二四

---

① 陈寅恪:《唐代政治史述论稿》中篇《政治革命及党派分野》,载《隋唐制度渊源略论稿·唐代政治史述论稿》,商务印书馆2011年版,第319页。

第六章 神策中尉掌军制度与中晚唐政局演变

五，文宗开成元年（836）四月已酉条：

> 上御紫宸殿，宰相因奏事拜谢，外间因讹言："天子欲令宰相掌禁兵，已拜恩矣。"由是中外复有猜阻，人情恟恟，士民不敢解衣寝者数日。乙丑，李石奏请召仇士良等面释其疑。上为召士良等出，上及石等共谕释之，使毋疑惧，然后事解。①

从材料来看，"天子欲令宰相掌禁兵，已拜恩矣"。实际上是仇士良亲自导演的一幕政治闹剧，完全是子虚乌有的事。仇士良等故意向人们散布神策中尉与宰相不合，天子欲夺神策军权的讹言，故意制造恐慌的舆论，以试探文宗与宰臣的态度，防止其有不利于宦官集团的私谋。讹言过了十五天，文宗召仇士良。文宗、宰臣李石与仇士良等面释其疑，讹言自然止息。值得注意的是，在文宗召仇士良与宰相面释疑惑之前，京师没有发生任何变动。若真有文宗令宰相掌神策军权之事，按照宦官集团对甘露事件的反应速度，仇士良早已派出军队进行喧噪了。可见，在这十五天时间里，仇士良是在等待文宗与宰臣对讹言的回应。文宗对此心知肚明，故召仇士良面释其疑。

甘露事变后，朝廷处于非常时期，宦官政治势力凌驾于皇权之上。《旧唐书》的史臣曰："开成之始，帝道方沦，（李）石于此时欲振颓绪，几婴戕贼，可为唶嗟。多僻之时，止堪太息。"② 可见，在神策中尉蛮横的武力面前，宰臣的忠直显得弱不禁风，不堪一击。

## 二 武宗重振皇权的努力

武宗"沉毅有断"，是一位有抱负的帝王，他并不甘愿做模范罪囚。其时，皇帝与神策中尉之间矛盾突出，武宗试图通过打压神策中尉集团来强化皇权。

---

① 《资治通鉴》卷245，唐文宗开成元年四月条，中华书局2011年标点本，第8047页。

② 《旧唐书》卷172《李石传》，中华书局1975年标点本，第4488页。

会昌二年（842）四月，武宗准备受尊号后大赦，有纤人言于仇士良，宰相李德裕与度支所议赦书节文中有削减禁军衣粮及马刍粟的内容。赦书未下，而仇士良等已知其中内容，可见，神策中尉权势之大。仇士良扬言于众："必若有此，军人须至楼前作闹。"武宗怒，不得不遣中使宣谕神策中尉及两军，"赦书出自朕意，不由宰相，况未施行，公等安得此言？"表现了武宗的强硬态度，使得仇士良惶恐谢之。[①] 其年十月九日，武宗下敕令左右中尉条流京城诸寺僧尼并令还俗，然而，"京城内仇军容拒敕，不欲条流"[②]。此项政策没有触及神策中尉的根本利益——神策军权，最终武宗与仇士良集团达成妥协，武宗将条流僧尼的时间延迟一百日，左右中尉才实施该条政令。

武宗对援立自己的仇士良始终是尊而远之的。会昌三年（843），进仇士良为观军容使，兼统左右军。唐中后期，观军容使若不兼神策中尉，则为虚职，无军权。与大和年间王守澄为观容使权力被架空不同，仇士良擢为观军容使后，不仅继续执掌左军，而且还兼管右军。这样神策军军权集于仇士良一人之手，右军中尉鱼弘志被架空。武宗此举可谓高明：一方面，通过和平的方式解除了右军中尉鱼弘志的兵权。由于神策兵权仍然属于宦官集团，加之仇士良的资历威望高于鱼弘志，左军的实力又强于右军，在失掉兵权之时，鱼弘志不敢妄动。另一方面，优崇仇士良，使之集神策军权于一身，使仇士良与鱼弘志之间产生矛盾。仇士良掌握左右两军，可能使左右军发生内讧，削弱仇士良的实力。因为，神策军实际上是神策中尉之"私兵"，虽然右军名义上归属仇士良，但是右军将士未必真正愿意听从他的指挥，而且左右军内部是否能够协调也是一个问题。另外，虽然神策中尉凭借神策军可以凌驾于皇权之上，但皇帝的命令仍是至高无上的，任何政令若要合法地实施，都需要皇帝确认。更何况，武宗是对仇士良进行优崇，神策中尉不可能以兵临之。武宗愈是尊崇，"士良愈恐"。他

---

① 《旧唐书》卷18上《武宗纪》，中华书局1975年标点本，第590页。
② ［日］圆仁：《入唐求法巡礼行记校注》卷3，白化文等修订校注，花山文艺出版社2007年版，第404页。

## 第六章　神策中尉掌军制度与中晚唐政局演变

不想成为鱼朝恩似的人物,被帝王佯宠而最终被杀害。其年六月,仇士良请致仕,并于该月二十三日去世。

仇士良死后不久,武宗就开始清理仇士良的亲信部属。会昌三年(843)六月廿五日,下敕"斩仇军容孔目官郑中丞、张端公等四人,及男女奴婢等尽杀,破家"[①]。会昌四年(844),仇士良养子酒醉后口吐狂言:"天子虽则尊贵,是我阿耶册立之也。"武宗大怒,将其杖杀。此时,对仇士良不满的官员纷纷向朝廷揭露其罪恶,武宗趁机对仇士良及其家族进行秋后算账,下诏削夺仇士良官爵并籍没其家。[②]

武宗会昌朝,宦官政治权势遭遇重大挫折。李德裕为相后,请政令出中书,限制四贵的权力。当时的枢密使杨钦义、刘行深面对李德裕的强势政策,表现出诚实、朴实的一面。武宗任命宰相及朝臣的制书,枢密不得预知。"时枢密使刘行深、杨钦义皆愿悫,不敢预事,老宦者尤之曰:'此由刘、杨懦怯,堕败旧风故也。'"[③]王夫之对此评论道:"唐自肃宗以来,内竖之不得专政者,仅见于会昌。"[④]船山先生之语虽有夸大之词,然相对于中晚唐宦官权势凌驾于皇权之上的整体形势来看,会昌一朝,皇权得到很大程度的加强。

唐初,以御史监军事,神龙元年(705)以后,始用宦官中贵人为诸道监军。唐中后期,诸节镇内均有内官为监军。监军是皇帝耳目,代表皇帝之意对诸方镇进行监视。故方镇节度使或地方刺史很容易被监军诬陷。监军自置亲兵,兵数之多,甚至超过节度使之卫兵人数。储帅、留后之立,监军有商议与决定权。[⑤]监军激变军士,造成

---

[①] [日]圆仁:《入唐求法巡礼行记校注》卷4,白化文等修订校注,花山文艺出版社2007年版,第420页。
[②] [日]圆仁:《入唐求法巡礼行记校注》卷4,白化文等修订校注,花山文艺出版社2007年版,第447页。
[③] 《资治通鉴》卷247,唐武宗会昌三年五月条,中华书局2011年标点本,第8107页。
[④] (清)王夫之:《读通鉴论》卷26《武宗一》,中华书局1975年标点本,第817页。
[⑤] 《旧唐书》卷142《王武俊附王承元传》,中华书局1975年标点本,第3883页。

节镇无礼于朝廷，有损朝廷威严。① 诸军出师，不论军士人数多少，每军皆置有监军。监军干挠军政，侵夺主帅之权，军队进退，主将不能做主。监军还"多选劲骑，自卫观望，胜则乘驿急闻，以邀爵服；败则迫胁戎帅，致其怪惧"② 监军干预军政实际上反映了朝廷对诸镇统帅不放心，作战方略多出自宸衷，主帅无权做主的现状。

策略断自宸衷，将帅不得发号施令，监军干挠军政，自选强兵为牙队等弊端，贞元年间的陆贽以及元和年间杜黄裳、裴度、白居易等人早已指出，但并没有得到实质性改变。武宗会昌朝，以神策中尉为首的宦官势力相对衰弱，宰相李德裕对于韩全义以来诸镇讨伐叛镇屡屡受挫不胜的原因进行了总结。

一者，诏令下军前者，日有三四，宰相多不预闻。二者，监军各以意见指挥军事，将帅不得专进退。三者，每军各有宦者为监使，悉选军中骁勇数百为牙队，其在陈战斗者，皆怯弱之士。每战，监使自有信旗，乘高立马，以牙队自卫，视军势小却，辄引旗先走，陈从而溃。③

因此，征讨回鹘及讨伐泽潞刘稹之叛时，他对诸行营中的监军之弊进行了矫正，通过规定监军自卫兵人数来控制、削弱监军权力，从而使阉寺势力得到有效控制。史载："德裕乃与枢密使杨钦义、刘行深议，约敕监军不得预军政，每兵千人听监使取十人自卫，有功随例沾赏。二枢密皆以为然，白上行之。自御回鹘至泽潞罢兵，皆守此制。自非中书进诏意，更无它诏自中出者。号令既简，将帅得以施其谋略，故所向有功。"④ 但这种举措毕竟是人治而非法治，仅仅在会

---

① 《旧唐书》卷161《刘悟传》，中华书局1975年标点本，第4231页。
② 《册府元龟》卷667《内臣部·监军》，凤凰出版社2006年标点本，第7690页。
③ 《资治通鉴》卷248，唐武宗会昌四年八月条，中华书局2011年标点本，第8131—8132页。
④ 《资治通鉴》卷248，唐武宗会昌四年八月条，中华书局2011年标点本，第8132页。

# 第六章 神策中尉掌军制度与中晚唐政局演变

昌朝昙花一现。

会昌初年，武宗讨回鹘、平泽潞，解除了诸道监军之兵柄，威加海内。自仇士良死后，神策中尉集团势力暂时式微，武宗欲在朝内树立威权，重振朝纲，于是采取了一系列打压神策中尉及神策军进的行动。如会昌五年（845）三月，两军中尉、诸高班、道士随武宗入仙台，武宗下敕令音声人将左军中尉推下仙台。武宗此举主要是试探朝臣的反应，为进一步削夺神策中尉的兵权，铲除权阉宦官势力作准备。虽然当时左军中尉杨钦义上任不久，并且杨钦义任枢密使期间多"愿悫"，但是左中尉毕竟掌握着神策军，而且，中尉集团在朝野的势力已根深蒂固。武宗仅欲凭一纸诏敕决定中尉的命运，削夺中尉的兵权，是极不现实的。音声人仗着神策中尉的势力，竟敢当着武宗的面抗旨不从，以为"中尉是唐廷重臣，不敢推下"。武宗唯有怒杖音声人而已。[①]

会昌五年（845），武宗欲通过下诏敕的和平方式收神策中尉印，夺神策中尉的军权，令南衙宰相掌管两军。据《入唐求法巡礼行记》载：

> 会昌五年三到四月，敕赐印：每中尉初上时，准敕出兵马迎印。别行公事，不属南司。今年四月初，有敕索两军印。中尉不肯纳印。有敕再三索。敕意：索护军印付中书门下，令宰相管。两军事，一切拟令取宰相处分也。左军中尉即许纳印，而右军中尉不肯纳印，遂奏云："迎印之日，出兵马迎之；纳印之日，亦须动兵马纳之。"中尉意：敕若许，即因此便动兵马，起异事也。便仰所司暗排比兵马。[②]

但是，李德裕等人忽略了一个事实，自己手中没有掌握武装力量。会

---

[①] ［日］圆仁：《入唐求法巡礼行记校注》卷4，白化文等修订校注，花山文艺出版社2007年版，第454页。

[②] ［日］圆仁：《入唐求法巡礼行记校注》卷4，白化文等修订校注，花山文艺出版社2007年版，第457页。

昌年间，虽然皇权得到加强，但是一旦涉及神策军权问题，神策中尉就会寸步不让，甚至不惜以武力相威胁。武宗皇帝害怕重现甘露事变的惨剧，不得不放弃削夺神策中尉军权的想法。可见，在神策中尉掌军制度的特殊环境下，皇帝与李德裕手中没有掌握一支足够信任且易调动的军队，一切政治手腕都显得那么不堪一击。皇权仍然无法和以神策中尉为首的宦官势力相抗，宦官政治仍然凌驾于皇权之上。此次谋夺兵权的失败，造成了十分严重的后果：宦官集团势力强大，大量朝臣唯神策中尉马首是瞻，甘愿成为宦官集团的附属品而不愿自拔。朝中的一二骨鲠社稷之臣，非但不能扭转大局，反而遭到宦官权势与皇权的双重压制打击，李德裕在宣宗朝的命运即是著例。

### 三　宣宗抑制以神策中尉为首的宦官集团的尝试

前朝诸帝几次谋诛权阉行动的失败，使宣宗改变了对付宦官的策略，一方面要打压宦官势力，重振皇权；另一方面要自保，不为宦官反噬，遭到被废、被软禁、被弑的命运。

由于长期远离朝廷，宣宗即位之后，韬光养晦，对于拥立自己的马元贽恩宠有加，使之荣耀无比。同时，他也在暗中培植自己的亲信。大中三年（849）以后，宣宗对外收复了三州七关之地，威权日著，试图使皇权凌驾于宦官权势之上。如大中四年（850）四月，马植因与马元贽叙宗姓而得为宰相，马植被罢宰相，即是宣宗通过敲山震虎的方式来暗示马元贽。

奉天之难后，德宗在京西北重要的州镇及关口设立了大批神策城镇，其目的主要有二。其一，防御吐蕃和回鹘的入侵；其二，自泾原兵变之后，京西北方镇军不为皇帝信任，为了防止其中有可能出现"朱泚"之属的情况，故使神策城镇兵对京西北方镇兵进行监视，使之成为拱卫京师的一道屏障。然而，自穆宗以来，宦官权势凌驾于皇权之上，在没有中尉同意的情况下，帝王不再能够凭一纸诏书随意调动神策军。众所周知，元和五年（810）以后，宦官所倚重的神策军已不堪大规模外战。而西北方镇军长期处于战争前线，其战斗力当不至于太弱，而且西北边军人数亦当多于京西北神策城镇兵。因此，宣

## 第六章 神策中尉掌军制度与中晚唐政局演变

宗转而寻求京西北方镇军的支持,通过优赏笼络京西北方镇军来威慑宦官集团所控制的神策军。因为京西北边军与神策城镇呈犬牙交错分布状,当宣宗在实施限制宦官势力措施之时,若得到京西北边军的支持,宦官就不敢轻易调动神策军采取非常手段,从而最终实现重振皇权的目标。

我们知道,其时西北边镇"土无丝蚕,地绝征赋"。而且边镇积弊颇深,边军粮赐多不及时,春冬衣甚至陈腐不可服用。节度使等高级官员,为了增加自己的收入,私役官健,克扣官健粮赐成风,兵死不补,虚占军籍,申领朝廷粮赐。致使"缓急寇至,无以支敌"。大中元年(847)正月,宣宗下诏优待边军,严禁军将加役军士,克扣军人粮饷,规定及时发放粮米及春冬衣。

宪宗虽有复河、湟之志,但当时忙于立威关东方镇,无暇西顾,唯有在西北边部署方镇兵及神策城镇兵防御吐蕃。大中初年,吐蕃论恐热与尚婢婢交相攻战,其国愈加衰弱,所统原属唐境的部分州及关口守将不安,欲降唐。大中三年(849),宣宗主动出击,下诏令泾原、灵武、凤翔、邠宁、振武等道出军一举收复三州七关之地,京畿诸方镇获利颇多,得到丰厚赏赐,泾原获得赐绢六万匹,灵武五万匹,凤翔、邠宁各四万匹,而且立功将士亦得名衔和实职上的升擢。后来,泾原节度使康季荣至中央转任右威卫大将军,被查处在泾原任上擅用官钱二百万贯,然而,宣宗以其有复河、湟之功,没有处罚他,仅命他用家财偿还所用官钱。

其后,宣宗又对夏州、灵武、振武、天德军等四道边军进行优抚,增加了四道官员将吏料钱,方镇赏设,修器械所需费用。从地理位置来看,四道主要是防御回鹘、吐蕃、党项的入侵。但是,其时吐蕃、回鹘衰弱不堪为边患,已不能对大唐形成实质性的威胁。即使"后起之秀"的党项仅是扰边而已,并非主动侵边,不能对唐王朝构成真正的威胁。大中五年(851),白敏中为讨伐党项行营元帅,定远城使史元一军即破党项九千余帐于夏州三交谷。可见,其时唐西北边患得到极大程度的缓解。宣宗此时对四镇进行增俸及给予各种赏赐政策,主要目的是为赢得京西北边军支持,稳定边将军心,使其能够

· 253 ·

对皇帝忠心。

宣宗又重视诸道方镇的军事训练，通过颁发诏令，令诸道设教练使训练卒伍，以增强军队的实力。大中五年五月敕云：

> 如闻诸道军将及官健等，近日所在将帅……当召募之时，已不选择，及收补后，曾莫教招，遂使……少能知其弓矢。职居列校，罕见识于韬钤。……惟忧就役……虚费资粮……自今以后，委诸道观察、节度、都防御、团练、经略等使，每道慎择会兵法及能弓马解抢弩及筒射等军将，两人充教练使，每年至合教习时，分番各以本艺阅试。……每至年终，都具所教习马步及各执所艺人数申兵部及中书门下，仍委兵部简勘，都开件闻奏。所冀各尽伎能，自成劲锐。其支郡有兵处，亦委本道点简训练，准诏处分。①

从敕文内容看，除了御边和维护当道统治外，宣宗更深的意图应该是对抗神策中尉掌握的神策军。唐后期，边兵与神策军虚籍现象均很严重，名在军伍，不知弓矢的将士不在少数，战斗力大为削弱。宣宗担心神策中尉发动非常之变，于是对边军进行整顿，使边军"自成劲锐"。诸道教练使将训练及教阅的情况上报中央，作为教练使、有突出伎艺的军官迁转赏赐的依据，中央的负责部门为南衙的中书门下与兵部。这在一定程度上扭转了由于神策中尉越位行使兵部职权使兵部唯知奉朝请的情况。通过将地方军将升转考核之权收归南衙，加强了宣宗与地方节帅的联系。

陈寅恪先生云："甘露事变后所以公余以藩镇武力对抗阉寺北军之唯一途径，是即崔淄郎之所取用而奏效。"② 笔者通过对宣宗优待京西北方镇军及遣京西北方镇对外收复三州七关的意图进行分析，恰

---

① 《册府元龟》卷124《帝王部·修武备》，凤凰出版社2006年标点本，第1359—1360页。
② 陈寅恪：《唐代政治史述论稿》中篇《政治革命及党派分野》，载《隋唐制度渊源略论稿·唐代政治史述论稿》，商务印书馆2011年版，第308页。

## 第六章　神策中尉掌军制度与中晚唐政局演变

能进一步为陈寅恪先生此观点作一注脚。

神策中尉制度确立以来，左军地位一直高于右军。元和末年，王守澄、陈弘志弑宪宗，拥立穆宗，右军的地位越居左军之上。大和九年（835），文宗在鸩杀王守澄后，又回到左军强于右军的局面，直到大中时期左中尉马元贽致仕之后，宣宗开始压制左军，提高右军中尉的待遇，从而使左右军相互掣肘，实现压制宦官集团势力的目标。马元贽在大中五年（851）至迟不超过大中六年（852），就不再为左军中尉，继任的左中尉为宋叔康，他所带职事官为左领军卫大将军，并知内侍省事。其时，右中尉为王元宥，他所带职事官为右骁卫上将军。另外，右中尉吐突士晔为弓箭库使的时候，所带职事官已为右领军卫大将军，阶官为特进，知内事省事，与左中尉宋叔康所带职事官、阶官级别一样。从中尉所带职事官、阶官的品级，可以看到，自左军中尉马元贽之后，宣宗实行了以重用右军、压制左军的方式来重振皇权的策略。

大中朝，宣宗限制四贵干政，不允许四贵参与延英议事，并形成惯例①，枢密使只能履行宣旨的本职工作。

上述这一系列措施对于巩固皇权起到了明显的作用，神策中尉等权阉在大中朝的骄横之状有所收敛。然而，这是宣宗在不触动神策中尉等权阉集团根本利益即神策兵权的情况下，所能做到的最大限度打压宦官集团的努力。此时，打压宦官集团的措施进入瓶颈期，若削夺神策中尉兵权，势必招来神策中尉的反噬。如想进一步强化皇权抑制神策中尉集团权势，必须采取新的方式。故大中八年（854）以后，宣宗欲以论诗的名义与守正的翰林学士韦澳谋划进一步削夺宦官权力。笔者以为，宣宗是想通过韦澳知道外朝士大夫对于宦官集团的态度，同时寻求朝臣士大夫们的支持。于是，宣宗密问韦澳："近日外间谓内侍权势何如？"韦澳对曰："陛下威断，非前朝之比。"其时，宣宗针对宦官集团举措的成效，群臣看在眼里，韦澳之语，并非虚意逢迎之语，而是实际情况。宣宗感到十分欣慰，但同时对不能彻底根

---

① 《新唐书》卷208《宦者下·刘季述传》，中华书局2011年标点本，第5892页。

除权宦很无奈,唯有闭目摇首:"全未,全未,尚畏之在。"于是,宣宗向韦澳寻求进一步限制宦官权势的方略,韦澳对曰:"若与外廷议之,恐有太和之变,不若就其中择有才识者与之谋。"① 然而,此时阉寺已形成群体自觉,团结一致,以抗外敌,南衙与北司之间矛盾愈加尖锐。因此,韦澳的答语实际上是为了自保,他对甘露事变心有余悸,担心宣宗将除权阉之重任交与自己,故不敢任其事。韦澳的心理代表了朝中士大夫阶层的想法。朝士虽对宣宗抑制宦官的举措表示支持,但皆不愿参与其中。如宣宗与令狐绹谋议诛宦官,令狐绹恐滥及无辜,唯提出使宦官集团"自然渐耗"的策略。朝臣置身事外的态度,使宣宗看到进一步采取措施诛灭权阉集团不现实。自大中九年(855)之后,宣宗诛灭宦官的雄心逐渐消磨,走上了一条平稳着陆的道路,即继续实行一些不触及宦官集团核心利益的打压政策。

其一,继续实行武宗时期李德裕攘夺监军权的策略。宣宗时,江南诸道节帅慢上残下、不礼士卒导致方镇逐帅事件频发。宣宗借军士逐帅事件加强对为神策中尉提供外援支持的监军的控制,规定"自今戎臣失律,并坐监军"②。

其二,继续重用右军,使右军与左军互相牵制,互相糜肉。其他三贵"打成一片"的状态,使宦官集团内部互相牵制。宣宗将内廷的枢密使视为心腹,给予足够信任,并在临终前,将第三子夔王托付给枢密与右军中尉及宣徽南院使。由于左军深受宣宗压制,左中尉王宗实有愤言,为其名正言顺地以武力援立宣宗长子郓王为帝,窃取定策之功,埋下了隐患。

总的来看,宣宗在大中朝维持皇权与宦官权势的平衡方面取得了成功,皇权政治运转相对有序,皇权在一定范围内保持了稳定,朝纲稍振,对内、对外都取得了不错的成绩,自己也成为一代明君。正如史臣曰:"自宝历已来,中人擅权,事多假借,京师豪右,大扰穷民。

---

① 《资治通鉴》卷249,唐宣宗大中八年十月条,中华书局2011年标点本,第8177页。
② 《资治通鉴》卷249,唐宣宗大中九年九月条,中华书局2011年标点本,第8179—8180页。

第六章 神策中尉掌军制度与中晚唐政局演变

洎大中临驭,一之日权豪敛迹,二之日奸臣畏法,三之日阍寺詟气。"①

### 四 懿宗朝宦官权势的特点

懿宗即位后,左军地位再次超越右军,左军中尉王宗实挟懿宗以行宦官政治。中尉、枢密权重禁闱,权势高于外朝宰相,宰相虽然名义上可参国政,"内外之臣,事犹一体,宰相、枢密共参国政"②。但在中尉掌握神策军的情形下,"大中旧制"沦为空文,四贵成为真正左右朝局,拥有决策权之人,皇帝军国重事需与权阉相商,方能得到实施。四贵干预政事的现象,自懿宗到昭宗天复三年正月中尉制度被废除之前,十分常见。

这一时期,在神策中尉掌军制度的背景下,也存在宰相专权用事的情况,这是懿宗朝的一个特点。《旧唐书》卷一七七《路岩传》:"懿宗时,王政多僻,宰臣用事。(路)岩既承委遇,稍务奢靡,颇通赂遗。"③咸通十一年(870),当权宰臣路岩、韦保衡二人弹劾河东节度使康承训讨庞勋时"逗桡不进,又不能尽其余党,又贪房获,不时上功"之罪,康承训被贬为蜀王傅。④

笔者认为,这一时期出现宰相专权用事现象的原因有两点。

其一,以神策中尉为首的宦官集团在定策拥立几朝皇帝之后,已经树立起群体自信。在他们看来,只要利用神策军权掌握皇帝的拥立权,挟制皇帝,对皇权的影响力就会始终存在。宰相主政,在一定程度上可以促使皇权在形式上顺利运转,对于唐廷政治有利。因此,皇帝和朝臣的施政只要不涉及削夺神策军军权问题,即使宰臣偶尔专权,宦官集团一般也不干预。

---

① 《旧唐书》卷18下《宣宗纪》,中华书局1975年标点本,第645页。
② 《资治通鉴》卷250,唐懿宗咸通二年二月条,中华书局2011年标点本,第8216页。
③ 《旧唐书》卷177《路岩传》,中华书局1975年标点本,第4603页。
④ 《资治通鉴》卷252,唐懿宗咸通十一年正月条,中华书局2011年标点本,第8276页。

其二，咸通中后期的右军中尉西门季玄性格忠直、刚耿，也是宰臣能够用事的重要原因。《资治通鉴》卷二五二，咸通十四年九月条：

> （李）可及有宠于懿宗，尝为子娶妇，懿宗赐之酒二银壶，启之无酒而中实。右军中尉西门季玄屡以为言，懿宗不听。可及尝大受赐物，载以官车。季玄谓曰："汝它日破家，此物复应以官车载还。非为受赐，徒烦牛足耳！"①

### 五 昭宗与宰相削夺杨复恭兵权

昭宗为寿王时，在随僖宗播迁的过程中，深知民间疾苦，对唐廷形势有自己的判断，明察不偏信。甫一即位，虽有志于抑制宦官权势，但力未足。于是加授立自己的大权阉杨复恭为开府、金吾上将军，对之礼敬有加。杨复恭利用手中掌握的神策禁军，颇擅朝政，威权在己。

昭宗即位之初，宦官中贵人取得了侍祠的特权，在扈随帝王郊祀之时，可以服剑佩和宰相朝服。"故事，中尉、枢密襆衫侍从。僖宗之世，已具襕笏。"② 然而，龙纪元年（889）十一月己丑朔，昭宗将祀圆丘。辛亥，在武德殿进行祭祀前的斋戒。左中尉杨复恭与右中尉刘季述及两枢密使均同宰相百僚一样，具朝服侍上。唐制，宦官无朝服助祭之礼。礼官、谏官、孔纬均建议，若内官要侍祠，应服本官之服。杨复恭等中贵人立昭宗有功，威权震主，昭宗帝位尚未巩固，故出朱书御札慰谕之，"卿等所论至当，事可从权。勿以小瑕，遂妨大礼"。③ 以杨复恭为首的四贵取得了"法服侍祠"之权。

在宦官集团愈加炽盛之际，孔纬、礼官、谏官敢于对中贵人服朝

---

① 《资治通鉴》卷252，唐懿宗咸通十四年九月条，中华书局2011年标点本，第8289页。

② 《资治通鉴》卷258，唐昭宗龙纪元年十一月条，中华书局2011年标点本，第8509—8510页。

③ 《旧唐书》卷20上《昭宗纪》，中华书局1975年标点本，第739页。

## 第六章 神策中尉掌军制度与中晚唐政局演变

服侍祭提出异议,昭宗心中十分赞赏他们的操守。昭宗认为人心可用,朝臣可用,于是,他心中逐渐坚定了去除权阉、抑制宦官权势的想法,遂将朝臣作为反杨复恭集团可资信赖之人。

随着帝位的稳固,昭宗开始疏远杨复恭,在政事方面多谋于宰臣。特别注重选擢奇才为相,对宰臣韦昭度、张濬、杜让能等十分信任。宰臣劝昭宗行大中故事,以诏令的形式禁止四贵参与政事,抑制杨复恭等权阉的权势。昭宗与朝臣又在朝堂上利用唐廷制度打压杨复恭,树立皇帝的权威。

张濬由枢密使杨复恭举荐,杨复恭被田令孜排挤后,他又私底下依附田令孜,田令孜在公开场合对其进行嘲讽①,张濬"惭惧无所容"。僖宗再幸山南,杨复恭复为中尉,即罢张濬宰相之任。因此,张濬对宦官中贵人十分厌恶。昭宗知张濬与杨复恭有隙,而且,在当时朝士看来,张濬有谋略,能为大事。因此,昭宗对他十分倚重,任命其为宰相。

张濬认为,昭宗不能自主施政,内制于权阉,外制于强藩,其主要原因是没有真正控制禁军。皇权的加强不仅体现在皇帝威仪,更需要有强大的武力作为后盾。因此,他向昭宗提出了"以强兵服天下"的方略,建立一支帝王能够真正控制的禁军。其具体策略是,趁杨复恭势屈之时,以唐廷名义在京师广募兵士,组成一支人数和战斗力可观的军队,牵制神策军,震慑内臣和方镇。因此,昭宗在京城募兵十万。在当时政治环境下,如果募集到十万人,在人数上已经超过神策诸都的兵力。为了维护宦官集团的权势,杨复恭肯定不容许昭宗在军队中采取如此大的动作,加之,张濬好虚谈空言。因此,笔者以为,史书所载的十万人可能只是一个计划中的理想数字,极有可能是张濬为昭宗规划的一幅美丽蓝图而已,并非真正募集到这么多军士。

杨复恭以利益、美爵为纽带收养众多假子,"使典禁兵,或为方镇"。从而通过都头间接控制神策军专擅朝政。然而,唐末,假子与

---

① 《资治通鉴》卷254,唐僖宗中和元年正月条,中华书局2011年标点本,第8367页。

中尉之间的关系并非牢不可破，中尉并不能像过去那样直接控制神策军，军使都头成为神策军的实际直接统领，一旦才力超群的假子有更好的机会，就有可能会站在义父的对立面。神策军的这种统兵模式，客观上为昭宗离间中尉杨复恭与其在神策军中担任都头的养子之间的关系，从其手中收回兵权提供了条件。

杨复恭以"勇冠六军，人皆畏之"的养子杨守立为天威都头，并以之为随身护卫。龙纪元年（889）十一月，昭宗欲除杨复恭，担心杨守立为乱，故通过更为优厚的待遇，任命杨守立为侍卫，使其掌握北门六军管钥，对其特别恩宠，并赐以皇姓，名顺节。其姓名的言外之意，是让杨守立效忠皇室。很快又将其迁为天武都头，遥领浙西节度使，加平章事。唐制，为表示对平章事的崇重，衙谢时，允许班见百僚。为了向李顺节表明，天子是其荣辱生死的直接掌控人，让其知天子威仪之不可犯，知天子应有所惧。从而在心理上离间李顺节与杨复恭的关系。孔纬按昭宗之意，在李顺节进行衙谢时，命中书百官不为之立班。李顺节心有怏怏，但孔纬据理力争："公握天武健儿，而于政事厅受百僚班见，意自安乎？必若须此仪，俟去'都头'二字可也。"[①] 孔纬认为，顺节是武将，在政事堂受中书百僚班见之礼，不合礼度，若他放弃神策天武都的指挥权，即可享受平章事的衙谢待遇，但这正是他得以晋升的关键所在。李顺节唯有屈从孔纬之意，不敢复言。

杨复恭最得力的养子杨守立脱离杨复恭集团，成为昭宗手下之将，相当于折杨复恭一臂。昭宗取得了打压杨复恭的初步胜利。此时恰好朱全忠等奏请朝廷派大臣为太原行营招讨使讨伐李克用，因此，张濬趁杨复恭势屈之时，欲借外战为昭宗夺神策军权、去除权阉。

大顺元年（890）四月，幽州李匡威与云州赫连铎的联军大败李克用之将安金俊于蔚州。朱全忠与李匡威、赫连铎上奏请朝廷派重臣一人为太原四面招讨使，讨伐李克用。张濬认为："先朝再幸兴元，实沙陀之罪。比虑河北诸侯与之胶固，无以涤除。今两河大藩皆愿诛

---

[①]《旧唐书》卷179《孔纬传》，中华书局1975年标点本，第4652页。

## 第六章　神策中尉掌军制度与中晚唐政局演变

讨，不因其离贰而除之，是当断失断也。"①最终，在张濬与朱全忠一内一外的论奏下，昭宗决意冒险讨伐李克用。其年六月，张濬率领从神策五十二都中抽调的部分兵力及邠、岐、华、鄜、夏杂虏等五万人从京师出发赴太原行营。

张濬率领神策军征讨李克用，以合法、合理的方式暂时取得了神策军的指挥权。这是唐末宰臣首次率神策禁军出征。张濬"欲示外势而挤复恭"②，而取得讨伐李克用的胜利，是除权阉的前提条件。《新唐书》卷一八五《张濬传》云："是役也，濬外幸成功，而内制复恭。"③张濬的想法是：若征讨李克用胜利，神策军在战争中能够获得不少财富，回朝之后，又亲自为神策将士奏请更多的厚赏与官爵，趁机笼络神策军士，使之脱离神策中尉，通过这种方式将神策军收编为皇帝直接控制的亲军，从而对权阉势力进行打击排挤。可以说，经过二王、训注谋夺神策军权失败之后，张濬借外战为昭宗夺神策军权的策略是可行的。

但是，朝廷倚重的朱全忠没有亲赴太原行营，仅仅派出汴兵三千人，成德王镕、魏博罗弘信亦没有出师，仅张濬率领神策五十二都之兵与邠、岐、华、鄜、夏等乌合之众会兵于晋州。八月，官军与河东军尚未正面交战，副招讨孙揆即被李存孝所擒。九月，李存孝败张濬于晋州，官军死三千人，静难、凤翔、保大、定难之军望风而溃。李存孝认为，俘虏宰相无益，不宜加害天子禁军，退营五十里。张濬率残军狼狈地从晋州逾王屋山至河阳，拆民居之筏渡河。此次征讨，所抽调的神策禁军亡失殆尽，朝廷威望大损。回京之后，昭宗倚重的张濬与孔纬二人均被杨复恭排挤出中央。张濬被贬为连州刺史，孔纬被贬为均州刺史。张濬借外战谋夺神策军权而弥内患的策略宣告失败。

杨复恭见宰臣及朝臣处处掣肘，亦欲警示昭宗。大顺二年（891）八月，杨复恭奏贬昭宗宠幸的国舅王瑰为黔南节度使，并命养子杨守

---

① 《旧唐书》卷20上《昭宗纪》，中华书局1975年标点本，第740页。
② 《旧唐书》卷179《张濬传》，中华书局1975年标点本，第4657页。
③ 《新唐书》卷185《张濬传》，中华书局1975年标点本，第5413页。

亮将其暗杀于吉泊津。杨复恭手握大权，在中央和地方州镇均有养子，号为"外宅郎君"。昭宗担心被逼宫，对此事没有处理。然而，昭宗心愈恨杨复恭。其时，李顺节之权侔于枢要，开始与杨复恭互相倾轧。与此同时，昭宗又用重金、美爵暗地里收买了不少神策诸都中非杨复恭养子的都头。在这种情况下，昭宗决意诛除杨复恭。

大顺二年（891）八月，昭宗出杨复恭为凤翔监军，这只是试探性措施，其目的是看朝臣和宦官集团的反应。杨复恭以退为进，称疾致仕。其年九月乙卯，昭宗趁机解除其军职，恩准其致仕请求。杨复恭被致仕时，愤怨异常，在与其侄山南西道节度使杨守亮的书信中，自称为"定策国老"，视昭宗为"天子门生"[①]。杨复恭之宅第近玉山军军营，军使杨守信数往省之。昭宗借此以二人有异谋，同时宣告杨复恭杀使者之罪状，从而使讨伐有名，争取舆论上的支持。杨复恭为昭宗所逼，称兵阙下。由于大部分都头已被昭宗收买，在京的大部分神策禁军并未随之起兵，唯独假子数人从之。十月乙酉日，昭宗御安喜楼，以兵卫楼，命李顺节、神策军使李守节将兵攻杨复恭宅第。杨复恭家众与玉山军使杨守信以军抵抗，李顺节等不能胜。此时守含光门的禁军欲剽掠坊市，宰相刘崇望以义与利感之，对禁军云："天子亲在街东督战，汝曹皆天宿卫之士，当于楼前杀贼立功，勿贪小利，自取恶名！"[②] 众军即随刘崇望从长乐门至安喜楼护卫昭宗。由此可见，杨复恭并没有带给神策军很多优厚待遇，刘崇望一语即说服神策军士。杨守信寡不敌众，护卫杨复恭及在京的族人自通化门至兴元。在京的许多神策军没有追随杨复恭出奔至兴元。

在逼走杨复恭之后，李顺节掌握了神策军的精锐力量——天武都与天威都。他愈加骄横，权势甚隆，出入常以卫兵自随，仪式甚盛，大有打破中尉管理禁军的惯例，专擅朝政之意。昭宗担心武人专权，新任的神策中尉刘景宣与西门重遂亦不愿李顺节完全掌握禁军。大顺

---

[①] 《旧唐书》卷184《宦官传·杨复恭传》，中华书局1975年标点本，第4775页。
[②] 《资治通鉴》卷258，唐昭宗大顺二年十月条，中华书局2011年标点本，第8540页。

第六章　神策中尉掌军制度与中晚唐政局演变

二年（891）十二月，两中尉诱斩李顺节，为昭宗又解除一心腹之患。其后，直到光化还宫之前，以神策中尉为首的宦官集团基本上处于昭宗皇权控制之下。

## 第三节　神策军的"特权"及朝廷与地方政府的应对举措

### 一　暴横扰民

早在代宗时期，已出现神策军暴横的现象。代宗时期，蜀中乱，命神策将陆瓘率三千神策军前往平乱。但神策将士掳掠良家妇人，十分残暴，造成了普通百姓惶扰。[①]

贞元三年（787），德宗以诏令的形式规定了神策军的特权，为神策军作奸犯科提供了合法依据。"射生、神策、六军将士，府县以事办治，先奏乃移军，勿辄逮捕。"[②] 即是说，涉及神策军、射生军、六军将士的案件，负责办案的府县官不能随便逮捕将卒，必须先上奏朝廷，待批复后，方能入军查案。该诏令加剧了民众不安情绪。于是，京兆尹郑叔则上言："其婚田常务，即请准敕处分；其盗贼斗殴及奸伪等，若待奏报，恐失罪人，请以时追捕，具状申奏。"[③] 德宗采纳了他的建议，使京兆府在处理涉及神策军的重大案件时，减小了办案难度，有利于维持社会稳定。但是德宗在贞元七年（791）三月颁发的"辛巳诏"，又助长了神策禁军扰乱京畿及地方社会秩序的行为。其文略云：

> 神威、神策六军将士自相讼，军司推劾；与百姓相讼，委府县推劾；小事移牒，大事奏取处分，军司、府县不得相侵。若军

---

[①] （唐）杜甫：《杜工部草堂诗笺》卷19《三绝句》，《续修四库全书》第1307册，上海古籍出版社2002年影印本，第141页。

[②] 《新唐书》卷50《兵志》，中华书局1975年标点本，第1333页。

[③] 《册府元龟》卷696《牧守部·抑豪强》，凤凰出版社2006年标点本，第8040—8041页。

士陵忽府县,禁身以闻,委御史台推覆。县吏辄敢笞辱,必从贬谪。①

其后,神策、神威等禁军恃恩陵暴、倚势凌下、侵害闾里的现象仍然十分普遍,京尹、赤令及神策城镇所在地的地方官无如之何。杨志廉为左军中尉时,监察御史崔薳不知惯例,入军巡囚,"吏为具酒食,薳欲悦媚之,故不拒。文场劾奏,诏流薳远方"②。崔薳被杖四十,远流崖州,"自是巡囚不至禁军也"③。元和年间,咸阳县的神策军人无理,县尉袁儋反受诬被罚。④敬宗宝历元年(825)十月,冯翊县尉刘行"坐擅决军人,贬道州延昌尉"⑤。甘露事变后,神策军骄横挠政,京兆尹张仲方"势窘,不能有所绳劾"⑥。史载:"侵暴百姓,陵忽府县,诟辱官吏,毁裂案牍。府县官有不胜忿而刑之者,朝笞一人,夕贬万里,由是府县虽有公严之官,莫得举其职。"⑦

畿县及京西北诸州的神策采造、群牧兵亦多骄横扰民,为害破甚。"自神策兵分镇畿县及近甸诸州,若群牧采造之名,其类不一,干法乱政,为蠹颇甚。"⑧白居易的《宿紫阁山北村》对神策采造兵之残民行为进行了淋漓尽致的描绘,其诗云:"晨游紫阁峰,暮宿山下村。村老见余喜,为余开一樽。举杯未及饮,暴卒来入门。紫衣挟刀斧,草草十余人。夺我席上酒,掣我盘中飧。主人退后立,敛手反如宾。中庭有奇树,种来三十春。主人惜不得,持斧断其根。口称采

---

① 《旧唐书》卷13《德宗纪下》,中华书局1975年标点本,第371页。
② 《新唐书》卷207《宦者上》,中华书局1975年标点本,第5866页。
③ (唐)李肇:《唐国史补》卷下,载《唐国史补·因话录》,上海古籍出版社1979年标点本,第52页。
④ 《旧唐书》卷153《薛存诚传》,中华书局1975年标点本,第4089页。
⑤ 《册府元龟》卷707《令长部·黜责》,凤凰出版社2006年标点本,第8154页
⑥ 《新唐书》卷126《张九龄附张仲方传》,中华书局1975年标点本,第4431页。
⑦ 《资治通鉴》卷233,唐德宗贞元七年三月条,中华书局2011年标点本,第7644—7645页。
⑧ 《册府元龟》卷153《帝王部·明罚第二》,凤凰出版社2006年标点本,第1713页。

## 第六章 神策中尉掌军制度与中晚唐政局演变

造家，身属神策军。主人慎勿语，中尉正承恩。"① 采造兵、放牧兵犯法，只能由本军处理，地方县令不能随意处置。敬宗宝历元年（825），韩城百姓王文秀于左神策渚田内牧马，为群牧小将刘兴裔鞭扑。唐制，军吏不能擅自鞭扑百姓。因此，权知韩城县令李元珪遣县吏擒刘兴裔送往同州，请刺史萧俛处理。中尉乱政挠法，竟强行将刘兴裔带入左神策军，由本军军使进行处理。最终刘兴裔仅受到停职的处分，而县令李元珪被罢职。②

宪宗元和五年（810）十月，京兆尹王播上奏，"请畿内军镇将卒，出入不得持戎具"③。这一提议对于消弭京兆奸盗之案有所裨益。两坊市中隶属于神策军等特权部门的人，即使犯罪，京兆府县也不能随便将其逮捕。会昌三年（843），在宦官集团势力有所削弱的情况下，京兆府奏请武宗批准只要是罪犯，不管是否隶于神策军，京兆府县均有抓捕权，在进行审理时，若被捕者属于神策军等特权部门，才需奏闻，送本军处分。④ 这就大大提高了行政效率，维护了京畿治安。

面对神策军将卒的纵横，忠直骨鲠、手腕强硬的京兆尹对其进行了严惩，维护了京兆地区社会秩序的稳定。如武宗时，神策军扰乱京兆贸易秩序，京兆尹柳宗郢"杀而尸之，自是人无敢犯，政号严明"⑤。

神策城镇所在节度、州县中亦有一些不畏强御的官员，将犯禁的神策军士绳之以法。如武功民众多隶籍于神策军，宣宗大中年间，武功令李频对当地违法的神策军士进行了严厉处理。⑥

## 二 "军赖现象"

诸军包括神策军等兴元元从奉天定难功臣，借官钱而不还，岁月

---

① 《白居易集》卷1《讽谕一·宿紫阁山北村》，中华书局1979年标点本，第10页。
② 《册府元龟》卷153《帝王部·明罚第二》，凤凰出版社2006年标点本，第1713页。
③ 《旧唐书》卷164《王播传》，中华书局1975年标点本，第4276页。
④ 《资治通鉴》卷258，唐昭宗大顺元年四月条，中华书局2011年标点本，第8517页。
⑤ 《新唐书》卷163《柳公绰附柳仲郢传》，中华书局1975年标点本，第5023页。
⑥ 《新唐书》卷203《文艺下·李频传》，中华书局1975年标点本，第5794页。

· 265 ·

日久，遂成死账，严重地影响了政府财政收支平衡。贞元七年（791），德宗颁发诏令云："诸军功臣官健，或因买卖诸色，逋欠官钱，延时不纳，宜牒送本军征收送纳。如不疏理收索，即具状奏闻。"① 神策军欠官钱，只能由本军进行处理。这一规定反而成为神策军将卒欠官钱乃至私钱而不还的保护伞。可见，该诏令没有对神策军逋欠官钱不还的"军赖"现象提出任何具体的惩罚措施。

此后，神策军中出现了将卒欠私钱过期不还的现象。如元和四年（809），左神策军吏李昱欠富商钱八千贯，满三年未还。京兆尹许孟容遣吏卒将其逮捕。神策军将卒引用贞元年间颁发的对诸军借官钱未按时还偿的处置诏令，认为应该交由神策军处理。但借私钱不同于官钱，引发的纠纷属于军士与百姓之间的纠纷与诉讼，按贞元七年（791）三月"辛巳诏"的规定，神威、神策与百姓之间的诉讼，由府县推劾。宪宗命许孟容将李昱交付左神策军，令军中处置，中使凡再至，孟容拒之不遣，其理由是，军士与民众纠纷当由京兆处置。宪宗以其守正，最终命京兆府处理神策军李昱欠富商钱过期未还一事。② 另外，神策军中有将卒借蕃客钱物及经商本钱，过期不还，造成了蕃客市易停滞的后果。为安抚在京蕃客，文宗下达了《禁与蕃客交关诏》对社会上盛行的借蕃客钱物的现象进行整治。其辞略云："应诸色人，宜除准敕互市外，并不得辄与蕃客钱物交关。委御史台及京兆府切加捉搦，仍即作条件闻奏。其今日已前所欠负，委府县速与征理处分。"③

## 三 侵夺京兆府县、执法诸司的民政权、司法权

德宗时，神策军既是护卫亲军又是压制社会舆论的武装力量。德宗晚年，闻民间讹传禁中秘事，有损皇室形象。派遣神策军抓捕审讯

---

① 《全唐文》卷53《军健逋欠牒送本司诏》（德宗），中华书局1983年标点本，第574页。
② 《旧唐书》卷154《许孟容传》，中华书局1975年标点本，第4102页。
③ 《全唐文》卷72《禁与蕃客交关诏》（文宗），中华书局1983年标点本，第756页。

## 第六章　神策中尉掌军制度与中晚唐政局演变

传播讹言的嫌疑人太学生何竦、曹寿等人。① 在特殊时期，德宗赋予神策军独立的司法权，助长了神策军的骄横之势。

朝廷有时下诏令赋予神策军疏理神策狱中囚徒的司法权。如懿宗咸通十四年（873）四月下制大赦："京畿及天下州府见禁囚徒，除十恶五逆、故意杀人、官典犯赃、合造毒药、光火持仗、开发坟墓外，余罪轻重，节级递减一等。其京城军镇，限两日疏理讫奏闻。"②

神策军在军中设有监狱，即神策狱，为其获得更多的司法权提供了条件。如在鱼朝恩时代，神策都虞侯刘希暹与神策兵马使王驾鹤同掌禁兵，"讽朝恩于北军置狱，召坊市凶恶少年，罗织城内富人，诬以违法，捕置狱中，忍酷拷讯，录其家产，并没于军"③。甘露事变时，"将相皆系神策军"④。

唐代京兆尹是京畿地区的行政、司法长官，他既负责京畿地区的行政，又有权审理其辖区内的各类案件。但是，宪宗时，中官领禁军，扰乱司法，侵夺京兆府县的职能，甚至不问有司，擅捕吏卒囚于军中。如元和十二年（817），朝廷规定王公、富商巨贾家不得储钱超过五千贯，否则将被贬黜或者处以死刑。当时很多市人富贾纳资隶籍于神策军，将财产寄隶于左右神策军中，称为神策军官钱，而且还违禁令擅自使用铅锡钱。由于神策军的特殊地位，府县官吏不能劾问，严重影响了京畿地区的金融秩序和社会安定。"民间垫陌有至七十者，铅锡钱益多，吏捕犯者，多属诸军、诸使，哗集市人强夺，殴伤吏卒。"按法令，应该由京兆府处理民事案件，然而，京兆尹崔元略提出折中之法，上奏"请犯者本军、本使莅决"，即是说，神策军派人对京兆尹审理隶于神策军罪犯的过程进行监审。神策军殴伤吏卒，是军犯民，属于民事案件，按贞元七年（791）三月"辛巳诏"的规定，本应该由府县处理，根本不存在监审一说。这种妥协方案并

---

① 《新唐书》卷207《宦者上》，中华书局1975年标点本，第5867页。
② 《册府元龟》卷91《帝王部·赦宥第十》，凤凰出版社2006年标点本，第1007页。
③ 《旧唐书》卷184《宦官传·鱼朝恩附刘希暹传》，中华书局1975年标点本，第4765页。
④ 《新唐书》卷166《令狐楚》，中华书局1975年标点本，第5100页。

没有得到宪宗的同意。神策军作为宪宗的私人卫队，对于神策军的一些弊习，只要不危及统治，总是庇护禁军，为其徇私恩而贷法。"诏送本军、本使，而京兆府遣人莅决。"① 在民意实在不可违的情况之下，宪宗采纳了左补阙王源中的建议，下诏处理了部分关于神策军擅自殴击、抓捕吏卒的事件。②

穆宗元和十五年（820）闰正月，颁发了"癸亥诏"。该诏令是对德宗贞元七年（791）三月"辛巳诏"的调整，旨在限制诸军使（包括神策军）的司法权，提升府县的司法权威。其辞云：

> 从御楼敕下，至来月五日以前，京畿应有奸非盗贼等，希恩故犯，情不可原，并依法处断，不在赦宥之限。其犯罪人纵属诸军诸使，亦委府县依法科断。③

但是，宋申锡事件之后，宦官集团益横，号为"北司"，干挠司法，避匿犯罪之人，使得唐廷法令难以贯彻执行。文宗甚至被迫为神策军人贷法。如大和五年（831）七月，富平县人富人李材隶右神策军，陵暴乡里，诬构乡人砍伐其父之墓所植松柏，擅自射杀之。李材以专杀之罪，当处以斩刑。然而文宗以李材有中尉庇护，特免其死，仅处以"决杖配流"之刑，付京兆府决杖二十，然后流放灵州。④

神策军还协助京兆尹捕盗贼，维护京畿社会治安。如贞元四年（788）四月，韦士元与卢宁等四人挟弓操剑在万年县白昼为盗，县吏捕贼不利，仅抓获韦士元一人，其余在逃三人仍继续抢劫附近城庐居民，射杀捕吏。德宗"发神策善弩骑，与长安万年县官率人吏，具器械，急捕之"。诸盗"又射伤神策将及县吏二十余人，以刃杀一

---

① 《新唐书》卷54《食货四》，中华书局1975年标点本，第1389—1390页。
② 《新唐书》卷164《卢景亮传》，中华书局1975年标点本，第5044页。
③ 《册府元龟》卷64《帝王部·发号令第四》，凤凰出版社2006年标点本，第687页。
④ 《册府元龟》卷547《谏诤部·直谏第十四》，凤凰出版社2006年标点本，第6258页。

## 第六章　神策中尉掌军制度与中晚唐政局演变

人，夺弩犯围而逸"。德宗加派"神策兵二百人助之"。神策禁军数百人和万年县捕贼官共同捕贼，竟不能全擒盗贼。最终仅获偷长梁剑尸首，其他盗贼竟不知所终。①

文宗大和四年（830）时，左右神策军与府县合力捕盗得到了法令上的认可。其诏文曰：

> 如闻近日京城频有寇贼，府县所由至少，防制实难，须假军司，共为捕察。宜令左右神策各差人与府县计会，如有盗贼，同力追擒，仍具所差人数姓名，并所配防界，牒报京兆府。应捕获贼，并先送府县推问，如有诸军诸使勘验知情状，如实是杀人及强盗，罪迹分明，不计赃之多少闻奏讫，牒报本司，便付京兆府决杀。其余各牒送本司，令准百姓例之罪科决。待府司添补所由，人力稍足，即别条流。其外县有军镇处，亦准此处分。②

从诏令内容看，文宗时，京兆府吏员较少，为了维护京畿治安，左右神策军不仅可以和京兆府县共同防御盗贼，合力捕贼，而且可以对盗贼进行审讯。这就使神策军部分地攘夺了京兆府县的行政权、民政权与司法执行权。该诏令实际上为神策军"监守自盗"提供了保护伞。如开成三年（838）正月，仇士良遣神策军刺杀宰相李石，文宗下敕捕盗，因盗贼出于神策禁军，京兆尹崔珙捕盗不获。③

开成三年（838），谏议大夫韦力仁认为禁军和府县应该各司其职，上奏请罢神策军人和京兆府县捕贼吏合力捕贼的法令。其辞曰：

> 军司与府县，各有区别。今富商大贾，名隶军事，着一紫衫，府县莫制。当陛下至圣至明之时，固不宜有此。禁军是陛下卫士，警夜巡昼，以备不虞，不合搅扰百姓，以干法理。伏乞陛

---

① 《册府元龟》卷930《总录部·寇窃》，凤凰出版社2006年标点本，第10776页。
② 《册府元龟》卷64《帝王部·发号令第四》，凤凰出版社2006年标点本，第688页。
③ 《旧唐书》卷177《崔珙传》，中华书局1975年标点本，第4589页。

· 269 ·

下戒敕统帅，令各归其分，则人情获安，天下幸甚。①

该奏疏表达了两层意思：其一，神策军中纳资隶军的现象普遍，府县对于神策军人的扰民现象，迫于势力，往往姑息任之，不敢随意处置。其二，禁军的主要职责是"警夜巡昼，以备不虞"，若出兵和府县捕贼，破坏司法、刑法，而且在捕贼时可能出现扰民的情况。韦力仁的建议是合理的，但他没有评估考量当时的政治形势。甘露之变后，权归北司，禁军气势熏灼，文宗没有实权，宰相仅能行文书而已。中尉与文宗、宰臣处于互相疑忌的状态，关系十分微妙。因此，当文宗与宰臣论及该奏疏内容时，宰臣均认为韦力仁"乃欲生事"。在当时的政治形势下，要颁布废除神策军人和京兆府县捕贼吏合力捕贼的诏令是不现实的。但是，文宗内心深处不愿为凡主，故让宰臣不分析政治形势，"盖论名分耳"。这充分表现了文宗的无奈，迫于中尉权势，他只能与宰臣在禁中议论一下而已。宰臣李珏十分了解文宗的心态。对曰："军家所出牓，是自捉军人，百姓即府县自捉。此无乖名分，止当廷论，此亦似近名，然谏官论事，不合怪之。"② 李珏之议，一方面暗示军司、府县各归其分的诏书不能下；另一方面认为此奏合情合理。这就满足了文宗不甘为凡主的虚荣心，同时又给文宗找到一个不能颁发此诏的合适台阶。因此，神策军出兵捕贼的现象依然存在，朝廷对此亦是听之任之。

神策军人与京兆府县合力捕盗本是大和四年（830）诏令规定的分内之事，政府却要付给神策军捉贼赏钱。这不仅增加了政府财政负担，而且间接助长了神策军扰民的风气。如开成四年（839），神策军人捕贺兰进兴等乡民，"横及无辜，以要财贿，贫者多至自诬"③。

---

① 《册府元龟》卷547《谏净部·直谏第十四》，凤凰出版社2006年标点本，第6260页。

② 《册府元龟》卷547《谏净部·直谏第十四》，凤凰出版社2006年标点本，第6260页。

③ 《册府元龟》卷547《谏净部·直谏第十四》，凤凰出版社2006年标点本，第6260页。

## 第六章　神策中尉掌军制度与中晚唐政局演变

武宗朝,对中尉进行打压,令京兆府变向取消了神策军的捉贼赏钱。但是,大中初年,宣宗韬光养晦,优抚中尉集团,下敕令规定政府需要支付神策军捕贼赏钱。大中三年(849)四月下敕云:"两军及诸军巡捉得劫贼,京兆先牓悬赏。近日捉获得贼,都不给付,既违公勋,何以励人?宜令京兆府,所有军巡捉获劫贼,便须支给赏钱。"①到大中八年(854)以后,宣宗帝位稳固,能够在名义上以皇权压制中尉权势,这时候政府时常以各种借口拖欠这笔款项。懿宗咸通七年(866),颁发敕文放免以前欠神策军的捉贼赏钱。"大中八年至咸通六年,欠左右神策军捉贼赏钱等并从放免。"②

神策军侵夺大理、刑部、御史台等法司的司法审判权与监督权,这就直接践踏了唐中后期的法律制度。开成四年(839),蓝田百姓贺兰进兴聚集乡村百姓五十九人念佛会,附会谶书。中尉仇士良直接派遣神策军将其抓捕,而且不论贺兰进兴等人是军人还是百姓,不告知刑部、大理等掌狱之属,一律在神策军中推勘审问,得其罪状。该案件的审理完全置律令、三司(大理、刑部、御史台)于不顾,这种处理方式不利于社会秩序的正常运转,容易使普通民众感到人身安全缺乏制度保障,从而引起民众恐慌。因此,御史中丞高裕上奏:"狱当与众共之。刑部、大理,法官也,决大狱不与知,律令谓何?请归有司。"③起居舍人魏謩上疏言:"事出军镇,未经台府,感怀斯惧,递不保生,滋蔓觊深,为患不小。如事系军人,即委军中推勘;如名该百姓,宜从府县鞫寻。……伏请重敕法司,再令疏理。岂惟全其大体,冀不紊于刑章。"④中尉等权阉集团亦意识到此案关系到京师人心的稳定,默许文宗下诏复验贺兰进兴一案。"除白身及官健四

---

① 《册府元龟》卷64《帝王部·发号令第四》,凤凰出版社2006年标点本,第690页。
② (宋)宋敏求:《唐大诏令集》卷86《咸通七年大赦》,商务印书馆1959年标点本,第489页。
③ 《新唐书》卷97《魏征传附謩传》,中华书局1975年标点本,第3883页。
④ 《册府元龟》卷547《谏诤部·直谏第十四》,凤凰出版社2006年标点本,第6260页。

人，依前军中及仗内推勘，余并宜付御史台重复。"① 但是御史忌惮仇士良等宦官集团，对于军中推问结果不敢持有异议，贺兰进兴诸人皆被处斩。在甘露之变之后，京师民众的心情尚处于平复期，能够令法司重新审理此案，对于稳定人心是有好处的，至少在名义上给百姓一种印象，即唐廷的运行秩序是有章可循的，而非处于神策军的暴力控制之下。

### 四 章服逾制

神策军将卒的章服逾制现象普遍。一般来说，神策军士卒军服多为皂衫，头戴压耳帽子，其颜色多绯皂之色。如大和九年（835）十二月，京师讹言六道巡边使田全操将入京师大杀儒服之人，京城惶恐。"是日，坊市恶少年皆衣绯皂，持弓刀北望，见皇城门闭，即欲剽掠。"② 开成元年（836）正月，下敕禁止坊市百姓服用神策军军服。"坊市百姓，甚多着绯皂开后袄子，假托军司。自今以后，宜令禁断。"③

我们知道，官员将领达到一定品级方能服紫衫。然而，自元和以来，神策军将卒除穿本色军服之外，逾制服紫衫成为一种十分普遍的现象。"紫衣挟刀斧，草草十余人。""今富商大贾，名隶军事，着一紫衫，府县莫制。"④ 不仅如此，神策军将卒平日常服也颇多逾制，多华衣美服。文宗崇尚俭素，不喜华侈，于大和三年（829）九月颁发"辛巳敕"，短期内禁止了神策军纱縠绫罗等衣服的现象。其辞略云："两军、诸司、内官不得着纱縠绫罗等衣服。"⑤ 然而，不久之后，文宗受制于中尉等权阉，这条诏令也就徒有其文了。神策军章服

---

① 《册府元龟》卷547《谏诤部·直谏第十四》，凤凰出版社2006年标点本，第6260页。
② 《资治通鉴》卷245，唐文宗大和九年十二月条，中华书局2011年标点本，第8043页。
③ （宋）王溥：《唐会要》卷72《军杂录》，中华书局1955年标点本，第1301页。
④ 《册府元龟》卷547《谏诤部·直谏第十四》，凤凰出版社2006年标点本，第6260页。
⑤ 《旧唐书》卷17上《文宗纪上》，中华书局1975年标点本，第532页。

## 第六章 神策中尉掌军制度与中晚唐政局演变

逾制的现象始终没有得到很好的解决。

### 五 影占编户

德宗驻跸奉天移幸山南，神策、神威诸将士有扈从御敌之功。德宗自兴元还京后，以神策军有扈从、复京师之功，皆赐名"兴元元从奉天定难功臣"，对之进行优待，享有特权。贞元年间，对神策军的组织机构进行调整，使其实际地位和受宠之程度超过北门六军。同时又在京西北边防要地及京畿诸县设置众多神策城镇，谓之"屯营"。中书、御史府、兵部不能随便入神策军中检勘军籍。神策军暴横扰民时，京尹、赤令等地方官无从下手。因此，神策军成为市井富民纳资避役、骗取唐廷粮饷的理想场所。"自贞元以来，长安富户皆隶要司求影庇。禁军挂籍十五六焉。至有恃其多藏，安处阛阓，身不宿卫，以钱代行，谓之纳课户。"① 这种现象几乎成为公开的秘密。"市井富民，往往行贿寄名军籍，则府县不能制。"② 从神策中尉及军使的角度来看，通过吸收纳课户，可以纳贿肥己，获得丰厚的收益。因此，他们也乐于影占大批纳课户。

贞元十年（794），京兆尹杨于陵请置挟名敕，具体办法是："每五丁者，得两丁入军，四丁、三丁者，各以条限。"此法一方面肯定了纳资隶军的合法性；另一方面对纳课户的条件进行了限制。这在一定程度上遏制了随意纳资隶军、影占编户的现象，稳定了京畿社会秩序。史载："由是京师豪强，复知所畏。"③

宪宗元和二年（807）三月下敕，令京兆府整顿神策军中的影占现象。然而，这次整顿却使"影占文牒散在村坊，凡欲差役，皆无凭据"。到了元和十三年（818）六月，京兆尹李游上奏，"请诸司案旧名额。自元和二年其逃亡补替挟名，乡县牒臣当府，令别与。左右神

---

① （宋）王溥：《唐会要》卷72《京城诸军》，中华书局1955年标点本，第1294页。
② 《资治通鉴》卷233，唐德宗贞元七年三月条，中华书局2011年标点本，第7645页。
③ 《旧唐书》卷164《杨于陵传》，中华书局1975年标点本，第4293页。

· 273 ·

策金吾军,伏乞圣慈一例处分,庶明区别,永久有常。"① 神策军是当时中央控制的唯一一支拥有可观人数、有一定战斗力的部队。宪宗并没有打算从根本上清理左右神策军中存在的影占编户现象。因此,他仅部分地同意了李游的建议。其年十二月,下敕令清理了左右龙武军、六军及威远营中1800人纳课户,然后将这些纳课归隶府县,并停其衣粮供给。而对于左右神策军中存在的大量影占挟名现象,则是"以后别敕处分"。

隶籍神策禁军不仅可以避役,而且一人隶军,父兄子弟均不用服色役。为了完成每年的赋税征收任务,府县就将赋役、徭役、职役强加摊派给贫苦百姓之家。这严重影响了政府的财政收入、唐廷的正常管理秩序和社会的稳定。因此,穆宗在肯定挟名隶军合法性的前提下,长庆元年(821)七月颁发"己酉制",令京兆府清查纳资隶军之人的家人,使之按唐廷令式与百姓一样服色役。但是,在中尉的干预抵制下,"己酉制"没有得到遵行,京畿百姓大量隶籍神策军的现象没有得到改变。于是,敬宗即位之后,长庆四年(824)三月下敕,对于诸军诸司中的纳课户进行了整顿,清查富商市人纳资隶军的现象,使之复为编户,与百姓一样,每年服役和缴纳赋税。宝历元年(825)四月受尊号后,又颁发赦文重申长庆元年(821)七月"己酉制"的内容。然而,敬宗所颁发的两道赦文,如同一阵风,刮过去算完,最后不了了之。

大和五年(831)十月,中书门下请求文宗下诏令对诸军、诸司影占编户的现象进行整顿。其具体办法是,左右神策军等禁军中纳资隶籍的现象由本军自行处置,然后将结果上报朝廷。然而,此时刚刚经历宋申锡事件,中尉权势熏人,神策军影占编户的现象没有得到解决,商人、畿内诸县及城市坊市人户等纳课隶军的人数仍然很多,增大了府县的管理难度。

武宗时期颁发了两道诏敕整顿神策军影占编户的现象,一道在会

---

① (宋)王溥:《唐会要》卷72《京城诸军·神策军》,中华书局1955年标点本,第1296页。

## 第六章 神策中尉掌军制度与中晚唐政局演变

昌三年（843）十二月，另一道在会昌五年（845）正月。其中，以会昌五年（845）正月颁发的"辛亥诏"的内容更为具体。该诏文包含三层意思。其一，以前诸帝发布的有关整顿神策军影占编户的诏令及处理办法仍然有效，不得随意违反；其二，根据历次颁布的赦文，对隶军避役避税的"乡村及坊市店舍经纪"之商人进行检勘，使之与百姓一样，均要进行差科；其三，命令神策军内部对大量纳资隶军的"畿内诸县乡村及城内坊市人户"进行全部清理，将其重新纳入民籍。[①] 值得一提的是，两份诏敕的内容均得到实施，体现了武宗杜绝神策军影占编户的现象、压制宦官集团的决心。

宣宗即位之初，宦官集团势焰颇盛，为了稳固的帝位，采用韬晦之术，优宠援立自己的宦官中尉马元贽。京畿富户纳资隶于神策军，神策军影占编户的现象又大量出现，会昌五年（845）正月"辛亥诏"沦为空文，影响了政府财政收入及京畿的社会秩序。如编民尚君庆纳资隶于神策军为军士，六年不缴纳唐廷赋税。[②] 待宣宗帝位稳固之后，开始检勘神策军中的纳课户。大中五年（851）十月，京兆尹韦博奏："京畿富户为诸军影占，苟免府县色役，或有追诉，军府纷然，请准会昌三年十二月敕，诸军不得强夺百姓入军。"[③] 其建议得到了宣宗的同意。但是，神策军影占编户的现象仍然没有从根本上得到解决。黄巢军攻围潼关时，被派往潼关的京师神策军多市井富人，不能执兵应战。

田令孜重建神策诸都后，中央的经济状况无力再使神策军享有与先前一般的优厚待遇，但仍然比诸道镇戍之军的境况优越。当时诸道镇戍之军，"非惟阙额不堪，兼又军将数多，一员敌官健数分，又占官健当直遣纳课钱"。因此，中央禁军仍然存在影占之弊。僖宗南郊之后，下赦文对之进行了检勘。"……又无功效，非军中子弟，空请

---

[①] 《全唐文》卷78《加尊号后郊天赦文》（武宗），中华书局1983年标点本，第818页。
[②] 《新唐书》卷203《文艺下·李频传》，中华书局1975年标点本，第5794页。
[③] （宋）王溥：《唐会要》卷72《京城诸军·神策军》，中华书局1955年标点本，第1297页。

职名，并皆疏理。其军将等各遣纳课钱者，并准入已赃结罪科断。"①

总的来看，由于编户隶军能使编户与神策中尉及军使达到双赢的结果，唐代赦书虽多有叙及神策军影占编户之事，而且宪、穆、敬、文等帝对诏令虚设的现象进行了整顿，但落实情况欠佳，神策军影占编户的现象屡治不止。

## 第四节　神策中尉制度下宦官专权的原因

自德宗确立神策中尉掌神策军制度后，宦官集团"张武夫之威，上以制君父；假天子之命，下以御英豪"②。"参掌机密，夺百司权，上下弥缝，共为不法，大则构扇藩镇，倾危唐廷；小则卖官鬻狱，蠹害朝政。"③ 神策中尉制下宦官集团能够左右朝政、权势凌驾于君主之上的原因，大致有如下数端。

其一，以中尉为首的宦官集团掌握了北门十军。司马光论曰："东汉之衰，宦官最名骄横，然皆假人主之权，依凭城社，以浊乱天下，未有能劫胁天子如制婴儿，废置在手，东西出其意，使天子畏之若乘虎狼而狎蛇虺如唐世者也。所以然者非他，汉不握兵，唐握兵故也。"④ 清人赵翼亦认为，唐代宦官之权凌驾于皇权之上，立君、废君、弑君有如儿戏，其根本原因是"使之掌禁兵，所谓倒持太阿而授之以柄，及其势已成，虽有英君察相，亦无如之何矣"⑤。

实际上，早在玄宗时，已经出现了宦官典兵的情形。玄宗开元年间，内官杨思勖率兵征伐，先后平定安南蛮渠梅叔鸾之叛，五溪首领覃行章之乱，邕州封陵獠梁大海之叛，泷州蛮陈行范之叛。天宝十一

---

① 《全唐文》卷89《南郊赦文》（僖宗），中华书局1983年标点本，第932页。
② 《新唐书》卷178《刘蕡传》，中华书局1975年标点本，第5303页。
③ 《资治通鉴》卷263，唐昭宗天复三年正月条，中华书局2011年标点本，第8715页。
④ 《资治通鉴》卷263，唐昭宗天复三年正月条，中华书局2011年标点本，第8715页。
⑤ （清）赵翼：《廿二史札记校证》卷20《唐代宦官之祸》，王树民校证，中华书局1984年标点本，第424页。

## 第六章　神策中尉掌军制度与中晚唐政局演变

载（752），邢縡欲与龙武万骑作乱，高力士引飞龙禁军四百捕之。肃、代之际，唐廷正值讨伐安史之乱之际，诸王为统军元帅，犹有帅府之名，李辅国、程元振以行军司马负责军中事务，相继掌军，鱼朝恩亦为观军容使。李辅国、程元振俱系暂时管摄，未得常主兵柄，宦官掌军并没有形成制度。然而，他们却利用暂时掌握的兵权专制朝政。

神策军具有身处禁中、遍布京畿等得天独厚的优势，神策中尉制度确立之后，神策军成为神策中尉谋取更多权力的私兵。此后，宦官专权遂成积重难返之势。正如《旧唐书》史臣所云："内官握禁旅，中闱篡继，皆出其心。"①

神策中尉亦能调动辟仗使控制的六军。左羽林、龙武、神武三军与右羽林、龙武、神武三军各设一辟仗使，以宦官领之。最初，辟仗使的主要职责是"监视刑赏，奏察违谬，犹外征方镇之监军使"②。他们不能像神策监勾当或神策中尉、中护军那样掌控军队，干涉六军中有关军事的事务。元和十三年（818），宪宗贬黜右龙武统军张奉国与右龙武大将军李文悦。此时，龙武军中无专门统帅，于是，宪宗专命辟仗使管理龙武军，由于军中佐吏多有不服者，宪宗特赐辟仗使印以强其权。至此，辟仗使夺龙武军军政，"得纠绳军政，事任专达矣"③。虽然左右羽林、神武四军有大将军、将军理军政，但辟仗使是整个六军的监军使且权力大增，凭借辟仗使印干涉羽林、神武军政亦在所难免。换言之，到宪宗元和十三年（818），神策军、六军军政全由宦官掌握。左右三军辟仗使的实际权力比神策中尉小得多，其地位低于左右中尉，甚至低于神策副使。而且，辟仗使之下的组织结构也不如神策中尉之下的组织结构复杂严密。值得特别注意的是，神策中尉一般带有知内侍省的衔，可以管辖内侍省中的所有宦官。换言

---

① 《旧唐书》卷175《昭宗十子·德王裕传》，中华书局1975年标点本，第4549页。
② （宋）王溥：《唐会要》卷72《京城诸军·神策军》，中华书局1955年标点本，第1296页。
③ 《资治通鉴》卷240，唐宪宗元和十三年四月条下胡注引宋白曰，中华书局2011年标点本，第7871—7872页。

之，即使辟仗使获得六军军权后，仍然唯中尉马首是瞻。

因此，中晚唐宦官权势能够相对独立于皇权之外的根本原因，就是以神策中尉为首的宦官集团掌握了北门十军。

其二，监军制度在方镇中的全面推行。唐中后期，节镇林立，自宪宗以后，神策军几乎不能与强藩抗衡。神策中尉挟君胁臣时，就不担心有外藩勤王之虞吗？清人王夫之在分析监军制度对于宦官专权的作用时有精辟的论述：

> 唐神策军者，但百之一耳，又非百战立功能为天下雄者也。宦者虽握固之以为己有，而势不能与天下争衡。胁君自恣，乃至弑刃横加……其无所惮而血溅宫庭、居功定策者，实恃有在外监军之使，深结将帅而制其荣辱生死之命，指麾吏士而市以呴呕宴犒之恩也。……诸帅之兵，皆宦者之爪牙，举天下而在其掣肘，虽仗义欲鸣，而力穷于寡助也。①

因此，通过监军笼络、震慑藩镇节帅，中尉援立新帝之时，几不见外藩勤王声讨之举。会昌朝，宰相李德裕深谋远虑，规定节镇中每千人士兵中，监军可选十人作为卫队，从而达到了削弱监军权力、控制宦寺势力的目的。船山先生对于李德裕抑制监军之权的举措评价极高。"德裕之为社稷谋，至深远矣。其以出征屡败为言者，指其著见之害以折之，使不敢争耳。显纠其沮挠军事之失，而不揭其揽权得众之祸，使无所激以相抵牾，则潜伏之大愚，暗消于妄言矣，此德裕之所以善于安主而防奸也。……敕监军不得预军务、选牙队，而杨钦义、刘行深欣然唯命而不敢争。极重之弊，反之一朝，如此其易者，盖实有以制之也。"② 但在会昌之后，监军侵夺方镇节帅之权的现象仍然屡见不鲜。如田令孜回京师后，多遣自己的亲信出使监视方镇，发现

---

① （清）王夫之：《读通鉴论》卷26《武宗六》，中华书局1975年标点本，第824页。

② （清）王夫之：《读通鉴论》卷26《武宗六》，中华书局1975年标点本，第824页。

## 第六章　神策中尉掌军制度与中晚唐政局演变

有不附己的方镇节帅，就想办法将其调离、贬黜甚至罪杀。

其三，"迷龙术"。宦官集团利用接近皇帝的机会，尽其所能，以球猎声色悦媚帝王，使君主荒废政务，从而固权宠，窃权柄。左军中尉仇士良致仕时，向其党传授了自己能够在权位二十余年之久的经验，并教其党巩固权势之法。云："天子不可令闲暇，暇必观书，见儒臣，则又纳谏，智深虑远，减玩好，省游幸，吾属恩且薄而权轻矣。为诸君计，莫若殖财货，盛鹰马，日以球猎声色蛊其心，极侈靡，使悦不知息，则必斥经术，阁外事，万机在我，恩泽权力欲焉往哉？"① 乾符年间，田令孜与西门匡范二人在朝中利用仇士良传下来的"迷龙术"肆意专权干政，将僖宗玩弄于股掌之间就是其中的著例。《新唐书》卷二〇八《宦者下·田令孜传》云：

> 擢令孜左神策军中尉，是时西门匡范位右中尉，世号"东军""西军"。帝冲駃，喜斗鹅走马，数幸六王宅、兴庆池与诸王斗鹅，一鹅至五十钱。与内园小儿尤昵狎，倚宠暴横。……令孜……劝帝籍京师两市蕃旅、华商宝货举送内库，使者监阅柜坊茶阁，有来诉者皆杖死京兆府。令孜知帝不足惮，则贩鬻官爵，除拜不待旨，假赐绯紫不以闻。百度崩弛，内外垢玩。既所在盗起，上下相掩匿，帝不及知。②

其四，君主对宦官具有极强的信赖心理。在专制政治之下，君主是唯一的主权者，没有君主的信赖或以私容其过，宦官是不可能以宠幸以肆权的。唐后期，有些帝王自幼及长一直由两三名特别亲信的宦官服侍。正所谓："出入宫禁，人主自幼及长，与之亲狎，其间复有性识儇利，语言辩给，伺候颜色，承迎志趣，受命则无违迕之患，使令则有称惬之效。……则近者日亲，远者日疏，甘言卑辞之请有时而

---

① 《新唐书》卷207《宦者上·仇士良传》，中华书局1975年标点本，第5874页。
② 《新唐书》卷208《宦者下·田令孜传》，中华书局1975年标点本，第5884—5885页。

从，浸润肤受之愬有时而听。于是黜陟刑赏之政，潜移于近习而不自知。黜陟刑赏之柄移而唐廷不危乱者，未之有也。"① 换言之，在专制社会中，掌握了皇帝就相当于掌握了一切权力，弄权者就可以矫帝王之名行事。如僖宗为普王时，"与（田）令孜同卧起"，他即位时年十四，委政事于田令孜，并呼之为"阿父"。田令孜利用僖宗年幼不知政事的机会，专权擅政。僖宗幸蜀后，阉寺专权更盛，史载："上日夕专与宦者同处，议天下事，待外臣殊疏薄。"② 胡三省一语道出了僖宗时以田令孜为首的宦官集团权势之盛："以阉官而专杀谏臣，自古以来未之有也。"③

其五，宦官世家的形成。高级宦官为了持续掌握军权，延续他们个人的政治和经济影响，常用的办法是："把其他年轻的宦官抚为义子。这种做法日趋精巧，他可以包括娶妻，收养子，收养女，收显要的军人为子。"④ 贞元七年（791）三月十三日，德宗以敕令的形式，使宦官养子制度合法化，规定了五品以上的宦官具有养子权，可以收养一名不满十岁且被阉割的幼童。⑤ 德宗此举的主要目的是遏制宦官势力。但是，在神策中尉掌军的情况下，这条敕令显然是一纸空文。其后，有的宦官养子数十人甚至数百人，形成了宦官世家。其中最为著名的是杨志廉开创的堪称"甲门华胄，鼎族令名"的弘农杨氏家族。⑥ 杨志廉养子若干，既有宦官又有非宦官，其中以杨钦义最为有名。杨钦义又有三子：杨玄翼、杨玄价、杨玄寔。其中杨玄翼为枢密使，杨玄价、杨玄寔均担任过神策中尉。杨玄翼之子杨复恭后又为神

---

① 《资治通鉴》卷263，唐昭宗天复三年正月条下臣光曰，中华书局2011年标点本，第8716页。
② 《资治通鉴》卷254，唐僖宗中和元年七月条，中华书局2011年标点本，第8376页。
③ 《资治通鉴》卷254，唐僖宗中和元年七月条下胡注，中华书局2011年标点本，第8377页。
④ ［英］崔瑞德编：《剑桥中国隋唐史》，中国社会科学院历史研究所译，中国社会科学出版社1990年版，第603页。
⑤ （宋）王溥：《唐会要》卷65《内侍省》，中华书局1955年标点本，第1133页。
⑥ 《全唐文》卷814《西川青羊宫碑铭》，中华书局1983年标点本，第8574页。

## 第六章 神策中尉掌军制度与中晚唐政局演变

策中尉。其家族一直贯穿于整个中晚唐,见证了中晚唐李唐王朝的兴衰。由于掌握着禁军的控制权,杨氏家族的稳定性极强,在经过数代经营之后,其势力无论是在朝中还是在宦官集团内部都很强大,对唐代的政治影响十分显著。另外,刘弘规家族在中晚唐的政治影响也不可低估。左军中尉刘弘(宏)规最少有养子五人,均为宦官。"嗣子朝散大夫、宫闱局令、彭城县开国伯、赐绯鱼袋行立,次子中散大夫、内给事、彭城县开国公、赐紫金鱼袋行深,次子朝散大夫、内府局丞、赐绯鱼袋行方,次子解褐赐绿行元,季子朝散大夫、内府局丞行宣等。"[①] 其中,次子刘行深"参禁掖之任七八朝,道者目为地仙,时人呼为高士"[②]。在懿宗咸通十一年(870)为左军中尉,并且成为拥立僖宗的重量级人物,被僖宗称为"内庭宿老、禁署元臣、浐川高人、开府致仕"[③]。

---

[①] 周绍良、赵超主编:《唐代墓志汇编续集》大和005《刘弘规墓志铭》,上海古籍出版社2001年版,第883页。

[②] 张全民:《唐河东监军使刘中礼墓志考释》,《敦煌学辑刊》2007年第2期,第15页。

[③] 张全民:《唐河东监军使刘中礼墓志考释》,《敦煌学辑刊》2007年第2期,第14页。

· 281 ·

# 结　　语

以上各章，笔者从神策军的形成与演变、神策军的兵源及组织体系、神策城镇问题、神策军的收入问题、神策军的职能与任务以及神策中尉统领神策军制度与中晚唐政局演变的关系六个方面，对"唐代神策军与神策中尉"这一论题进行了较为全面、系统、集中和深入的探索。下面笔者首先对唐代神策军与神策中尉问题的具体内容进行归纳，然后在此基础上进一步思考神策中尉统领神策军这一制度与中晚唐政局演变的关系。

## 一　唐代神策军与神策中尉问题的具体内容

（一）神策禁军的形成与演变的情况

神策军由边军成为禁军后，大体经过两个发展阶段。

第一个阶段，前神策中尉制度时期。

神策军由边军成为禁军之后，鱼朝恩恃恩骄横。元载通过布局边防的方式，分化削弱了京师神策军的实力，包围牵制了出镇京西北的神策军，从而帮助代宗实现了除掉鱼朝恩，"自将"神策军的目的。鱼朝恩死后，外镇神策军的主要作用是拱卫京师，使其他藩镇不敢随意干预中央政权或者反叛暴掠长安。

德宗即位之初，任用自己的文臣亲信白志贞担任禁军最高统帅，彰显了他欲完全操控这支私属卫队的决心。建中、兴元年间，德宗直接下制派遣了大量神策裨将带兵助讨关东叛藩及收复京师。神策裨将将兵人数一般是三千人至五千人，各自隶属于所属战区统帅，同时又代表皇帝监督各方镇军。大量神策兵出征关东，导致京师空虚，诱发了泾原兵变。德宗仓皇出逃至奉天。

德宗返回长安后，转而重用其家奴——宦官。兴元元年（784）十月，以扈从有功的窦文场监神策军左厢兵马使，王希迁监右厢兵马使，他欲通过监勾当控制神策军。贞元年间，德宗根据北门六军的建置模式重建神策军组织体系。同时，他又在京西北布置新的神策城镇体系来防御吐蕃、拱卫京师。

第二个阶段，神策中尉制度时期。

（1）德宗创建神策中尉统领神策军制度。贞元十二年（796）六月乙丑，德宗任命窦文场、霍仙鸣为第一任左、右神策军中尉，他欲通过二人来实现"自操"神策军的目的。从此，神策中尉在名分和职权上均成为神策军的最高统帅，直至神策军被废之前，神策中尉虽屡易其人，但神策中尉始终由宦官担任。神策中尉统领神策军制度是唐后期兵制发展史上一个非常重大的制度变化，它是皇帝试图把禁军置于皇权控制下的一种特殊的政治军事举措。然而，这一制度也存在极大隐患：若皇帝年幼无威仪，神策军反而成了神策中尉废置天子、挟制群臣之私兵。德宗贞元年间重建神策军之后，直到黄巢之变之前，神策军的人数基本上保持在十万人以上。

（2）神策五十四都时期。黄巢之变使贞元以来的神策军体系中的大量京师神策军与京西北神策城镇兵脱离了神策中尉控制。中和三年（883），田令孜在成都重建了一支庞大的神策军，作为自己的政治资本。新建神策军的军额为54000人，每千人为一都，凡五十四都，左右各五军，共十军，每军以数字编号命名，军的长官为军使，每军之下有若干都，"都"成为十军的基本组成部分，都的头领称为"都头"。新募建的神策五十四都不专在苑中，他们分屯于京城内外，甚至屯驻于坊市之中。乾宁二年（895），昭宗自石门回京之后，趁机在京师建立起了属于自己的禁军体系，以诸王统领"殿后四军"。神策禁军暂时脱离了中尉的控制。乾宁三年（896）六月，李茂贞引兵逼京畿，昭宗驻跸华州。乾宁四年（897），韩建与刘季述逼迫昭宗解除了诸王领兵权，遣散了以"殿后四军"为主力的禁卫亲军，田令孜建立的神策五十四都体系彻底瓦解。

(3) 光化元年，昭宗重置神策禁军与崔胤废除神策中尉制度时期。光化元年（898）昭宗自华州还长安后重置神策禁军，将编制定额减少至六千人，中尉再掌禁军。重建的神策军沿袭了五十四都屯驻坊市的模式，其组织结构也沿袭了神策五十四都以"都"为基本单位的建置模式。其时，以中尉为首的宦官集团与宰臣各倚强藩为城社，南衙北司之争实际上是凤翔等镇与宣武镇的实力较量。经过韩全诲劫迁昭宗幸凤翔、朱全忠西迎车驾、李茂贞诛韩全诲等一系列事件后，光化元年（898）复置的神策军仅空有名号而无实兵。天复三年（903），崔胤、朱全忠胁迫昭宗下诏废除了左右神策军军额及中尉掌军制度。至此，在唐代存在了149年的神策军及107年的中尉掌军制度正式消失。

（二）神策禁军的兵源及组织体系

神策军将卒的成分复杂。隶于神策军的将卒不仅可以享受优厚的粮饷与赏赐，还能获得更多的晋升机会；神策中尉吸收良将，广增兵额，有利于巩固己身之地位与权势。神策军将卒的迁转情况较为复杂，多数神策军将卒仕途顺畅往往是多个因素综合作用的结果。

神策中尉乃一个特殊称号，源于监军使或者监勾当，属于使职，但又具有职事官的特点。宦官在升任神策中尉之前，都有外任监军的经历，担任弓箭库使、飞龙使、神策副使、枢密使等实权使职的宦官更易迁转为神策中尉。中尉的仕途履历中，使职的重要性远远超过了职事官，这恰好反映了唐后期整个官僚系统中职事官散阶化的特点。神策中尉历官过程中的职事官、散阶、使职的变化与其他朝官的迁转具有很高的相似性，从某种意义上说，神策中尉的历官过程是唐代官僚系统迁转序列中的有机组成部分。

神策中尉制度的建立与神策统军的设置标志着在京神策军的体系完成了"六军化"。神策中尉制下的左右神策军的指挥体系与南衙诸卫的体系有一定的渊源。神策军存在两套完整的系统：一为职事官体系，二为使职体系。在神策军的职官体系中，还存在大量的基层军将。这两套系统，特别是军事使职系统的设置，使神策军的组织体系更加严密，便于皇帝通过神策中尉加强对神策军的掌控，从而为皇权服务。但是，自穆宗以来，随着皇权的式微，帝王不再能控制神策中尉，这套严密的组织系统反而使神策中尉与神策军形成牢固的联系，为神策中尉专权擅政提供了强有力的支撑。唐末，昭宗被迫依靠藩镇力量的介入，强制废除了神策中尉制度与神策军。此后，强藩理所当然地成为新的皇权角逐者，不久，唐王朝也就随之而亡。

在神策城镇的组织体系中，城使、镇使的僚佐建置与方镇使府有一定关系。神策军对外征讨时的行营，通常以军队所驻之地的战区命名，行营节度使下的建置与方镇节度使类似。新募建的神策五十四都在"都"之下的建置与僖宗幸蜀前的神策军基本没有差别，仍然有兵马使、押衙、判官、散兵马使押衙之类的使职，带有这些使职的官员还可以遥领外镇节度使、刺史、都督府司马等职衔。

（三）神策城镇问题

自德宗贞元年间重建神策城镇之后，一直到昭宗时期，诸帝根据实际情况对神策城镇进行了调整，前后设置了约五十个神策城镇，使神策军外镇体系成为唐代重要的军事制度。它们主要以点状驻防的模式布列于京西北及畿甸之内，其中以京兆、凤翔地区最为密集。其布局模式借鉴了唐前期府兵制设置上的"居重驭轻"。神策城镇的目的主要有二：其一，防御吐蕃和回鹘的入侵；其二，监视、威慑京西北方镇，使之成为拱卫京师的屏障。然而，神策城镇兵在防御吐蕃和回鹘的入侵时并没有展现较强的战斗力。穆宗以后，外镇神策军与京师神策军共同成为以中尉为首的宦官集团震慑帝王、废立君主的后盾力量。

（四）神策军的收入问题

朝廷正常的军费拨支是神策军最重要的收入来源，与神策军个人收入密切相关的是粮食、绢、布等国家定时发放的军需物资。按照朝廷的明文规定，唐朝政府每年拨给每名神策军士的军资平均数是粮（以粟为标准）36斛、绢18匹、布18匹。

部分京西北神策军镇将屯田所获收入作为军粮来源的一种重要方式。神策城镇拥有渚田牧地和采造场所。他们为了降低耕作的难度，存在直接侵占编户熟田的现象。有时朝廷会从神策城镇所在州中划拨给神策军一定数量的军田，使之自为耕种。若田地零碎不足，朝廷则从神策军所屯之县或州中加配百姓两税来充军费。朝廷会对边地营屯所获军粮数量进行核查，以防止边将虚报储粮业绩，中饱私囊。以带有强制性质的和籴方式来解决神策军军粮，是劳民伤财的。

唐中后期的皇帝会在许多场合以物质赏赐的方式来增加神策军的收入。帝王对神策军将卒的精神赏赐也可以为神策将卒及其家人带来物质实惠。灾害年代，唐廷有时会赈济神策军将士。

神策军享有特权，他们通过回易、中纳、擅自征税、专卖酒曲与设官店估酒、厚估衣粮赐、剽掠百官家财等方式来增加收入。

有军将或倖臣利用神策军的粮赐问题来打击政敌。有的中尉为了获得足够的租赋收入来维持神策军的巨额军费开支，从而使自己能够有专权的资本，不惜向方镇发动战争。

（五）神策军的职能与任务

神策军平素对内担负的职能与任务为：扈从迎卫，献符瑞，从事劳役工程，迎献、防押俘馘及斩囚徒，击鞠、角抵与百戏，告变、防止"盗贼"窃发、平定内乱，有的神策将卒参与调解民间纠纷，经商，采办与放牧，饲养鹰鹞，捉鱼与救火灾等。神策中尉与神策军使还具有宗教职能与任务。

自贞元以来，神策军作为中央直辖的唯一一支主力部队，他们防御吐蕃军队、对外征伐叛藩及反乱军的职能与任务得到更充分的体现。元和四年（809）、元和五年（810），讨成德的失败标志着宪宗欲倚靠神策军来解决河北叛藩问题的策略破产了。其后，在对外征伐中，朝廷几乎不再大规模地派出神策军特别是京师神策军，朝廷又回归到"兴衰救难，常倚镇兵扶持"的制藩道路上来。

唐末神策军军中不乏良将，只是由于整个神策军体制的崩坏，他们不能改变战局，不能从根本上解决神策军固有的弊病。但他们能在弊病丛生的神策军体制中，保有将领的忠贞、英勇品质是十分难能可贵的。

神策军凭借优秀将领的指挥，虽然在局部范围内取得了多次小规模的胜利，但是，由于唐中后期，神策军没有固定的讲武训练，多从事击鞠、拔河、斗鸡、角抵、翘木扛铁及乐舞之戏，这些武戏根本无法取代正规的练兵习武军事训练。至于承担修筑、浚淘等力役工程，更是于战法、阵法、作战技能的提升无一利之处。另外，唐中后期，帝王畋猎背离了以习军旅的宗旨，其娱乐恣欲成分更多。因此，从整体上看，特别是唐后期，神策军的对外作战能力不高。

## 二 对神策中尉统领神策军制度与中晚唐政局演变的关系的进一步思考

德、宪之时，帝王尚能对神策中尉进行实质性的控制，这时以神策中尉为首的宦官集团的权力表现出对皇权的依附性，他们的权力来源于君主的信赖，即皇帝的支持。然而，自穆宗以来，随着皇权的式微，帝王不再能控制神策中尉，没有神策中尉的同意，帝王不再能凭一纸诏书随意调动神策军。加之，神策中尉能够为神策军将士争取优厚的待遇及更多的晋升机会。因而，神策军反而成了中尉摆脱对皇权的依附，窃取皇权，凌驾于皇帝之上，左右弑君、立君、废君的宫廷政变及挟制群臣的私兵。

长庆时，宦官中贵人通过依附的外朝宰相来援立符合己意的太子。文宗之立，宰相及朝中重臣尚能起到一些作用。然而，甘露事变之后，太子、皇帝的地位不再牢固，皇位继承权几乎完全受以中尉为首的宦官集团操纵，皇帝、太子的废置全凭其私意，外朝士大夫已然成为宦官中贵人的应声虫、附属品。

在皇位继承中首建定策之功成为以中尉为首的宦官集团获得或保持权势最有效的手段。宦官中贵人在定策拥立几朝皇帝之后，已经树立起了群体自信。在他们看来，只要利用神策军权掌握皇帝的拥立权，宦官权势对皇权的影响力就会始终存在。因此，唐后期，只要皇帝和朝臣的施政不涉及削夺神策军军权问题，宦官集团对于朝中偶尔存在宰相专权用事的情况，一般不干预。

中晚唐的皇位更迭，充分反映了中唐以后皇帝废立之权归于阉寺，皇帝居中实乃"广义之模范监狱罪囚"的现状。基本反映了左中尉与右中尉、中尉与枢密使、新进宦官与旧宦官之间的矛盾与竞争。穆宗即位反映了左右军中尉之间矛盾和斗争的真相。敬宗及绛王被弑，以及文宗之立本质上是元和朝旧宦官与新进宦官竞争的结果。武宗之立的前前后后，体现了两军中尉仇士良、鱼弘志与枢密使刘弘逸、薛季稜的矛盾。王宗实以强兵援立懿宗，体现了左中尉与右中尉、二枢密之间的矛盾。不可否认，宦官集团内部存在矛盾，有时甚至可能会被激化，但维护神策中尉掌军制度却是他们的共识。

中晚唐宦官权势能够相对独立于皇权之外的根本原因，就是以神策中尉为首的宦官集团掌握了北门十军，其中神策军是宦官集团的"命根子"。神策军操纵在神策中尉之手，这决定了以神策中尉为首的宦官集团能够视帝王如木偶，在帝王的拥立中占据主导地位。在神策中尉以神策军为基础的畸形政治运行模式之下，宦官集团成为相对独立的政治势力，全面渗入政治、经济、军事、法律司法、社会、文化等领域。一旦神策中尉不能为神策将士带来优厚待遇及晋升机会，神策中尉与神策军将士之间的关系将不再牢不可破，宦官权势也就失去了赖以存在的基础。监军制度在方镇中的全面推行，"迷龙术"，君主对宦官具有极强的信赖心理等也是他们能够左右朝政、权势凌驾于君主之上的重要原因。唐中叶以后，宦官世家的出现为以中尉为首的宦官集团延续权力提供了有力的保障。

神策中尉掌军在中晚唐政局中也有一定的积极作用。其一，由于宦官存在生理缺陷，不会有觊觎社稷之心，他们只是从皇室内迎立新君，天下始终在李家运转。换言之，他们无法对李唐皇室的传承构成实质性威胁，在一定程度上杜绝了武臣、权相篡夺社稷的可能性。其二，朝廷通过神策中尉制度控制了数量众多，规模庞大的神策军，在一定程度上威慑了藩镇，维护了中央政权的稳定。

中晚唐时期，帝王与以神策中尉为首的宦官集团既相互依赖又相互对立。一方面，帝王没有对全体宦官失去信赖之心，并非想从根源上废除神策中尉掌军制度。他们本意只是想在铲除威权逼己的权阉以后，以其他值得信赖的宦官为神策中尉，从而将神策中尉制度重新纳入皇权体制之下，扭转宦官权势凌驾于皇权之上的格局。这是唐中后期诸帝对宦官的基本态度。因此，当皇权受到强藩威胁时，以神策中

## 结　语

尉为首的宦官集团总是站在帝王一边。另一方面，新君虽为神策中尉拥立，但强势的君主不愿甘做宦官集团的木偶。为了重振皇权，他们不断与以神策中尉为首的宦官集团进行博弈。由于帝王手中没有掌握一支足够信任且易调动的军队，他们重振皇权的举措都是在不触动神策中尉掌军制度的前提下才可能得到落实。一旦他们触及宦官权势赖以存在的神策军军权问题时，以神策中尉为首的宦官集团就会寸步不让，利用所掌握的军权，将权势凌驾于皇权之上，使皇帝诏令不再具有最高权威。可见，在神策中尉掌军的特殊环境下，皇权无法与权阉的权势相抗，所谓至高无上的皇帝命令，帝王的一切政治手腕都显得那么不堪一击。因此，从某种程度上说，中晚唐宦官权势是皇权的一种变态形式。

总而言之，神策中尉统领神策军制度，对于中晚唐政局产生了重大影响，关涉中晚唐李唐王朝的国运。神策军与神策中尉问题为发掘中晚唐历史线索，审视中晚唐政局，揭示中晚唐历史变迁的过程，提供了一个新的视角。

# 参考文献

## 一　古籍类

《旧唐书》，中华书局 1975 年标点本。
《新唐书》，中华书局 1975 年标点本。
《新五代史》，中华书局 1974 年标点本。
《旧五代史》，中华书局 1976 年标点本。
《资治通鉴》，中华书局 2011 年标点本。
白居易：《白居易集》，中华书局 1979 年标点本。
长孙无忌：《唐律疏议》，中华书局 1983 年标点本。
程大昌：《雍录》，中华书局 2002 年标点本。
崔令钦：《教坊记》，中华书局 2012 年标点本。
董诰、阮元、徐松：《全唐文》，中华书局 1983 年标点本。
杜牧：《樊川文集》，上海古籍出版社 1978 年标点本。
杜佑：《通典》，中华书局 1988 年标点本。
樊绰：《蛮书校注》，向达校注，中华书局 1962 年标点本。
顾祖禹：《读史方舆纪要》，中华书局 2005 年标点本。
韩愈：《韩昌黎文集校注》，马其昶校注，上海古籍出版社 1986 年标
　　点本。
洪迈：《容斋随笔》，中华书局 2005 年标点本。
蒋偕：《李相国论事集》，《文渊阁四库全书》第 446 册，台湾商务印
　　书馆 1986 年影印本。
康骈：《剧谈录》，古典文学出版社 1958 年标点本。

乐史：《太平寰宇记》，中华书局2007年标点本。

李德裕：《李卫公会昌一品集》，《丛书集成初编》，商务印书馆1936年版。

李昉：《太平广记》，中华书局1961年标点本。

李昉：《太平御览》，中华书局1960年标点本。

李吉甫：《元和郡县图志》，中华书局1983年标点本。

李林甫：《唐六典》，中华书局1992年标点本。

李荃：《太白阴经》，《文渊阁四库全书》第726册，台湾商务印书馆1986年影印本。

李肇：《唐国史补》，上海古籍出版社1979年标点本。

刘肃：《大唐新语》，中华书局1984年标点本。

陆贽：《陆贽集》，中华书局2006年标点本。

路振：《九国志》，江苏古籍出版社1988年标点本。

骆天骧：《类编长安志》，三秦出版社2006年标点本。

马端临：《文献通考》，中华书局1986年影印本。

裴廷裕：《东观奏记》，中华书局1994年标点本。

彭定求：《全唐诗》，中华书局1960年标点本。

秦观：《淮海集笺注》，徐培均笺注，上海古籍出版社2000年标点本。

权德舆：《权德舆诗文集》，上海古籍出版社2008年标点本。

沈亚之：《沈下贤集校注》，肖占鹏校注，南开大学出版社2003年标点本。

宋敏求：《唐大诏令集》，商务印书馆1959年标点本。

孙逢吉：《职官分纪》，中华书局1988年标点本。

孙光宪：《北梦琐言》，上海古籍出版社1981年标点本。

孙武：《孙子兵法新注》，中国人民解放军军事科学院战争理论研究部孙子注释小组，中华书局1977年标点本。

脱脱：《宋史》，中华书局1977年标点本。

王谠：《唐语林校正》，周勋初校证，中华书局1987年标点本。

王夫之：《读通鉴论》，中华书局1975年标点本。

王鸣盛：《十七史商榷》，上海书店出版社2005年标点本。

王溥：《唐会要》，中华书局1955年标点本。

王钦若：《册府元龟》，凤凰出版社2006年标点本。

吴兢：《贞观政要集校》，谢保成集校，中华书局2003年标点本。

元稹：《元稹集》，中华书局1982年标点本。

赞宁：《宋高僧传》，中华书局1987年标点本。

曾公亮：《武经总要》，《文渊阁四库全书》第726册，台湾商务印书馆1986年影印本。

赵璘：《因话录》，上海古籍出版社1979年标点本。

赵翼：《廿二史札记校证》，王树民校证，中华书局1984年标点本。

［日］圆仁：《入唐求法巡礼行记校注》，白化文校注，花山文艺出版社2007年标点本。

［新罗］崔致远：《桂苑笔耕集》，中华书局2007年标点本。

## 二　出土文献类

端方：《陶斋臧石记》，《续修四库全书》第905册，上海古籍出版社2002年影印本。

胡聘之：《山右石刻丛编》，山西人民出版社1988年影印本。

王昶：《金石萃编》，中国书店1985年影印本。

吴钢：《全唐文补遗》（全九册），三秦出版社1994—2001年版。

周绍良主编，赵超副主编：《唐代墓志汇编》，上海古籍出版社1992年版。

周绍良、赵超主编：《唐代墓志汇编续集》，上海古籍出版社2001年版。

## 三　工具书类

方诗铭：《中国历史纪年表》（修订本），上海人民出版社2007年版。

胡戟、张弓：《二十世纪唐研究》，中国社会科学出版社2002年版。

黄永年：《唐史史料学》，上海书店出版社 2002 年版。
谭其骧：《中国历史地图集》（第五册），中国地图出版社 1982 年版。
吴廷燮：《唐方镇年表》，中华书局 1980 年版。
［日］氣賀澤保規：《新版唐代墓誌所在總合目錄》，東京汲古書院 2004 年版。

## 四　近人研究类

（一）著作类

岑仲勉：《隋唐史》，中华书局 1982 年版。
陈寅恪：《金明馆丛稿初编》，生活·读书·新知三联书店 2009 年版。
陈寅恪：《金明馆丛稿二编》，生活·读书·新知三联书店 2009 年版。
陈寅恪：《隋唐制度渊源略论稿·唐代政治史述论稿》，商务印书馆 2011 年版。
谷霁光：《府兵制度考释》，中华书局 2011 年版。
何永成：《唐代神策军研究——兼论神策军与中晚唐政局》，台湾商务印书馆 1990 年版。
黄永年：《六至九世纪中国政治史》，上海书店出版社 2004 年版。
黄永年：《唐史十二讲》，中华书局 2007 年版。
贾志刚：《唐代军费问题研究》，中国社会科学出版社 2006 年版。
赖瑞和：《唐代基层文官》，中华书局 2006 年版。
李锦绣：《唐代财政史稿》，北京大学出版社 1995 年版。
吕思勉：《隋唐五代史》，上海古籍出版社 2005 年版。
毛汉光：《中国中古社会史论》，上海书店 2002 年版。
蒙曼：《唐代前期北衙禁军制度研究》，中央民族大学出版社 2005 年版。
穆渭生：《唐关内道军事地理研究》，陕西人民出版社 2008 年版。
宁志新：《隋唐使职制度研究》，中华书局 2005 年版。

钱穆：《国史大纲》（修订本），商务印书馆 1996 年版。
孙国栋：《唐代中央重要文官迁转途径研究》，上海古籍出版社 2009 年版。
孙继民：《唐代行军制度研究》，台北文津出版社 1995 年版。
唐长孺：《山居存稿》（文集本），中华书局 2011 年版。
唐长孺：《唐书兵志笺正》（文集本），中华书局 2011 年版。
唐长孺：《魏晋南北朝隋唐史三论》（文集本），中华书局 2011 年版。
王守栋：《唐代宦官政治》，中国社会科学出版社 2009 年版。
王寿南：《唐代藩镇与中央关系之研究》，台北大化书局 1978 年版。
王寿南：《唐代宦官权势之研究》，台北正中书局 1971 年版。
王永兴：《唐代后期军事史略论稿》，北京大学出版社 2006 年版。
王仲荦：《隋唐五代史》，上海人民出版社 2003 年版。
严耕望：《唐史研究丛稿》，香港新亚研究所 1969 年版。
阎步克：《中国古代官阶制度引论》，中华书局 2010 年版。
于赓哲：《唐代疾病、医疗史初探》，中国社会科学出版社 2011 年版。
杨志玖：《隋唐五代史纲要》，新知识出版社 1955 年版。
余华青：《中国宦官制度史》，上海人民出版社 2006 年版。
张国刚：《唐代官制》，三秦出版社 1987 年版。
张国刚：《唐代藩镇研究》，中国人民大学出版社 2010 年版。
张国刚：《唐代政治制度研究论集》，台北文津出版社 1994 年版。
张国刚：《隋唐五代史研究概要》，天津教育出版社 1996 年版。
章群：《唐史》，台北华冈出版有限公司 1958 年版。
赵雨乐：《唐宋变革期之军政制度——官僚机构与等级之编成》，台北文史哲出版社 1994 年版。
[英] 崔瑞德编：《剑桥中国隋唐史》，中国社会科学院历史课题研究所西方汉学研究课题组译，中国社会科学出版社 1990 年版。

(二) 学术论文类

曹龙：《唐神策军步军使李孝恭及夫人游氏墓志考释》，《文博》2012年第6期。

陈弱水：《唐代长安的宦官社群——特论其与军人的关系》，《唐研究》（第15卷），2009年。

陈仲安：《唐代的使职差遣制》，《武汉大学学报》（人文科学版）1963年第1期。

杜文玉：《唐代宦官俸禄与食邑》，《唐都学刊》1998年第2期。

杜文玉：《唐代宦官世家考述》，《陕西师范大学学报》（哲学社会科学版）1998年第2期。

杜文玉：《唐代内诸司使考略》，《陕西师范大学学报》（哲学社会科学版）1999年第3期。

樊文礼：《唐代宦官掌典禁军原因试探》，《烟台师范学院学报》（哲学社会科学版）1990年第2期。

冯辉：《论唐代的宦官政治》，《求是学刊》1987年第4期。

胡如雷：《略谈唐代宦官滥收假子的现象》，《河北师院学报》（社会科学版）1996年第2期。

黄洁琼：《唐代枢密使与神策中尉之比较研究》，《福建论坛》（人文社会科学版）2005年第12期。

黄利平：《唐京西北藩镇述略》，《陕西师范大学学报》（哲学社会科学版）1991年第1期。

黄楼：《唐代京西北神策诸城镇研究》，《魏晋南北朝隋唐史资料》（第27辑），武汉大学出版社2011年版。

黄楼：《唐"制将"考》，《魏晋南北朝隋唐史资料》（第25辑），武汉大学出版社2009年版。

黄寿成：《唐代河北地区神策行营城镇考》，《中国历史地理论丛》2004年第6期。

黄修明：《唐代后期的宦官典军制度》，《南充师院学报》（哲学社会科学版）1988年第1期。

黄修明：《唐代神策中尉考论》，《天津师范大学学报》（社会科学版）2002年第6期。

贾宪保：《神策中尉与神策军》，《唐史论丛》（第5辑），1990年。

雷巧玲：《"甘露之变"发微》，《陕西师范大学学报》（哲学社会科学版）1995年第3期。

李鸿宾：《唐代枢密使考略》，《文献》1991年第3期。

刘玉峰：《试论唐德宗重用宦官的原因及其他》，《晋阳学刊》1997第5期。

卢向前：《"惜训恶郑"与时人心态——甘露事件研究之三》，《唐研究》（第6卷），2000年。

马俊民：《唐代宦官专权与北军、马政的关系》，《河北大学学报》（哲学社会科学版）1988年第4期。

马勇：《唐德宗朝在长安西北地区的御边措施》，《云南民族大学学报》（哲学社会科学版）2007年第4期。

牛志平：《略论唐代宦官——兼与齐陈骏、陆庆夫同志商榷》，《陕西师范大学学报》（哲学社会科学版）1985年第1期。

齐陈骏、陆庆夫：《唐代宦官述论》，《中国史研究》1980年第1期。

齐勇锋：《说神策军》，《陕西师范大学学报》（哲学社会科学版）1983年第2期。

齐勇锋：《唐中叶的削藩措置及其作用》，《陕西师范大学学报》（哲学社会科学版）1985年第1期。

邵明华：《安史之乱后唐朝京西北边防线的重建和巩固》，《社会科学辑刊》2007年第6期。

唐耕耦：《唐代前期的兵募》，《历史研究》1981年第4期。

王守栋：《唐代神策军中尉考》，《德州学院学报》（哲学社会科学版）2003年第1期。

王素：《唐五代的禁卫军狱》，《中华文史论丛》1986年第2期。

薛平拴：《试论开元天宝以后的长安商人与禁军》，《唐都学刊》1992年第3期。

严耀中：《唐代内侍省宦官奉佛因果补说》，《唐研究》（第 10 卷）2004 年。

于赓哲：《疾病与唐蕃战争》，《历史研究》2004 年第 5 期。

张国刚：《唐代监军制度考论》，《中国史研究》1981 年第 2 期。

张国刚：《唐代禁卫军考略》，《南开学报》（哲学社会科学版）1999 年第 6 期。

张全民：《唐河东监军使刘中礼墓志考释》，《敦煌学辑刊》2007 年第 2 期。

张文斌：《唐代后期宦官与皇位继承权之争》，《湖南大学学报》（社会科学版）2002 年第 6 期。

赵雨乐：《唐代翰林学士院与南北司之争》，《唐都学刊》2001 年第 1 期。

［日］小畑龍雄：《神策軍の成立》，《東洋史研究》（第 18 卷第 2 號）1959 年 10 月。

［日］小畑龍雄：《神策軍の发展》，《田村博士頌壽東洋史論叢》1968 年 5 月。

［日］日野開三郎：《神策禁軍の發展》，《日野開三郎東洋史學論集》（第一卷第四章，三一書房），1980 年。

［日］曾我部靜雄：《唐の南衙と北衙の南司と北司のへ推移》，《史林》（第 64 卷第 1 號），1981 年 1 月。

（三）学位论文类

陈爽：《唐代内使诸司考》，硕士学位论文，北京大学，1990 年。

黄楼：《中晚唐宦官政治研究》，博士学位论文，武汉大学，2009 年。

李玮：《唐代神策军的兴衰——以宦官势力消长为中心》，硕士学位论文，陕西师范大学，2011 年。

牟永良：《试论唐昭宗朝的南衙北司之争》，硕士学位论文，陕西师范大学，2001 年。

史兵：《唐代长安城军事防御体系研究》，博士学位论文，陕西师范大学，2012 年。

王静：《大明宫的内廷空间布局与唐代后期宦官专权的关系》，硕士学位论文，北京大学，2001年。
王效锋：《唐代中期战争问题研究》，博士学位论文，陕西师范大学，2012年。
徐成：《北朝隋唐内侍制度研究——以观念与职能为中心》，博士学位论文，上海师范大学，2012年。
曾鹏瑞：《唐代北衙神策禁军考论》，硕士学位论文，四川师范大学，2010年。
赵晨昕：《唐代宦官权力的制度解析——以宦官墓志及敦煌本〈记室备要〉为中心》，博士学位论文，首都师范大学，2012年。
仲亚东：《论唐代的内诸司使》，硕士学位论文，福建师范大学，2003年。

# 后　　记

本书是在我的博士学位论文基础上修改而成的，得到四川文理学院博士专项科研基金项目资助（项目编号：2020BS003R），同时也是国家社科基金项目"唐代北方边地军人日常生活研究"（20CZS020）的阶段性成果之一。在书稿即将付梓之际，谨向所有关心、帮助和支持我的人表示诚挚的谢意。

首先，要感谢我的业师王力平教授。九年前，承蒙王师不弃，将我这个资质愚钝的学生收入门中。入师门之初，由于生性愚钝，更兼基础薄弱，学习上遇到不少困难。她对我的一些"外行"想法总是静心听之、耐心析之，严格教导中往往多有鼓励。为了使我尽快进入学习、研究状态，她开列了一些书目，并定期叫我去谈话，询问我读书过程中遇到的困难和问题，告诉我读书方法，教我如何通过查找相关文献产生思想，教给我做人的道理。在毕业论文写作过程中，王师反复强调学术文章的严谨性，遣词造句的准确性，材料引用的原始性，篇章布局的合理性。在呈交给她的纸质本和电子版的初稿和后稿中，王师用颜色不同的笔写满了密密麻麻的批示，提出了很多有益的修改建议，小到论文的注释、错别字、病句、段落、词语标点、格式等，大到论文的谋篇布局、思想观点。可以说，从论文的初稿到最后定稿，她都倾注了大量精力，拙文但凡有一点创获，皆是王师教导点拨督促的结果。总之，在南开大学读博期间，王师在学习和生活上都给了我很多帮助。她所提出的关于为人、为事、为学的道理，令我受益匪浅。遇此良师，实乃小子之幸之福！然而，由于自己"识寡思拙，心昧辞芜"，至今仍未撰写出像样的习作，实在有负师恩。

感谢我的硕士生导师陈德弟副教授，在攻读博士学位期间，他仍然关心着我的学习和生活。在南开的六年里，我还有幸受教于赵伯雄教授、王利华教授、胡宝华教授、王薇教授、夏炎教授、李晶副教授等，唯恐挂一漏万，在此恕不赘述。从他们的身上，我学到很多做人的道理，在此一并谨致谢忱。

感谢博士学位论文答辩委员会的专家们，他们是河北省社会科学院孙继民教授，天津师范大学杨西云教授，南开大学王利华教授、胡宝华教授。他们在论文答辩过程中，对我的论文提出了宝贵的修改意见。

感谢武汉大学的黄楼教授和洛阳师范学院的毛阳光教授。黄楼教授是中古史学界的青年才俊，他曾先后六次惠赐他的研究成果供我参考学习。我前后多次用 E-mail 向他请教问题，他在百忙之中都给予了解答。他的研究成果和真诚点拨使我获益匪浅。毛阳光教授是我的本科老师，他是专门研究隋唐墓志的学者，在我撰写毕业论文期间，曾向我惠赐了一张十分珍贵且与论文有关的墓志拓片的照片。

感谢同窗好友解梦娇、朱华、王丁、艾浩淼、王荣湟、陈维、方万鹏、韦彦、程彩萍、耿磊、张新超等，舍友高旭、郭江龙，与他们在茶余饭后或举杯交错时的闲谈阔论，使我受到很多启发。

感谢同门师弟李佳哲、陶良成、于志刚、刘啸虎、袁昆仑，师妹李殷、贾爱、张汝在我读博期间或工作之后所给予的关心，衷心祝愿他们拥有美好的未来！

感谢四川文理学院的领导和同事对我的关心、帮助和支持。

中国社会科学出版社的责任编辑吴丽平博士十分敬业，为本书的出版提供了热情帮助，悉心编校文句，匡谬勘误，令我感动！在此致以衷心的谢意！

虽然献书"只仿佛魔术家玩的飞刀，放手而并没有脱手"，但我仍要将本书献给我的家人。我的外公和父母读书不多、见闻不广，但是，他们身上所具有的中国农民特有的勤劳品格时刻感染着我，他们

## 后　记

用中国农民特有的教育方式让我明白了，面对困难时不是怨天尤人，而是要脚踏实地地去努力改变现状的道理。感谢妻子繁忙工作之余对我无怨无悔的支持和鼓励。每当犬儿用稚气的声音说"爸爸在工作，不能打扰爸爸"时，我既感动欣慰又充满动力。正是他们在身后对我的默默付出，我才得以心无旁骛地学习与研究！

限于个人学力不足、才力不够，本书所论难免存在一些疏漏、错讹及不足之处，诚望专家学者和读者包涵指正。

本书是我学术生涯中的第一本专著，瞻望前途，唯愿"嘤其鸣矣，求其友声"，更求寸进，方不负领导、同事、师友和家人的殷切期望。

是为后记。

何先成

2021 年 3 月于达州